불가록(不可錄)

不肖를 낳아 길러 주신 부모님과 조상님들께
不慧를 가르치고 이끌어 주신 스승님과 善知識들께
不德으로 인해 마음 아프고 시운하신 모든 善男善女들께
그리고 인연 있는 모든 君子 淑女들께
감사하고 참회하는 마음으로 정성을 다해
삼가 이 책을 받들어 올립니다.

|개정판|

불 不 가 可 록 錄

김지수 옮김

전남대학교출판부

| 일러두기 |

1. 갈수록 한문 독해력이 떨어지는 시대조류 및 풍조를 반영하여, 본문에서는 되도록 한글을 많이 쓰되, 워낙 오래된 한문 고전에 깊은 의미를 잘 이해할 수 있도록 필요한 단어나 어휘는 '한글(漢字)' 병기 방식을 원칙으로 삼았다.

2. 이 책 원전은 한문(漢文)으로 적힌지라, 인명과 지명과 서명(書名) 같은 고유명사와 한자어 단어 표기에, 원칙상 한글 **두음법칙을 적용하지 않고 원음(原音) 그대로 적었다.** 두음법칙은 발음에 편의상 힘을 덜 들이는 경제성이 있긴 하지만, 말에 기운이 없이 유약(柔弱)해져 활기가 떨어지는 느낌이다. 두음 'ㄹ'이나 '냐'、'녀'、'뇨'、'뉴'에 'ㄴ'을 그대로 발음하면 말에 기운찬 느낌을 받을 것이며, 단전호흡과 호연정기 함양에 크게 도움이 됨을 알 수 있다. 세계화 시대에 영어、중국어、일본어에 두음법칙이 없고, 북한도 두음에 'ㄹ'이나 'ㄴ'을 원음대로 발음하는 보편적 언어관용을 고려하면, 일상화한 외국어 구사에 자유롭게 적응하고, 장래 남북한 평화통일에 필수로 수반할 언어문자에 통일 문제까지 준비한다는 차원에서, 필자는 우리 남한에서도 이제 두음법칙을 그만두고 원음대로 발음、표기하는 원칙을 따라야 한다고 여긴다. 이에 **정중한 건의와 강력한 주장을 표시**하며, 초보적 실험을 몸소 시도하는 것이다. 독자 여러분에 양해와 적극적인 공감、동조를 기대한다. 아울러 필자는 사람과 자연에 모든 소리를 다 표기할 수 있도록 세종대왕께서 훈민정음을 창제하신 깊은 뜻에 따라, 외국어를 원음에 가깝게 표기하고 우리말도 실제 구어발음에 가깝게 표기하기 위해서, **사라진 훈민정음에 ㆍ ㅿ ㆁ ㆆ ㆅ ㅸ 등도 원래대로 되찾아 써야 한다**는 식견에 적극 동의한다.

3. 현행 한글 표준어 맞춤법상 **소유격 조사인 '-의'**는 일제 때 잘못 정해진 것으로 실제 발음에 맞지 않는다는 연구보고에 따라, **훈민정음 당시 소유격 조사인 '-에'**로 바꾸는 걸 원칙으로 하되, 문맥에 따라 적절히 손질하였다.

4. 성현이 가르치신 소박한 도덕(道德)에 따르면서, 지구에 삼림자원 절약과 환경 보전에 동참하는 뜻에서, 이번부터 이 책을 **'재생지'**로 출판한다. 독자 여러분에 리해(理解)와 공감을 바란다.

차 례

한글로 옮기고 나서

『불가록(不可錄)』은 본디 점잖은 군자 숙녀들이 차마 입에 담거나 글로 쓸 수 없다는 뜻에서 붙여진 제목으로, 불교에 기어(綺語: 음담패설)에 상응하는 남녀간 음욕(淫慾)에 관하여, 유불선(儒佛仙) 가르침을 종합한 전통 성교육서(性敎育書)입니다. 번양(繁陽)에 붕태사(馮太史)가 편집한 것을 운간(雲間)에 사한운(謝漢雲)이 재판하여 전해오다가, 중화민국 초기에 인광(印光)대사께서 이 책에 가치와 중요성을 혜안(慧眼)으로 깊이 통찰하시고, 불자(佛子) 뿐만 아니라 모든 중생을 위해서 널리 보급하면서, 제목도 일반인에 관심과 시대조류에 따라 『수강보감(壽康寶鑑)』으로 바꾼 것인데, 한글로 옮기면서 원래대로 『불가록(不可錄)』이라고 붙입니다.

이 책은 건강 장수뿐만 아니라, 세속의 온갖 복록(福祿)과 부귀영화는 물론, 종교 수행 정진과 출세간(出世間)의 도덕(道德) 성취에도, 가장 중요하고 필수 불가결한 내용을 담은 인생 필독서입니다. 다만 실린 사례나 사상이 내용으로나 형식으로나 다소 예스러운 분위기를 간직해서, 아마도 고리타분한 상투적 훈계로 느껴질 것입니다. 허나 실질 내용은 정신적 양식일 뿐 아니라, 글자 그대로 우리 몸에 '피와 살'이 될 말씀들이니, 정말로 주의 깊게 읽고 마음에 새겨들읍시다.

이 책에서 핵심 요점은, 한 마디로 '성욕(性欲: 淫欲, sex)을 절제하자!' 입니다. 물론 성행위뿐만 아니라, 생각(淫心)까지 포함합니다. 성욕 절제나 금욕(禁欲)은, 지금까지 주로 종교신앙에서 계률(戒律)이나 인륜도덕 규범으로 강조해 왔습니다. 그래서 그저 단순히 녀자들에 '정조'나 '절개'를 강요하기 위해 내거는 봉건 유물 정도로 여기기 쉬운데, 그것은 아주 커다란 오해이고 착각입니다.

남녀 결합(性交)은 본디 새 생명을 낳아 종족을 보존하라고 주어진 자연스런 본능입니다. 생명만큼 신비스러운 게 없는데, 그 생명을 이루기 위해 만드는 정자와 란자(卵子)는 또 얼마나 신비하고 소중하겠습니까? 따라서 생명체 몸에서 정자와 란자를 만듦에, 생명체에 정수(精粹)만 뽑아 쓸 것은 자명합니다. 생명 에너지와 엑기스를 총동원합니다. 식물은 꽃이 가장 아름답고 향기로우며, 달콤한 꿀까지 머금고 있습니다. 동물 역시 짝을 이룰 때가 가장 아름답고 향기로우며, 최고 행복감을 느낍니다. 생명체에 절정기(絶頂期)를 이룹니다. 꽃은 수분(受粉)이 되면 이내 시들어 떨어지고, 동물도 어떤 것은 교미 후 바로 생명을 마친다고 합니다. 무엇보다도, 동물들은 오직 새끼를 갖기 위해서만 결합한답니다. 헌데 만물에 령장(靈長)이라는 우리 인간만은, 오히려 성(性)을 단순한 육체적 · 감각적 쾌락에 도구로 여기고, 시도 때도 없이 결합해 소중한 생명에 엑기스를 물 쓰듯 허비합니다. 그러면서도 건강하게 장수하길 바랍니다.

생명에 삼보(三寶) 정 · 기 · 신(精氣神)

본디 도교(道教)와 전통 한의학에서는, 정(精) · 기(氣) · 신(神)을 생명에 삼보(三寶)라고 합니다. 정(精)은 음식물을 먹어 섭취한 영양분이 피가 되고 살이 되는 생명에 엑기스, 정수(精粹; 精髓)입니다. 그것이 정력(精力: 체력)으로 나타나고, 종족 번식을 위한 정액(精液)이나 란자(卵子) 또는 경혈(經血)로 나타납니다. 그래서 남녀를 합해서 말할 때는 보통 정혈(精血)이라고 합니다.

이 정혈이 생화학(生化學: 생체 내 화학) 반응을 일으켜 승화하면, 바로 생명 에너지인 원기(元氣: 기운 · 기력)로 나타납니다. 이는 마치 화력 발전소에서 석유나 석탄(精)을 때서 전기(電氣)를 발생시키고, 좀 더 생동감 있게 비유하자면, 원자력 발전소에 우라늄(精)을 핵분열 시켜 방사능 에너지(氣)를 방출하는 것과 비슷합니다.

이 생명에 전기 에너지는, 신체 각 기관(팔다리, 오장륙부)을 움직이며 체온을 유지하는 열(熱)로 쓰이기도 하고, 사지를 움직여 물리적인 힘(力)으로 바뀌기도 하며, 또 두뇌 세포를 활발히 움직여 우리 눈에는 보이지 않는 정신적 지혜광명인 무형에 빛으로 승화하기도 합니다. 그리고 이 지혜광명에 빛은 궁극으로 도(道)라고 불리는 절대 진리(眞理)에 광명과 하나가 되어, 시간과 공간을 초월한 영원한 생명 경지에 들어갑니다.

이러한 생명 에너지에 신비로운 변화(승화) 과정을 흔히 수행(修行) 또는 수양(修養)이라고 부릅니다. 도교에서 가장 상세하고 간명하게 단계별로 표현하는 수행 용어가 있습니다. 바로 "정혈을 단련하여 원기로 승화하고(煉精化氣), 원기를 단련하여 정신광명으로 승화하며(煉氣化神), 다시 그 정신광명을 단련하여 우주 태허(太虛)로 되돌아간다(煉神還虛)."는 명제입니다. 우리가 흔히 신선(神仙) 되는 비결로 알고 있는 련단술(煉丹術)도, 바로 이러한 수행 과정을 가리킵니다. 우리 몸 안에 깃든 생명 에너지에 원천인 정・기・신으로 단(丹)을 단련하여 허공을 노니는 신선 경지에 드는 것이 진짜 련단술입니다.

불교에서는 이 전 과정을 하나로 뭉뚱그려, 일반 추상적 개념으로 표현합니다. 바로 '색즉시공(色卽是空)'입니다. 색은 물질(material) 요소인 정혈(精血)인데, 이 '色'을 곧장 정신광명을 통해 '허공(空)'과 하나 되게 승화해 버림을 뜻합니다. 이 과정이 이른바 상구보리(上求菩提)하는 수행 단계입니다. 그 반대 구절인 '공즉시색(空卽是色)'은, 화엄경 종지(宗旨)이자 불법(佛法)에 핵심 요체인 '일체유심조(一切唯心造)'를 가리킵니다. 일체 현상세계 삼라만상이, 모두 오직 텅 빈(空) 마음이 부리는 조화(造化)라는 것입니다. 즉, 마음먹은 그대로(空)가 현상 세계(色)로 나토다(化現을 뜻하는 古語)는 뜻입니다. 보통 '진공묘유(眞空妙有)' 또는 '공중묘유(空中妙有)'라고도 부릅니다. 텅 빈 허공(空・心) 속에서, 뭔지 모르게 미묘한 존재가 있어(萬有: 色・物) 나온다는 뜻입니다. 자비 광명이 넘치는 정신력(念力)으로 중생을 위해 기도 발원하고, 온갖 선행과 불사(佛事)를 행하는, 이른바 하화중생(下化衆生)하는 보살도이기도 합니다.

정·기·신과 계·정·혜(戒定慧) 삼학(三學)

또 불교에서 말하는 계률(戒)·선정(定)·지혜(慧) 삼학(三學)도 바로 정(精)·기(氣)·신(神) 삼보(三寶)와 밀접하게 상응 관계를 갖습니다.

우선, 계률(戒律)이란 가장 기본으로, 우리 생명에 원천인 정혈(精血)을 낭비하거나 분산하지 않고 잘 보존하기 위한 방법입니다. 출가 수행자들이 오후 불식(午後不食)함은, 저녁 식사로 섭취한 영양분이 밤사이에 쓰이지도 못하고 수행으로 승화하지 못한 채 핏속을 돌다 보면, 자칫 정력을 증대시켜 무의식중에 음욕(淫欲: 성욕)을 불러일으키고, 꿈속에서라도 색마(色魔)가 유혹해 몽정(夢精)할 우려가 있기 때문입니다. 정액을 한번 쏟고 나면, 수행을 통해 생명에 원기나 정신 광명으로 승화할 밑천이 빠지기 때문입니다. 마치 기름 탱크에 구멍이 나서, 기름이 줄줄 새는 채로 엔진을 운전하는 것과 같습니다.

부처님께서도 『릉엄경(楞嚴經)』에서, "음욕을 끊지 않고서(精을 쏟아 내면서도) 선정(禪定)을 이루려는 것은, 모래를 쪄서 밥을 지으려는 것과 같다."고 분명히 말씀하셨습니다. 물론 절간에서 저녁 일찍(9시) 잠들고 꼭두새벽(3~4시)에 일어나 예불하고 수행 정진하는 까닭도, 새벽녘에 고인 정력이 망동(妄動)하는 걸 예방하기 위함입니다.

또 흔히 불교에서 번뇌(煩惱)를 유루(有漏)라고 하는데, '줄줄 새고 빠져나가는 게 있다'는 뜻입니다. 물론 마음이 산만해 밖으로 정신 팔리고, 원기(元氣)를 쓸데없는 짓(사물)에 낭비하는 것도 모두 포함합니다. 허나 가장 직접 제1차로 가리키는 대상은, 바로 생명에 밑천인

'정혈(精血)'을 쏟아내는 '有漏'일 겁니다. 모든 종교 수행에서 녀자들은 장애(곤란)가 특히 크고 많다고 하는데, 그 핵심 내용에 하나는 바로 매달 정기로 정혈(精血)을 쏟아 내는 생리현상입니다.

『부모은중경(父母恩重經)』에 보면, 부처님께서 주인 없이 나뒹구는 해골 무더기를 보고, 남자 것과 녀자 것을 가릴 수 있겠느냐고 아난(阿難)에게 묻는 대목이 나옵니다. 요점은, 녀자는 월경을 하고, 아이를 낳으면서 피를 쏟고, 아이를 기르면서 젖(젖도 精血이 변화한 모습)을 짜기 때문에, 그 뼈가 단단하지 못하고 가볍다는 것입니다. (중년 녀자에게 골다공증이 많은 이유도 마찬가지임) 그런데 요즘은, 녀자들은 애도 적게 낳고 젖(모유)도 거의 주지 않고, 남자들은 시도 때도 없이 정액을 쏟아 내는 음란 풍조 때문에, 어쩌면 해골로 남녀 구별이 쉽지 않을 듯합니다.

또 한 가지, 불교에서 오후 불식 못지않게 중요한 음식 계률(戒律) 가운데 하나는, 오신채(五辛菜)와 고기를 먹지 않는 순수 채식(양념 조미가 없는 자연 그대로 담백한 음식이란 뜻에서 '소식(素食)'이라고 부름)입니다. 고기는 말할 필요도 없거니와, 오신채 경우도 주로 정력 낭비를 막기 위한 계률(戒律) 방편으로 금합니다. 불경에 보면, 오신채는 날(生)로 먹으면 성냄(瞋心)을 돋구고, 익혀(熟) 먹으면 음심(淫心: 성욕)을 자극하기 때문에 먹지 말라고 한답니다. 제가 오래 동안 채식 공양을 하면서 관찰한 체험으로도, 이 말씀은 분명히 맞는 진리임을 확인했습니다. 또 오신채를 먹으면, 그 비릿하고 매운 맛이 모든 호법(護法)

신명(神明)들을 자극해 멀리 달아나게 한답니다. 수행자는 말할 것도 없거니와, 일반인도 선량한 신명들이 멀리 도망가서 게 뭐가 좋겠습니까?

여하튼, 중국에서 도교 쪽 수행 이야기를 들은 건데, 녀자들이 도업(道業)을 원만히 성취하려면, 붉은 생리를 완전히 끊어 멈추는 '참적룡(斬赤龍)' 경지에 이르러야 한답니다. 심지어 이미 자연으로 생리가 멈춘 녀자는, 멈춘 생리가 수행으로 다시 시작한 뒤, 그 생리가 다시 수행 정진으로 끊기어야 한다고 합니다. 이러한 경지는 남자로 말하면, 부처님 32상(相) 가운데 하나인 '마음장상(馬陰藏相)'에 해당합니다. 즉, 생식기가 밖에 드러나 보이지 않도록 완전히 숨어 들어가야, 비로소 정액을 쏟지 않고 번뇌망상이 전혀 없는 무루(無漏) 경지에 든다고 합니다. 이런 수행이 얼마나 어렵겠습니까? 남녀에 상(相)과 음양에 기운을 완전히 여의어야만 가능한 일이 아니겠습니까? 이때 도업(道業)이 원만히 이루어진다고 합니다.

오신채뿐만 아니라, 커피나 기타 자극성 강한 기호식품도, 자칫 헛된 성욕을 돋굴 수 있습니다. 이러한 음식들은 직접 '정혈'을 만들어 내는 영양분도 전혀 없으면서, 단지 우리 생명이 소중하게 생산·저축해 놓은 엑기스만 밖으로 내 쏟게 자극할 따름입니다. 이러한 성욕 자극을 강렬하게 농축해 만든 물질이, 요즘 세상을 떠들썩하게 하는 '비아그라' 같은 최음제(催淫劑)입니다. 한바탕 음욕을 부리기 위해 최음제나 자극성(특히 신 맛) 강한 음식을 즐겨 먹으면, 그렇게 해서 정액을 내쏟는 대가로 얼마나 엄청난 생명에 희생을 치러야 하는지, 자업자득(自業自得)하는 인과응보를 잘 명심해야 한답니다.

둘째, 삼학(三學) 가운데 선정(禪定)은 바로 밑천(기름)인 '정혈'을 원기(전기)로 승화(발전)하고, 다시 그 원기를 정신 광명(지혜)으로까지 승화하는 주된 작업(수행·발전)입니다. 물론 념불(念佛)이나 기도·간경(看經)·독경(讀經)·례배(禮拜: 절·오체투지) 등, 모든 수행이 궁극에는 정혈을 단련하여 원기로 승화하고, 원기를 다시 지혜 광명으로 승화하는 방편법문입니다. 선정(禪定)이 대표지만, 다른 수행 법문도 일심불란(一心不亂)한 삼매(三昧)에 들어야 비로소 진실한 수행 효과가 나타나기에, 결국은 선정(禪定)으로 귀결한다고 볼 수 있습니다.

셋째, 선정으로 이루는 지혜는, 바로 육안에 보이지 않는 정신광명에 상응합니다. 물론 그 지혜와 정신광명도 밝기는 여러 단계일 것입니다. 불교『화엄경』에 보면, 보살도 수행경지가 42 내지 52단계로 나뉜다고 하지 않습니까? 우리가 수행 정진으로 정혈을 어느 정도 높고 섬세하게 승화하고 순화(純化)하느냐에 따라, 그 지혜와 정신광명 차원이 달라지고, 여러 단계 보살 경지로 나타날 것입니다.

이런 일련에 수행과정에서 가장 중요하게 주도 지위를 차지하는 주제가 바로 우리 마음(心)입니다. 일체유심조(一切唯心造)이기 때문에, 우리 마음을 어느 방향으로 돌리느냐? 또 어느 정도 순화(純化)하고 정화(淨化; 精化)하느냐? 에 따라, 수행 공부도 성과가 천양지차로 나타납니다. 같은 물도 소가 마시면 우유를 짜내지만, 뱀이 마시면 독을 내뿜는다는 비유가 있습니다. 같은 '정혈(精血)'인데도, 어떤 마음으로 단련하고, 어느 정도 순수하게 승화하느냐에 따라, 부처님(지혜광명)이 되기도 하고, 살인강도나 포군(우매 암흑)이 되기도 합니다.

불교 수행 격언에, '번뇌가 곧 보리(진리·깨달음)(煩惱卽菩提)'나, '고개 돌리면 바로 피안(回頭是岸)'이라는 유명한 가르침이 있습니다. 온갖 번뇌망상과 나쁜 죄악업장을 짓는 데 낭비하던 생명 정혈을, 마음 하나 바꿔 먹어 착한 일과 수행 공부로 돌려, 원기로 승화하고 다시 지혜광명이 찬란한 정신세계로 고양(高揚)한다면, 그것이 곧 진리를 깨닫는 대문이고, 피안(녈반涅槃: nirvāṇa)에 이르는 첩경이라는 뜻입니다.

사람은 누구나 모두 생명에 원천인 정혈을 함께 타고났고, 그 정혈이 청정하냐 혼탁하냐에 따라 '성선(性善)'과 '성악(性惡)'으로 학설이 갈리지만, 그것이 곧 도를 깨닫고 성현이나 부처가 되는 밑천입니다. 사실 '일체 중생이 모두 부처님 성품을 갖고 있다(一切衆生皆有佛性)'는 말씀도 이런 측면에서 리해할 수 있습니다.

풀리면 정(情), 맺히면 한(恨)

사음(邪淫)은 말할 것도 없거니와, 정당한 혼인으로 맺은 부부관계라도 정도에 지나치면 안 되는 근본 이유는, 바로 정기신(精氣神) 삼보를 크게 훼손하기 때문입니다. 그래서 예로부터 전쟁에 출정하거나 국가 대사나 과거 시험에 임하는 경우에는, 특별히 남녀관계를 멀리하고 정신력을 집중했습니다. 지금도 물론 중요한 경기를 앞둔 운동

선수나 큰일을 치를 사람들은 각별히 조심하곤 합니다. 남녀관계는 전기에 음양과 같아서, 한번 결합하면 순간 엄청난 에너지(전기)를 방전·소모하기 때문입니다. 설사 결합까지는 이르지 않더라도, 마음이 움직여 몸속에 정기(精氣)가 발동하면, 정신이 차분히 안정될 수 없기 때문에, 중요한 일에 제대로 집중·전념할 수 없습니다.

이 책 본문에서 음욕이 복록을 결정짓는 요인(陰德)이 되고, 특히 수많은 력사(歷史) 실례에서 과거급제와 부귀공명을 판가름하는 열쇠로 묘사하는 까닭도, 사실 알고 보면 이렇듯 가장 합리적인 명백한 리치입니다. 헌데 단지 과학적 해명 없이 추상적 인과응보와 종교철학적 인륜도덕 관점에서 기술했다고 해서, 성(性)에 자유를 억압하는 전근대적 봉건유물이나 미신으로 매도할 수 있겠습니까?

또 사음(邪淫)을 해서는 안 될 중요한 정신상·심리상 요인이 있습니다. 예로부터 "한 아낙이 원한을 품으면 (음력) 오뉴월에도 서리가 날린다.(一婦含怨, 六月飛霜.)"는 속담이 전해옵니다. 흔히 녀자가 질투심이 많다고 하는데, 하면 남자는 자기 녀자가 딴 남자와 어울리는데 울화가 치밀지 않겠습니까? 남녀관계는 전기와 같아서, 음과 양이 똑같은 수량만큼 1대1로 상응하게 되어 있습니다. 이미 짝지어진 음양 사이에 다른 음이나 양이 끼어들어 찝쩍거리면, 그야말로 전기불꽃(번갯불)이 저절로 튀게 되어 있습니다. 그게 자연 섭리인데, 인간사회에서는 질투심이니 원한으로 표현합니다. (녀자와 음전기가 좀 더 섬세하고 예민한가 봅니다.)

남녀가 사회 례법 상으로 항구적 혼인을 할 생각 없이, 단지 잠시간 쾌감을 위해 야합하는 짓은, 피복이 벗겨진 전깃줄을 가지고 살금살금 장난치는 것과 같습니다. 전선을 일시로 붙였다 떼었다 하면, 순간 전류는 엄청나게 커지고, 그때 방전으로 튀기는 불꽃은 화재를 일으키기 십상입니다. 합선이나 루전(漏電) 사고가 안 날 수 없습니다. 남녀가 일시 결합했다 떨어지려고 하면, 상대방에 흡인력(자석이나 전기처럼 사람도 음양간에 강한 인력이 작용함)이 그냥 놔두질 않습니다. 오히려 더 강하게 끌어당기는 반동력(反動力)이 생겨 새로운 력학관계까지 만들어 냅니다. 그것이 오뉴월에도 서리가 날리게 하는 녀인네 원한이 지니는 본래 모습입니다.

풀리면 정(情)인 것이, 맺히면 한(恨)이 됩니다. 마치 풀렸을 땐 물(水)인 것이, 맺히면 얼음이나 눈 · 서리가 되듯이 말입니다. 초가을이나 봄에 갑자기 된서리 치면, 생기발랄하던 채소며 농작물이, 모두 랭해(冷害)나 한해(寒害)를 입고 금세 시들어 버립니다. 음욕을 잘못 부려 녀인네 마음에 원한 감정이 맺히면, 승승장구하던 자기 부귀공명에 운세도, 모두 한해(恨害)를 받아 이내 시들고 맙니다. 인간사나 자연현상이나 리치는 하나입니다. 그래서 민심(民心)이 곧 천심(天心)이라고 합니다. 사람이 내뿜는 독한 원한감정이 하늘에 사무치면, 그 파장이 자연계에 평화로운 기운(和氣)을 깨뜨려, 크고 작은 천재지변(天災地變)이나 이상기후가 나타납니다.

요즘은 심리학이나 정신과학이 눈부시게 발달하여, 사람 념력(念力)

이 얼마나 빠르고 막강한지 밝혀지고 있습니다. 생명 에너지 원천인 정혈(精血)을 잘 단련하여 밝은(陽) 기운(氣)과 정신(神)으로 승화해, 중생을 위해 자비광명으로 나토는(펼치는) 게, 올바로 수행하는 길입니다. 소가 우유를 짜서 중생에게 보탬이 되듯이 말입니다. 그런데 그 정혈이 원한 맺힌(陰) 마음으로 이를 갈듯 내뿜어지면, 그 저주는 서릿발이나 칼날보다 더 매서운 살기(殺氣)와 암흑으로 펼쳐집니다. 마치 뱀이 독을 뿜어 뭇 생명을 해치는 것과 같은데, 그게 바로 지옥 아귀에 길입니다.

업장(業障) 해소는 음욕을 참회하여

사람이 살아생전에 밝게 잘 닦으면 신명(神明)이 되어 하늘로 올라가고, 어둡게 잘못 닦으면 음귀(陰鬼)가 되어 지옥에 떨어진다고 합니다. 이러한 업장 륜회설(輪廻說)도, 바로 정기신 삼보를 어떻게 닦느냐 하는 마음에 원리일 뿐입니다. 그런데, 다른 사람에게 나쁜 짓을 하고 해를 끼쳐 상대방에 원한을 사면, 상대방이 내뿜는 어두운 음(陰)에 념력이, 무형 중에 자기 마음과 정신에 간섭파를 일으키게 됩니다. 부정적 나쁜 텔레파시를 발사하는 겁니다. 그 간섭 파동으로 자기 운수가 직접 영향을 받는데, 그걸 불교에서 업장(業障)이라고 합니다. 남들 손가락질을 받고도 잘되는 사람은 하나도 없습니다. 하물며 이를 부득부득 간다면 오죽하겠습니까?

불경에 보면, 세상에는 두 종류 건아(健兒: 착하고 훌륭한 사람)가 있다고 합니다. 첫째는 아예 죄를 짓지 않는 사람이고, 둘째는 죄를 지은 뒤 곧바로 회개(悔改)할 줄 아는 사람입니다. 헌데 부처님 당시에도 세상은 오탁악세(五濁惡世)였고, 예수님 당시에도 세상은 말세(末世)였답니다. 하물며 요즘 세상이야 말할 필요가 있겠습니까?

기독교 원죄(原罪) 의식이나 불교 업장(業障) 리론(理論)이 아니더라도, 우리는 요즘 보고 듣고 맛보고 움직이는 게 모두 잘못(죄) 아님이 없는 요지경 속에서 살고 있습니다. 옷도 희고 깨끗한 게 쉽게 때를 타듯이, 사람도 착하고 순수한 마음이 눈에 띄게 죄악에 물들기 쉽습니다. 예수님도 간음한 녀인에게 돌팔매질하려던 군중에게, "어느 누구 양심이 깨끗한 자 있거든 먼저 돌을 던지라"고 말씀하셨답니다. 요즘 세상에 알게 모르게, 몸(행동)과 입(말)과 뜻(생각)으로 간음에 죄악을 짓지 않은 이가 얼마나 되겠습니까?

이 글을 번역한 뜻은, 바로 저부터 시작하여, 이 시대와 앞날에 인연 있는 모든 분들이, 지금까지 알게 모르게 몸(身)과 입(口)과 뜻(意)으로 저지른 음욕에 죄악을 진심으로 통절(痛切)이 참회하고, 앞으로는 정신 바짝 차려 조심하고 다시는 사음(邪淫)에 늪에 빠지지 않으며, 부부간 애정도 적절히 자제하면 좋겠다고 발원해서 입니다.

고등학교 때, 연세 지긋하시고 힘아대기(기운) 별로 없어 보이시던 국민륜리 선생님께서, 자위(手淫) 행위를 하면 해롭다는 자비로운 훈계를 주셨던 기억이 뚜렷합니다. 그때 철부지들이 그 심오한 가르침이나 자상한 마음을 알 리가 있었겠습니까? 지금 생각하면, 그 한 마디 말씀이야말로 그 어느 보약과 비방(秘方)보다 훨씬 훌륭한 불로장생에 만병 예방약이었는데, 마음에 귀가 열리지 않고 지혜에 눈이 뜨이지 않았던 미욱한 중생이 당시에는 전혀 알아듣지 못하였습니다. 생각할수록 참으로 안타깝고 비통한 일입니다.

그때 그 선생님께서 좀 더 분명하고 확실하게, 힘주어 강조하시고 일깨워 주셨더라면 얼마나 좋았을까? 하는 탄식과 회한(悔恨)마저 들 정도입니다. 이 책에서 말하고 있는 내용과 어조만큼, 또 인광대사(印光大師)께서 설법하시는 정도로 말입니다.

제가 이 책을 번역하는 연유(緣由)와 동기가 또한 여기에 있습니다. 좀 더 확실하고 분명하며 자세한 훈계를, 누구나 볼 수 있는 글로 소개한다면, 적어도 저처럼 뒤늦게 탄식하고 안타까워하는 사람이 그만큼 줄어들 것이라고 기대하기 때문입니다. 어쩌면 저더러 참회와 보속(補贖)으로 이 책을 번역하라고, 일찌감치 골수에 사무치게끔 그토록 막대한 시행착오를 겪는 악연(惡緣)을 베풀어주신 게 아닌가 생각하며, 스스로 위안을 삼습니다. 그렇다면, 지금까지 이렇게 이끌어주신 하늘(님) 뜻과 부처님 자비에, 오히려 지극한 마음으로 감사와 찬탄을 드려야 맞겠습니다. 아무쪼록 이 책이 세상에 널리 퍼져서 모든 사람이 읽고 따르길 간절히 기원합니다.

이 책이 고리타분하고 터무니없는 미신 같다는 선입견을 조금이나마 풀어드리려고, 다소 장황한 글을 적었습니다. 독자 여러분께서 하해 같이 량해(諒解)하시기 바랍니다.

끝으로, 이 글(원고) 본문을 타자해 준 조카 황지연(黃智燕)님, 옮긴이 말을 타자해 준 대섭(大涉) 동학, 그리고 건전한 성 인륜문화를 보급하자는 계몽 정신에 적극 호응하고 수희찬탄(隨喜贊歎)하여 법보시판을 실비로 인쇄・출판해 준 전남대출판부와 출판과정에서 수고하신 관계자 분들께 진심으로 감사드립니다.

2002년 임오년(壬午年) 새봄 빛고을 룡봉대(龍鳳臺)에서
옮긴이 보적(寶積) 거사 공경합장

이 글은 초판에서 맨 뒤에 실었는데, 원본을 번역한 글이 좀 예스럽고 딱딱하게 느껴지는 관계로, 독자들에 친근감과 관심을 끌기 위한 방편에서, 재판에서는 현대어감으로 풀어쓴 이 글을 맨 앞으로 자리바꿈 하게 되었습니다.

인광대사 서문(印光大師序)

● 지나친 음욕(淫慾)은 질병과 요절(夭折)에 화근

세상에 건강장수하고 자손이 번성하며, 공명(功名)이 드날리고 길조와 복록이 넘쳐나는 걸, 더러 바라지 않는 사람이 있을까? 거꾸로 병들어 요절하거나 후손이 끊기고, 집안이 몰락해 불길과 흉악이 엄습하길 바라는 사람은 없을 것이다. 이는 온 세상에 인지상정이다. 비록 삼척동자라도 모두 그러하려니와, 설령 몹시 어리석은 바보라도, 재난과 화(禍)를 기뻐하고 경사와 복을 싫어하진 않으리라.

그런데 녀색(女色)을 좋아하고 음욕을 탐내는 사람은, 마음으로 바라는 바와 몸으로 행동하는 것이 정반대로 엇갈려, 마침내 바라지 않는 것을 모두 얻고, 바라는 것은 전혀 얻지 못하게 된다. 그러니 어찌 슬프지 않겠는가? 제멋대로 화류계(花柳界)와 홍등가(紅燈街)를 들락거리며 녀색만 밝히는 자들은, 여기서 말하고 싶지도 않다. 정상적인 부부관계라도 한번 탐내어 빠져들게 되면, 반드시 요절하여 운명하기 마련이다. 또 설사 지나치게 탐하지는 않을지라도, 삼가 조심할 줄 몰라서 거리낌 없이 굴다가 죽음에 이르는 자도 있다. 그러니 정말 가엾고 불쌍하기 짝이 없다.

그래서 옛 선현이 『불가록(不可錄)』(차마 붓으로 기록할 수 없는 내용이란 뜻으로, 불교에서 기어(綺語)에 상응하는 용어임)을 편집하여, 후세에 전하셨다. 그 내용은 색욕(色慾)에 해악, 음욕을 막고 경계하는 격언, 착한 이가 복 받고 음란한 자가 재앙을 당한 실증 사례, 계률(戒律)을 지키는 방법과 시기, 음욕을 기피해야 할 때와 장소·상황 등을 두루 밝혀 두었다. 번잡스러움을 귀찮게 여기지 않고 조목조목 상세히 분류하여, 보는 이마다 경각심을 불러일으키고 있다. 세상을 깨우치고 백성을 구하려는 마음이 정말로 간절하고 진지하기 그지없다.

여기에 내가 내용을 좀 더 보태고, 이름을 『수강보감(壽康寶鑑: 건강장수 보감)』으로 바꾸어, 널리 법보시하고자 한다. 이렇듯 뜻 있는 인연을 굳이 불러 모으는 것은, 내 마음에 너무 애통한 사연이 있어, 차마 가만히 있을 수 없기 때문이다.

내게 라제동(羅濟同)이라는 제자가 있었는데, 사천(四川) 출신으로 나이 46세에 상해(上海)에서 선박 상업을 하였다. 성품이 자못 충직하고 후덕한데다가 불법(佛法)까지 깊이 믿어, 관형지(關炯之) 등과 함께 정업사(淨業社: 극락정토 왕생을 발원하며 념불수행 하는 재가신자 모임)를 열어 수행하였다. 민국 12~3년(1923~4) 즈음에, 늘상 산에 올라와 내게 귀의하고 싶어 했으나, 사업에 얽매여 뜻을 이루지 못했다. 그러다가, 14년(1925)에 병이 몇 달간 악화하여 몹시 위험한 지경에 이르렀는데, 한약과 양약 모두 전혀 효험이 없었던가 보다. 8월 14일 약값을 계산하는데, 액수가 너무 엄청나 깜짝 놀랐다. 그래서 화가 나서, "앞으로는 설령 내가 죽더라도, 다시는 약을 먹지 않겠다."고 맹세했다.

이에 그 첩(妾)이 부처님께 "종신토록 채식하며 념불할 것을 발원하오니, 부디 남편 병이 낫게 해 주십시오."라고 간절히 빌었다. 그러자 그날 오후부터 병세가 호전되더니, 대변으로 핏덩어리가 왕창 쏟아진 뒤, 약도 쓰지 않고 그냥 나았다고 한다.

내가 8월 말 상해에 도착하여 태평사(太平寺)에 머물다가, 9월 초이틀 정업사에 가서 관형지를 만났는데, 그때 라제동도 한 자리에 있었다. 비록 몸이 아주 건강해 보이지는 않았으나, 기색이 비할 데 없이 맑고 깨끗하게 빛나고 있었다. 나를 보더니 기뻐하며, "사부님께서 오셨으니, 산에까지 올라갈 필요 없이 상해에서 귀의해야겠습니다."라고 말하였다. 이에 초파일을 택해, 그 첩과 함께 태평사에 와서 삼귀의와 오계를 받도록 하였다. 그리고 정설루(程雪樓)·관형지·정계초(丁桂樵)·우양석지(歐陽石芝)·여치련(余峙蓮)·임심백(任心白) 등 여러 거사를 초청하여, 나와 함께 공양(供養)하였다.

초열흘날, 그가 다시 자기 집으로 초청하여 공양을 올리면서, "사부님은 저희들 부모님이시고, 저희들 제자는 사부님 자녀입니다."라고 말하였다. 그러길래 내가, "(효자는) 부모가 오직 그 질병만 걱정한다네.[1] 그대 질병이 비록 호전되었지만, 아직 완전히 회복한 상태는 아니니, 마땅히 신중해야 할 걸세."라고 당부했다. 그런데 애석하게

1) 『론어(論語)』 위정(爲政)편 구절로, 맹무백(孟武伯)이 효도를 묻자, 공자가 대답한 말씀이다. 원문은 '父母唯其疾之憂'인데, 자녀가 "부모께서 편찮으실 때 그 질병에 근심걱정을 다한다."는 뜻으로 해석하는 이설(異說)이 있다.

도, 신중해야 할 게 방사(房事: 부부관계)임을 그때 분명히 말하지 않아 몹시 후회한다. 그달 말일께 공덕림(功德林)에서 감옥 재소자를 위한 감화법회를 열 때 그도 동참했다. 대중이 흩어진 뒤 여남은 사람이 남아 공양할 때, 그가 와서 회계에게 몇 마디 당부하고 가는데, 얼굴이 마치 죽은 사람과 같아 보였다. 나는 곧바로 그가 방사를 치른 때문인 줄 알아차렸다. 그때 단지 "(효자는) 부모가 오직 그 질병만 걱정한다."는 말만 하고, 그 까닭을 말해 주지 않아서, 다시 위기를 초래한 것이다. 그래서 내심 뼈저리게 후회하였다.

그때 바로 글을 써서 방사를 끊도록 당부하려고 했으나, 거처가 번잡하여 그만두고, 사월 초6일 산에 돌아와 곧장 음욕에 해악을 자세히 적은 편지 한 통을 부쳤다. 허나 이미 때가 늦어, 약방문(藥方文)이 효험을 낼 사이도 없이, 며칠 만에 그만 죽고 말았다. 죽을 때 관형지가 여러 거사들을 불러 모아, 함께 념불하여 회향 기도해 주었다고 한다. 그가 서방 정토에 왕생했는지는 알 수 없지만, 적어도 삼악도(三惡道: 지옥, 아귀, 축생)에 떨어지진 않았을 것이다.

그가 몇 달간 크게 앓던 질병이 삼보께 가피(加被)를 받아 약도 쓰지 않고 나은 뒤, 열흘 남짓 만에 기색이 보통 사람을 훨씬 능가할 정도로 맑게 빛났다. 그러더니만, 방사를 절제할 줄 몰라 그만 죽고 만 것이다. 이는 단지 자기 생명을 해친 짓일 뿐만 아니라, 삼보에 자비로운 은혜마저 저버린 셈이니, 그 허물이 몹시 크다.

나는 그가 죽었다는 부음(訃音)을 듣고 마음이 매우 아팠다. 세상에 조심하거나 절제할 줄 모르고, 거리낌 없이 굴다가 죽는 자가 얼마나 많은가? 그 사실을 생각하니, 만약 나마저 이들을 예방하고 보호하는 방편법문을 마련하지 않는다면, 여래께서 대자대비로 중생 고통을 구제하는 불도(佛道)가 더욱 사라질 것만 같았다. 그래서 『불가록』을 증보 발행해 널리 류포(流布)하기로 했다. 세상 사람들이 거리낄 줄 알아, 목숨까지 내버리는 잘못은 줄일 수 있겠다고 생각했다.

마침 한 거사가 모친이 남긴 유산 1,600원(元)으로 좋은 책을 인쇄해 법보시하고자 원하기에, 내가 그에게 그 돈으로 전부 『수강보감(壽康寶鑑)』을 인쇄해, 청춘 남녀를 미리 위험에서 건져 주자고 권했다. 그러면 라제동 한 사람이 죽음으로 말미암아, 앞으로 이 책을 읽을 모든 사람들이 삼가 조심하고 절제할 줄 알 것이며, 아울러 책이 류통(流通)되고 서로 권고해 나가면, 세상 사람들이 함께 건강장수를 누리고, 홀아비 홀어미나 고난이 날로 줄어들 것이기 때문이다.

그렇게 된다면, 라제동 한 사람 죽음이 모든 사람에게 건강장수를 가져다 줄 것이니, 그 죽음이 도리어 공덕이 되기도 하겠다. 이 공덕을 극락왕생에 회향 기도하면, 반드시 사바고해를 하직하고 서방정토에 올라가, 아미타불에 제자가 되고 련화(蓮花)세계 청정 대중에 좋은 도반(道伴)이 될 것이다.

맹자(孟子)도 말한 적이 있다.

"마음 수양은 적은 욕심보다 더 좋은 게 없다(養心莫善於寡欲). 그 사람됨이 욕심이 적으면, 비록 천성을 잃은 게 있을지라도 적을 것이며; 그 사람됨이 욕심이 많으면, 비록 천성을 지닌 게 있을지라도 또한 적을 것이다."

건강할 때도 오히려 욕정을 절제해야 마땅하거늘, 하물며 큰 병을 앓고 나서 막 나은 때야 오죽하겠는가?

10년 전에 한 갑부 상인네 아들이 일본에서 양의학을 공부해 시험에 1등으로 합격했다. 전차를 탔는데, 차가 완전히 멈추기 전에 뛰어내리다가, 그만 한 팔이 부러지고 말았다. 마침 그가 이 분야 의사인지라, 얼마 안 되어 곧 나은 모양이다. 무릇 뼈를 다친 사람은 최소한 백수십 일 동안 녀색을 가까이 해서는 절대 안 된다. 그런데, 그가 팔 골절이 나은 지 얼마 안 되어, 모친 수연(壽宴: 장수 축하 잔치)에 참석하러 귀국했다가, 밤에 아내와 동침한 뒤 이튿날 즉사하고 말았다. 이 아들은 자못 총명하여 의사까지 된 사람인데, 어찌하여 이러한 기본 금기 사항조차 새까맣게 모르고, 잠깐 환락 때문에 지중(至重)한 생명을 잃었단 말인가? 이보다 더 애통한 일이 어디 있겠는가?

재작년엔 한 상인이 때마침 호황을 타서, 며칠간 장사로 6~7백 원(元)을 벌었다. 자못 득의양양한 그는 다음날 첩(妾) 집에서 처(妻) 집으로 건너갔다. 그러자 처가 몹시 기뻐하며 반겨 맞았다. 때는 (음력) 5월이라 날씨가 몹시 무더워, 처가 선풍기를 틀고 몸을 씻게 한 뒤, 얼음물에 꿀을 타서 마시도록 주었다. 단지 시원하게 열을 식힐 줄만 알았지, 동침할 때 몸을 차갑게 해서는 안 되는 걸 몰랐던 것이다. 그래서 세 시간도 채 못 되어 복통으로 죽고 말았다.

이렇게 보면, 세상에 절제할 줄 모르고 거리낌 없이 굴다가 죽는 자가 몇 천만억이나 되는지 알 수 없다. 예로부터 복록을 최고로 누리는 사람은 황제보다 더한 이가 없을 것이다. 복록이 최고면 수명 역시 길어야 할 텐데, 자세히 살펴보면 십중팔구는 모두 장수하지 못했다. 이 모두가 일 많이 벌이기를 좋아하면서, 게다가 절제와 금기를 지킬 줄 몰라, 스스로 목숨을 재촉한 결과가 아니겠는가? 또한 세상에 아주 총명한 천재들도 대부분 장수하지 못하는데, 이러한 금기를 잘 몰라 빚어지는 게 거의 틀림없다.

나는 늘상 말하기를, 세상사람 중 10분에 4는 색욕으로 죽고, 또 다른 10분에 4는 비록 색욕을 직접 원인으로 죽지는 않지만, 색욕을 탐하여 쇠약해진 몸이 다른 감염을 받아 간접으로 죽으며, 타고난 수명을 온전히 누리고 죽는 사람은 10분에 1에 불과하다고 강조해왔다.[2] 아득히 넓은 세계에 수없이 많은 중생 가운데 십중팔구는 색욕으로 말미암아 죽으니, 어찌 슬프지 않겠는가?

이상이 바로 내가 『건강장수 보감』을 널리 퍼뜨리려고 하는 까닭이다. 세상에 자녀를 사랑하는 부모나, 또는 동포를 위해 화근을 예방하고 행복을 지어 주려는 분들은, 모두 이 책을 인쇄·배포하길 바란다. 사람들이 절제와 금기를 깨닫고, 귀중한 생명을 잃거나

2) 일찍이 로자(老子)는, 천수(天壽)를 다하는 생명에 무리가 10분에 3, 요절하는 사망에 무리가 10분에 3, 그리고 지나치게 풍요로운 삶(욕심, 향락)으로 생명에서 사망으로 빠져드는 무리가 10분에 3이라고 지적하며, 인간에 탐욕을 경고하였다.

망치는 어리석음에서 벗어나도록 이끌어주기 위함이다.

제멋대로 화류계와 홍등가를 들락거리는 자들은, 대부분 스스로 정견(正見)을 확립하지 못하고, 제비 같은 친구나 음란서적에 나쁜 꾐에 빠져, 자신을 음욕 바다에 내던진 채, 헤어날 줄 모르고 있다. 만약 이 책을 자세히 읽어보기만 한다면, 그 리해득실을 뼈저리게 알게 될 것이다. 조상이나 부모님 명예와 치욕, 자기 생사와 성패, 자손이 총명할지 또는 번창할지 등에 관한 내용들이, 불 보듯 훤히 밝혀져 있다. 바보천치가 아니라면, 누가 직접 눈으로 보고도, 마음이 뜨끔하게 놀라 절제하려 힘쓰지 않겠는가?

이 책을 본 뒤로, 각자 부부간에 천륜에도 절도 있게 만족하면서, 지나친 탐욕으로 몸을 해치는 일이 없길 바란다. 그러면 부부가 금슬 좋게 나란히 늙어가며 건강장수를 누릴 것이다. 욕망이 적은 사람은 항상 자식이 많고, 그 자식들은 틀림없이 체질이 강건하고 마음이 선량하며 의지가 굳센 법이다. 또 결코 자신을 망치는 허물이 없고, 분명히 부모를 영광스럽게 빛내는 훌륭한 인재가 될 것이다.

이게 내가 오랫동안 향 사르며 기도한 바다. 바라건대, 이 글을 읽고 함께 같은 마음(同心)을 내어, 인연 따라 널리 류포(流布)해 준다면, 중생에게도 몹시 다행이고, 국가민족에도 매우 다행이겠다.

민국 16년(1927) 정묘(丁卯) 늦봄

항상 부끄러운 중(常慚愧僧) 석인광(釋印光)

『불가록(不可錄)』 중판 서문

녀색에 화(禍)는 지극히 혹독하고 심하다. 예로부터 녀색으로 말미암아 패가망신하거나, 민심을 잃고 나라를 망친 자들을, 어찌 다 헤아릴 수 있겠는가? 설사 이 지경까지 이르지는 않았다 할지라도, 강건한 육신을 손상시키고 청명한 의지를 흐릿하게 약화시키는 자는, 그 얼마나 되겠는가? 그리고 땅을 박차고 하늘을 떠받쳐 성현이 되겠다던 서원과 기개가 슬그머니 수그러져, 아무런 성취도 없는 평범한 졸부로 전락한 자들은, 또한 얼마나 되겠는가?

하물며, 천리(天理)를 거역하고 인륜을 파괴하여, 살아생전에는 사람 탈을 쓴 짐승 노릇하다가, 죽은 뒤 삼악도에 타락하는 자들은, 또 어떻게 다 헤아릴 수 있겠는가? 오호라! 녀색에 화가 어찌 이다지도 지극히 혹독하고 심하단 말인고?

이러한 까닭에, 예로부터 뭇 성현께서 특별한 자비와 련민(憐憫)을 베푸사, 더러는 법언(法言)으로 설하시고, 더러는 좋은 말로 권하셨다. 하늘(자연)이 착한 이에게 복을 내리고 음란한 자에게 화(禍)를 내리는 인과법칙을, 세상 모든 사람들이 다 알도록 간절히 바라고 힘쓰셨다. 게다가 많은 구체 실례를 들어, 정법(진리)을 밝히는 증거로 경고하셨다. 자기를 사랑할 줄 아는 사람들이 이 글을 보면, 반드시 섬뜩 놀라고 확연히 깨달아, 욕정에 거센 물살을 미리 막고, 선량한 천성을 회복하리라고 기대하셨기 때문이다.

이렇게 되면, 모든 동포들이 건강장수와 부귀영화를 누리고, 빈천과 질병이나 요절에 화근을 영원히 벗어날 수 있다. 이상이 『불가록(不可錄)』을 편집한 연유다. 장서증(張瑞曾) 거사가 이 책을 중판 인쇄하여 법보시하고자, 나에게 서문을 써 달라고 요청하기에, 욕정을 막는 요점이나 간단명료하게 써 보려고 한다.

미색이 눈앞에 있어 욕심이 치성하게 일어나면, 제아무리 훌륭한 법문 격언이나 인과응보 법칙이라도, 모두 애욕에 마음을 완전히 끊어버리기는 어려운 법이다. 이런 줄 모름지기 알고서, 만약 부정관(不淨觀)을 행한다면, 욕망에서 치솟는 한바탕 뜨거운 불길도 금세 잦아들 것이나.

장안(長安)에 젊은이들은 귀뚜라미를 가지고 놀길 좋아한다. 한번은 어떤 청소년 삼형제가 달밤에 무덤 사이에서 귀뚜라미를 잡다가, 문득 미색과 자태가 아주 빼어난 한 젊은 녀인을 보았다. 그래서 셋이 함께 가서 그 녀자를 잡으려고 했더니, 갑자기 그 녀자가 얼굴을 확 바꾸면서, 일곱 구멍에 피를 흘리고, 혀를 한 자(尺) 남짓 늘어뜨리는 것이었다. 이에 세 사람이 동시에 놀라 기절해버렸다. 이튿날 그 집안에서 그들을 찾아내었는데, 겨우 한 아들밖에 살려내지 못하였다. 그래서 사건에 전말을 알게 되었는데, 살아난 아들도 심하게 앓다가 몇 달 만에 비로소 나았고, 그 집 자손들은 다시는 밤에 귀뚜라미를 잡지 못하게 금했다고 한다. 이 젊은 녀인이 얼굴을 표변하지 않았을 때는, 뼛속까지 사무쳐 오는 애욕을 따르지 않고서는 견딜 수 없었을 것이다. 하지만 얼굴이 확 바뀐 다음에는, 단박에 놀라 기절해 죽고 말았다. 순간 애욕에 마음이 이내 온데간데없어지고 만 것이다. 애시당초 그들이 함께 쫓아갈 때도, 본디 피와 혀가 없었던 것은 아닐 것이다. 그런데 어찌하여, 보이지 않게 감춘 모습에는 애욕을 일으키고, 이를 흘리고 늘어뜨리자 두려운 마음이 생긴단 말인가?

이러한 이치를 깨닫는다면, 그 어떤 천하절색(絶色)인 미인을 본다고 할지라도, 모두 일곱 구멍에 피를 흘리고 혀를 한 자 남짓 늘어뜨려, 사람 목숨이나 노릴 귀신으로 생각해야 하리다. 그런데 어찌 미색에 미혹되어, 살아생전에는 타고난 수명을 다 누리지 못하고, 죽어서는 기어이 삼악도에 오래도록 떨어지려 하는가?

그래서 여래께서 탐욕이 많은 자는 부정관(不淨觀)을 행하도록 가르치신 것이다. 부정관을 오래 지속하다 보면, 미혹을 끊어버리고 진리(도)를 증득하며〔斷惑證眞〕, 평범을 초월하고 성현 경지에 이를〔超凡入聖〕 수 있다. 부정관은, 단지 사음을 범하지 않고 욕망을 억제하여, 목숨을 보호함에 그치는 것이 결코 아니다.

녀자가 요염하고 애교스런 자태로, 남자들에게 애욕을 일으키고 욕정을 쏟도록 유혹하는 것은, 단지 바깥에 둘러싸인 얇은 껍질(피부) 한 장이 눈부시고 윤기 있게 빛나기 때문일 따름이다. 만약 그 얇은 껍질 한 켠을 벗겨낸다면, 껍질 속에 물건들이 과연 련련(戀戀)해 할 만한 것이겠는가? 뿐만 아니라, 그 껍질 자체도 더 이상 애착할 만한 게 결코 못된다.

더 나아가 그 육신을 해부해 보자. 오직 피고름 흥건하고 뼈와 살이 뒤엉킨 채, 오장육부와 똥오줌만 낭자하게 쏟아질 것이다. 차마 눈뜨고 볼 수 없는 더러움과, 코 막고도 맡기 어려운 피비린내는, 앞서 젊은 녀자가 표변한 얼굴 모습에 비하면, 그 두려움과 역겨움이 백천 배는 훨씬 넘는다. 제아무리 나라와 천하를 뒤엎을 절세가인이라도, 얇은 껍질로 싸고 있는 속 물건들은, 그 어느 하나 이와 같지 않은 자가 있겠는가? 그런데 사람들은 어찌하여, 단지 그 겉모습만 보고, 속 알맹이는 살피지 못하는가? 또 그 알량한 아름다움에 애착하여, 엄청난 추악함을 헤아리지 않는단 말인가? 이제 사람들은 겉모습을 내버리고 속 알맹이를 살피며, 엄청난 추악함을 혐오하여 알량한 아름다움을 내버려야 한다. 그래서 우리 모두 함께 욕망에 바다를 벗어나, 깨달음에 언덕으로 올라가기를 간절히 기원한다.

또 음욕이 치성하여 스스로 억제할 수 없는 때는, 녀자 음문을 독사 입으로 여기고, 자기 양근(陽根)을 독사 입 속에 집어넣는다고 생각해 보라. 그러면 정신이 번쩍 들고 마음이 섬뜩하며, 털끝과 뼛속까지 소름이 오싹 끼치면서, 끝없이 치열한 번뇌욕정도 금방 시원히 가라앉을 것이다. 이 또한 욕정을 억누르는 간단한 방편법문이 되리라.

항상 부끄러운 중(常慚愧僧) 석인광(釋印光)

『불가록(不可錄)』 추가 서문 : 인륜을 돈독히 다지세

하늘은 가장 위대한 아버지요, 땅은 가장 위대한 어머니이니, 모든 남녀가 다 하늘과 땅에 자녀이며, 또한 내 형제자매다. 모두가 형제자매라면, 마땅히 서로 우애하고 보호하며 도와주어, 각자 제자리를 찾도록 힘써야 할 것이다. 이렇듯, 하늘과 땅에 자녀들을 보호하고 도와준다면, 하늘과 땅도 반드시 그 사람을 늘 보호하고 도와주어, 복록과 수명이 크게 늘어나고 모든 일이 뜻대로 된다.

그러나 혹여 제멋대로 날뛰며 하늘과 땅에 자녀들을 업신여기고 괴롭힌다면, 그 복록과 수명이 훨씬 줄어들고 집안 후손이 끊기며, 숨 한번 멈춘 뒤에는 길이 삼악도에 떨어져, 백천겁이 지나도록 사람 몸 다시 받지 못할 것이다. 이는 스스로 지은 화근일 뿐, 결코 하늘과 땅이 자비롭지 못한 까닭이 아니다.

다른 것은 그만 두고라도, 사람마다 있기 마련인 아내와 딸과 누이만 보자. 남들이 행여 자기 아내나 딸이나 누이를 응시(凝視)만 해도, 자신은 분노와 격정을 이기지 못하여, 두 눈을 부릅뜨고 주먹다짐을 하려고 들 것이다. 그런데 어찌하여, 남에 아내와 딸과 누이들은 조금만 예뻐 보여도, 마음에 금세 음탕한 생각을 일으키고, 감히 욕보일 뜻까지 품는단 말인가?

다 같이 하늘과 땅에 자녀인 형제자매끼리 부정한 생각을 일으킨다면, 이는 하늘과 땅에 자녀를 욕보이고 형제자매를 모독하는 것이다. 그런 자가 어떻게 하늘과 땅 사이에 우뚝 서서 사람 행세를 할 수 있겠는가? 하물며, 부부간 도리가 오륜삼강(五倫三綱)에 속하는 중대한 규범이 아닌가?

인간이 짐승과 다른 까닭은 인륜이 있기 때문이다. 그런데 인간이 만약 인륜을 어지럽히고 도리에 어긋나는 일을 행한다면, 이는 인간 몸으로 짐승 짓을 하는 것이다. 몸은 비록 사람이지만, 실제로는 짐승만도 못하다. 왜냐하면, 짐승은 인륜을 모르지만, 사람은 인륜을 알기 때문이다. 인륜을 알면서도 이를 어기고 어지럽히기에, 바로 짐승 아래 있는 것이 된다.

그러나 사바세계 모든 중생은 음욕으로 말미암아 생겨나기 때문에, 그 업습(業習: 본능)이 자기도 모르게 무의식으로 매우 강렬히 되살아나는 게 사실이다. 그래서 단단히 경계하고 예방해야 한다. 만약 녀자를 친족으로 보거나 원수로 여기거나, 또는 부정관(不淨觀)으로 생각하면, 아마도 사악한 상념을 사그러뜨리고 올바른 상념을 되찾을 수 있을 것이다. 원수와 부정관 방법은 이전 서문에서 이미 밝힌 바 있다. 그러므로 여기서는 특별히 친족으로 보는 방법을 일깨워, 천륜(天倫)을 돈독히 지키고 사악한 생각을 품지 않도록 권장하는 것이다.

『사십이장경(四十二章經)』에 뭇 녀자들을 보는 방법이 잘 나와 있다. 늙은 녀자는 어머니로 보고, 지긋한 녀자는 누나로 보며, 젊은 녀자는 누이동생으로 보고, 어린 녀자는 딸로 보아, 사악한 상념을 가라앉히고, 제도(濟度)하여 해탈시키는 마음을 내라고 가르친다.

또 『범망경(梵網經)』에는, "모든 남자는 내 아버지이고, 모든 녀자는 내 어머니이니, 나는 전생에 대대로 이들로부터 태어났으므로, 마땅히 효성심과 자비심을 내어야 한다."고 적혀 있다. 이렇게 생각한다면, 모든 이를 보호하고 도와주기도 정신없이 바쁠 터인데, 어느 겨를에 사악한 마음을 일으켜 욕보일 수 있단 말인가?

명(明) 나라 때 어떤 사람이 치성한 음욕을 자제할 수 없어, 왕룡계(王龍溪)에게 치유법을 청했다. 그러자 룡계가 이렇게 말하였다.

"가령 어떤 사람이 그대에게, '여기 유명한 기생이 있으니, 그대가 휘장을 걷고 안으로 들어가 함께 해도 좋다'고 말하기에, 그대가 그 말대로 방안에 들어가 보았다. 그랬더니 바로 그대 어머니나 딸 또는 누이였다면, 그래도 그대 마음속에 들끓던 한바탕 음욕이 여전하겠는가? 아니면 수그러지겠는가?"

이에 그 사람이 "사라질 것이다."고 대답했다. 그러자 룡계가 다시 말하기를, "그렇다면 음욕이 본디 텅 빈〔空〕 것인데, 단지 그대가 스스로 진짜〔眞〕라고 착각하는 것 아닌가?"라고 일깨워 주었다.

사람들이 정말로 모든 녀인들을 어머니나 딸이나 누이로만 본다면, 단지 음욕과 사악한 상념이 일어나지 않을 뿐만 아니라, 나아가 생사윤회도 단박에 벗어날 게 틀림없다.

『불가록(不可錄)』은 진리 가르침과 선량한 말씀, 그리고 착한 이를 복 주고 악한 자를 벌 준 실제 사례와, 음욕을 피해야 할 때와 장소 등을, 하나하나 상세히 밝히고 있다. 정말이지, 세상 사람들 미혹을 일깨워주려는 마음이, 너무도 지성스럽고 진지하다.

유양(維揚: 揚州府)에 장서증(張瑞曾) 거사가 사람들을 일깨우고 도와주려는 마음이 간절하여, 이 책을 인쇄 보시하고자 발원하여, 나에게 음욕을 절제하는 요령 좀 써 달라고 부탁하였다. 이에, 내가 녀자를 원수로 보고, 부정관을 행하라는 요지를 적어주었다.

그 뒤, 그 집안 형님 정훈(正勛)이 별세하였다. 그런데 다시 이 책을 법보시하여, 그 공덕으로 형님 령식(靈識: 령혼)이 죄악업장을 소멸하고, 복과 지혜가 크게 늘어나서, 오탁악세(五濁惡世)인 욕계(欲界)를 벗어나, 극락정토 구품련화(九品蓮華) 세계에 왕생하도록 회향 기도한다고 발원하였다. 장거사가 효성스럽고 우애하는 마음을 보고, 이에 다시 인륜을 돈독히 다지자는 뜻으로 서문을 덧붙이게 되었다. 보고 듣는 이들이 잘 살펴준다면, 더할 나위 없이 다행이겠다.

항상 부끄러운 중(常慚愧僧) 석인광(釋印光)

『욕해회광(欲海回狂)』을 권하는 서문[1)]

천하에 지극히 참혹하고, 지극히 막대한 화(禍: 재앙)가 있다. 움직였다 하면 곧 몸을 망치고 목숨까지 잃는데도, 사람들이 대부분 즐기면서 기꺼이 몸 바쳐 죽고, 비록 죽는 한이 있더라도 후회할 줄도 모르는 것은, 오직 녀색(女色: 성욕 · 섹스)인가?

제멋대로 정욕을 부리느라 미친 자들은, 꽃을 더듬고 버들가지를 꺾으며(探花折柳), 옥을 훔치고 향을 빼돌리느라(竊玉偸香) 정신없다. 그래서 천리(天理)를 끊고 인륜을 어지럽히며, 집안을 망치고 조상을 욕되게 한다. 추악한 소문이 온 마을에 퍼지고, 독기(毒氣: 邪淫에 기질과 성병 포함)가 자손에게 대물림하며, 살아서는 천수(天壽)를 다하지 못하고, 죽어서는 영원히 삼악도에 떨어지게 된다.

사음(邪淫)은 접어두고라도, 설사 부부간이라도 한번 빠져들면, 그로 말미암아 죽는 자가 어찌 다 헤아릴 수 있겠는가? 본디 쾌락을 꾀하던 짓이 끝내 사망을 가져오나니, 홀아비나 홀어머니에 괴로운 신

---

1) 『欲海回狂』은 청나라 말 주몽안(周夢顔: 별명은 思仁) 선생이 사음을 멈추라고 쓴 선서(善書)로, '욕정 바다에서 미친 짓을 돌이킨다'는 뜻. 살생을 멈추라고 쓴 『만선선자(萬善先資: 온갖 선행에 우선 밑천)』와 함께 『안사전서(安士全書)』에 실려 있는데, 인광대사께서 이 글을 널리 펼치려고 쓴 서문임.

세도 알고 보면, 대부분 스스로 초래하는 셈(自業自得)이다. 어찌 전부 운명 소관이라고 떠넘길 수 있겠는가? 침대 위에서 정사(情事)에 빠진 자들이야, 이미 스스로 재앙을 불러들이는 게 당연하다. 하지만 평소 부부관계를 즐기지 않으면서도, 단지 꺼리고 피해야 할 금기사항을 잘 몰라 범하다가, 비명에 횡사하는 자들도 또한 몹시 많다.(금기사항은 본문 내용에 상세히 나옴)

나는 늘상 강조하기를, 세상사람 가운데 10분에 4는 직접 색욕(성욕)으로 말미암아 죽고, 또 10분에 4는 간접 색욕 때문에 죽는다고 말한다. 색욕으로 몸과 정신이 축나고 망가져 비롯하는 다른 원인(질병 등) 때문에 죽는 걸 뜻한다. 이들은 모두 운명이 그렇다고 떠넘기지만, (특히 死者와 유가족에 대한 예의와 위로로 건네는 인사치레임: 옮긴이) 녀색(성욕)을 탐하는 녀석들이 죽음은 모두 제 운명이 아닌 줄을 보통 사람이 어찌 알겠는가?

정말 자기 운명(天命)에 충실한 사람은, 마음가짐이 맑고 올곧아서, 음욕과 정사에 탐닉하지 않는 법이다. 성욕에 빠지는 자들은 모두 자기 생명을 스스로 해치는 것이니, 어찌 타고난 제 운명이라고 하겠는가? 타고난 제 운명대로 살아 천수를 다하고 죽는 사람은, 정말 10분에 1이나 2에 불과할 따름이다. 그래서 천하 중생은 대부분 모두 억울하게 죽는 줄로 안다.

이처럼 참혹한 화는 세상에 둘도 없으니, 어찌 슬프지 않고 두렵지 않겠는가?

(옮긴이 보충: 老子에 이런 말씀이 있다. "살 무리가 10분에 3이고, 죽을 무리가 10분에 3이며, 사람이 본디 살(건강하게 장수할) 운명인데 죽음 땅으로 들어가는 자가 또한 10분에 3이다. 무릇 무슨 까닭인가? 지나치게 삶을 집착하고 즐기기 때문이다." 바로 음식과 녀색에 지나치게 탐닉하는 향락을 가리킨다. 孟子가 인용한 격언 가운데, "우환 속에서 살고, 안락 속에서 죽는다.(生於憂患, 死於安樂.)"는 말씀도 비슷한 뜻이다.)

그런데 또 돈 한 푼 쓰지 않고 조금도 힘들이지 않으면서, 지극히 높은 덕행을 이루고 지극히 큰 안락을 누리며, 자손들에게 끝없는 복과 음덕을 물려주고, 래생(來生)에 착하고 정숙한 권속들을 만날 수 있는 방법이 있다. 그것은 오직 음욕을 경계하는 것(戒淫)이다!

부부간에 정당한 (합법적) 음욕은, 앞에서 이미 그 리해득실(利害得失)을 대략 말했으니, 여기서 다시 거론하지 않겠다. 사음(邪淫)은 렴치(廉恥)도 없고 지극히 추악하며, 사람 몸으로 짐승 짓을 하는 것이다. 그래서 예쁜 녀자가 바람나 찾아 들거나, 요염한 계집이 아양과 애교를 떨면, 군자는 막대한 화근(禍根)으로 보고 단호히 물리친다. 그래서 틀림없이 복록에 빛이 밝게 비쳐 들며, 하늘(님)이 두루 보살피고 도와주는 것이다. 헌데 소인은 그걸 막대한 행복으로 알고 받아들인다. 그 결과 반드시 재앙에 별이 다가오고, 귀신에 살기가 엄습하기 마련이다.

군자는 화로 말미암아 복을 얻는데(轉禍爲福), 소인은 화로 말미암아 화를 가중하는 것이다. 그래서 "화와 복은 따로 문이 없고, 오직 사람이 스스로 불러들인다.(禍福無門, 唯人自召.)"고 말한다.

세상 사람들은 녀색에 관문에서 구차하게 걸려 넘어지기 일쑤다. 녀색을 철저히 꿰뚫어 보고 초탈하지 못하기 때문이다. 그래서 순식간에 욕정과 환락 때문에, 지극히 높은 덕행과 지극히 큰 안락, 자손에 끝없는 복과 음덕, 래생(來生)에 만날 착하고 정숙한 권속들까지 모조리 송두리째 날려 보내고 만다. 정말 슬프고 안타깝기 그지없다.

안사(安士) 선생이 쓰신 『욕해회광(欲海回狂)』 책은, 부문별로 잘 분류하고 조목별로 간추려, 우아한 문인이나 세속 일반인 모두 볼 수 있는 무난한 필체로, 권장과 훈계(경고)를 동시에 진지하게 설한 훌륭한 글이다. 고금(古今)을 통틀어서, 간음하지 않아 복을 얻고, 간음을 범하여 화를 당한 사례들을, 처음부터 끝까지 사실 그대로 상세히 적었다. 여력이 안 남을 정도로 큰 소리로 외쳐 대어, 새벽 종과 저녁 북이 울리는 소리처럼, 사람들이 보고 들어 깊이 성찰하도록 이끌어준다. 온 세상 사람들이 모두 복락을 누리고, 각자 천수를 다하길 바란 것이다.

이 책은 비록 직접 음욕을 경계(戒淫)하기 위하여 쓰긴 했지만, 그 안에 담긴 뜻과 도(道)는 실로 훨씬 크다. 나라를 경영하고 세상을 다스리며, 자신을 수양하고 집안을 이끌며, 천리와 성품을 다하고 생사(生死)를 해탈하는 법문까지, 모두 원만히 갖추고 있는 것이다. 따라서 그 뜻을 잘 음미하여 리해하고 밝은 정신으로 터득한다면, 앞뒤좌우로 어디서나 근원 자리를 만날 것(左右逢源)이며, 눈에 띄는 족족 죄다 도(道)이리라. 세상을 념려(念慮)하고 중생을 구제하려는 그 마음은, 정말 지극히 깊고 간절하다고 하겠다.

그래서 나 인광(印光)은 민국 7년(1918) 양주(揚州) 장경원(藏經院)에서 『안사전서(安士全書)』를 특별히 간행하였고, 이듬해 다시 『욕해회광(欲海回狂)』과 『만선선자(萬善先資)』를 각각 단행본으로 간행하였다. 그리고 민국 10년(1921) 다시 『안사전서 축소본』 인쇄를 위해 모연(募緣)하였다. 애당초 수십만 권을 인쇄하여 전국에 두루 배포하려 했다. 그러나 내가 덕도 없고 보잘 것 없는 사람인지라, 감응이 별로 통하지 못하여 겨우 4만 권을 모연함에 그쳤다. 그밖에 중화서국(中華書局)에서 따로 인쇄하여 판매한 것도 2만 권 가까이 되었다. 항주(杭州)와 한구(漢口)에서도 마찬가지로 발행하였는데, 거기서 인쇄한 부수도 또한 그리 적지 않다.

지금 여기 강소성(江蘇省) 태창(太倉)에 사는 오자상(吳紫翔) 거사가, 세상에 재앙이 날로 심각해지는 것을 념려(念慮)하고 나섰다. 신학파(新學派)들이 인륜과 절개를 폐지하자고 제창하며, 오로지 자유 련애(戀愛)를 주장하는 걸 더 이상 수수방관할 수 없었다. 마치 강둑을 터버린 듯 거센 물살이 횡행하기 때문에, 보통 청춘남녀들이 모두 다함께, 밑 빠진 욕정에 바다에 거센 소용돌이 속에 휩쓸려 빠져드는 것이다. 그래서 마침내 『욕해회광』을 사회 각계에 두루 보내, 미친 듯이 날뛰는 욕정에 물결을 가라앉히자고, 간절한 마음으로 발원하였단다.

무릇 뭇 사람 뜻이 모이면 성(城)도 쉽게 이루고, 여럿이 함께 들면 무거운 물건도 쉽게 들리는 법이다. 그러니 천하에 어진 군자들께서 세상 구제하는 큰마음을 내어, 힘닿는 대로 법보시에 동참하시고, 또 인연 있는 분들께 이 책을 두루두루 권해 주길 간절히 기원한다. 그리고 부모가 자녀에게 가르치고, 형이 아우에게 일깨우며, 선생님이 학생들을 훈계하고, 친구가 친구에게 충고하여, 모든 사람들이 음욕에 해악과 화(禍)를 절실히 알게 되길 바란다. 그래서 뜻을 산처럼 굳세게 세우고, 자신을 보옥(寶玉)처럼 소중히 지켜, 단지 사음을 범하지 않을 뿐만 아니라, 부부간에 정당한 음욕(성관계)도 절제할 줄 알았으면 좋겠다. 그러면 앞으로 홀아비나 홀어미나 고아들이 날로 줄어들고, 부귀와 건강 · 장수 · 안녕을 사람마다 모두 얻지 않겠는가? 이로 말미암아 개인이 맑아지고 집안이 길해지며, 국가 사회가 평안해지고, 지저분한 악덕이 훌륭한 도덕으로 바뀌며, 불길한 재앙도 상서롭게 변화할 것이다. 결국 돈 한 푼 쓰지 않고 조금도 힘들이지 않으면서, 이처럼 아름답고 원만한 효과를 얻으리다. 그러니 어진 군자들이여! 모두 "인에 마주해서는 스승한테도 양보하지 않는다(當仁, 不讓於師.: 공자 말씀)"는 정신으로, 즐겨 동참하시길 바란다.

대강 뜻을 간추려 적어, 동인(同仁: 同志)들께 바친다.

● 흠경(欽敬)할만한 미덕(揚州 甘泉縣志)

원(元)나라 때 진소(秦昭)는 양주(揚州: 江蘇省) 사람인데, 약관(弱冠: 20세)에 서울(京師)에 유학(遊學)을 떠나려고 이미 배에 올라탔다. 그때 절친한 친구인 등(鄧) 아무개가 술을 가지고 송별하러 왔다. 막 술을 마시는데, 갑자기 절세 미녀 한 사람이 나타났다. 등 아무개가 그 미녀를 진소에게 인사시키면서, 이렇게 말했다.

"이 녀자는 내가 어떤 부(部)에 계시는 아무개 어른(大人)께 바치려고 산 첩일세. 그대가 서울 올라가는 길에 함께 데려다 주게나."

진소가 재삼 몹시 꺼려하자, 등 아무개가 정색을 하고 다시 이렇게 말했다.

"자네 어찌도 이렇게 고집 피우는가? 만약 데리고 가는 도중에 그대가 스스로 지킬 (욕정 유혹을 참을) 수 없거든, 이 녀자를 아예 그대에게 주겠네. 돈(가격)이라고 해 봤자, 2천5백 꾸러미 동전에 불과하네."

그래서 진소는 할 수 없이 허락하였다. 때는 이미 제법 무더운 날씨인지라, 모기와 벌레들이 몹시도 많이 들끓었다. 녀자는 휘장(모기장)이 따로 없어 몹시 고통스러워했다. 그러자 진소는 그 녀자한테 자기 휘장 안에 들어와 함께 자도록 배려하였다. 내륙 운하를 따라 수십 일이 걸려 비로소 서울에 도착하자, 진소는 녀자를 숙소 녀주인에게 맡기고, 친구 편지를 가지고 직접 그 어른을 찾아갔다. 그러자 그 사람이 진소에게 다른 가족도 함께 데려왔는지 물었다. 진소가 자기 혼자 왔다고 답하자, 그 사람은 불끈 화내는 기색이 얼굴에 력력(歷歷)하였다. 그러나 등 아무개 편지 때문에, 그 사람은 그 녀자를 받아 집으로 데려갔다. 밤이 되어서야, 그 사람은 그 녀자 몸(순결)이 깨지지 않은 사실을 알고 한없이 부끄러워졌다. 이튿날 그 사람은 곧장 파발마로 편지를 등 아무개에게 보내, 진소에 훌륭한 덕성을 극구 칭송했다. 그리고 몸소 진소를 찾아가 절하며 사과하였다.

"각하(閣下)야말로 천고에 찾아보기 드문 진짜 훌륭한 도덕군자십니다. 어제 제가 각하를 몹시 의심하였는데, 이는 소인(小人) 속(소견)으로 군자 마음을 헤아린 것에 지나지 않습니다. 정말 부끄럽기 짝이 없습니다."

평석: 진소 마음에 만약 인간적 욕정(人欲)이 진혀 없이 온통 천리(天理)로 가득 차 있지 않았다면, 어떻게 이러한 절세 미녀와 낮에 밥을 같이 먹고 밤에 잠자리를 같이 하면서, 수십 일이나 지내는 동안 정욕을 부리지 않을 수 있었겠는가? 진소는 진실로 아주 훌륭한 도덕군자이며, 이 녀자 또한 정숙하고 순결한 요조숙녀다. 훌륭한 도덕과 정숙한 마음이 사람들한테 흠모와 경탄을 받을 만하기에, 여기에 덧붙여 세상에 널리 알리고자 한다.

중화민국 16년(1927) 丁卯 석인광(釋印光) 적음

제1장 음욕은 모든 불행에 씨앗

1. 문제(文帝)가 내린 훈계 1

문제(文帝)[1])께서 말씀하셨다.

하늘에 도(天道: 자연에 리치)는 간음에 벌을 내리는데, 그 과보(果報)가 몹시 빠르다. 그런데 사람들은 두려워할 줄 모르고, 흐리멍덩하니 꿈

---

1) 문제(文帝): 보통 문창제군(文昌帝君)으로 불리며, 문창(文昌)과 재동제군(梓潼帝君)이 하나로 합쳐진 이름으로, 공명(功名)・벼슬(祿位)을 관장하는 도교(道教)에 주요 신(神)이다.
문창은 동아시아 고대 천문학에서 자미원(紫微垣)에 속하는 별자리 이름으로, 상장(上將)・차장(次將)・귀상(貴相)・사명(司命)・사중(司中)・사록(司祿)이란 여섯 별로 이루어져 있는데, 이 가운데 제2・3・4번 째 별은 각각 큰곰자리에서 ν・φ・Θ별에 해당한다.
또 문창은 문곡성(文曲星)・문성(文星)이라고도 불리며, 고대 신화에서부터 공명(功名)과 벼슬(祿位)을 관장하는 신으로, 글공부하는 선비들이 섬겨 왔다. 그런데 원(元)나라 인종(仁宗)이 연우(延祐) 3년(1316)에 재동제군(梓潼帝君)을 '보문개화문창사록홍인제군(輔文開化文昌司祿宏仁帝君)'으로 책봉하면서, 둘이 하나로 합쳐져 '문창제군(文昌帝君)'이 되었다.
재동제군은, 전해오는 말에 따르면, 성이 장(張)씨고 이름이 아자(亞子)로, 촉(蜀) 칠곡산(七曲山: 지금 사천성 梓潼縣 북쪽)에 살았는데, 진(晋)나라 때 벼슬하다가 전사하였다고 한다. 후세 사람들이 그를 추모하여 기념 사당(廟)을 세웠고, 당송(唐宋) 시대에 거듭 책봉 받아 영현왕(英顯王)에 이르렀는데, 옥황상제(玉皇上帝)께서 그에게 문창부(文昌府)와 인간세상 벼슬공명을 관장하도록 명하셨다고 한다.

속만 헤매고 있구나. 정말 행실을 닦고 점검하지 않으면, 그에 따른 재앙이 곧장 닥치리라. 오호라, 그대 중생들이여! 내가 일깨우는 말을 들어 보소라.

혜택을 베푸는 이에게 길함이 찾아옴은, 옛날부터 전해지는 격언이고; 착하지 못한 자에게 재앙이 내려옴은, 옛 사람이 분명히 경고했네. 춘추전(春秋傳[2])에 실린 음란 주인공들은, 모두 집안을 망치고 나라를 잃었으며; 시경(詩經) 풍아(風雅[3])에 읊어진 풍자와 비웃음 대상은, 다 눈 맞아서 바람난 자들이지. 그래서 천리(天理)에 거스르면 저절로 천성을 해치게 되고, 음욕에 탐닉하면 스스로 명예를 잃게 된다. 사람 행실이 한번 어그러지면, 하늘마음(天心)이 온통 진노하는 법! 계수 향기(桂香) 가득한 과거시험 뜨락엔, 정결한 이가 아니면 초청 받기 어렵거늘; 살구 복숭아 즐비한 황제 은총 잔치에, 명예 더럽혀신 자 어써 끼일 수 있으리?

내가 문장으로 선비를 시험하는 중책(文衡: 문장을 다는 저울. 文柄이라고도 함)을 맡아, 일찍이 가르침을 내려 보냈건만, 어찌하여 선비 자제들은 반나절 쾌락에 탐닉하느라, 종신 대계(大計)를 까맣게 잊고 만단 말인가? 사람에 음란을 꾀고, 사람마다 음란을 부리며, 서로 앞 다투

---

2) 춘추전(春秋傳): 춘추시대 로(魯)나라 역사 기록인 춘추(春秋)라는 경문(經文)에 주(注)를 달고 해석한 세 가지 전(三傳)인 좌전(左傳) · 공양전(公羊傳) · 곡량전(穀梁傳)을 가리킴.

3) 풍아(風雅): 서주(西周) 후기부터 춘추시대 초기에 걸쳐 15국(國) 민간에서 부른 노래가사인 서정시 국풍(國風)과, 주(周) 왕실 및 귀족들이 읊조린 서사 송축시인 소아(小雅) · 대아(大雅)를 가리킴.

어 시장을 이루는구나. 그러니 죄업에 과보가 참혹하여, 눈뜨고 보기 어렵거늘; 마음을 깨끗이 씻고 회개하는 이는 어느 누구던고?

내가 과거시험이 치러질 때마다, 매번 수시로 급제자를 취사선택하노라. 한번 붓을 그어 급제할 이름을 지우는 것은, 단지 이웃집 아낙을 엿본 죄 탓이며; 몇 글자 적어 급제자 명단에 끼워 넣음은, 오직 남에 녀자 유혹을 물리친 공덕 때문일세.

평지에 천둥소리를 듣고 싶은가? 한 치 마음(方寸)에 욕망 불길 지피지 말게. 종신토록 실의에 빠진다면, 고생한 공부와 높은 학식이, 어찌 아깝지 않으리? 한 평생 곤경에 처박힘은, 모두 한계선을 넘고 절개를 망가뜨린 때문일세. 선비 자제들은 이러한 까닭과 이유를 잘 살피지 못하고, 도리어 하늘을 원망하고 사람을 탓하는구나.

장래 장원급제에 씨를 뿌릴 곳은, 단지 마음 밭(心田)에 있으며; 그대에게 보랏빛 관복(官服)을 입혀줄 것은, 결국 음덕 성취(음즐(질): 陰騭)에 달려 있네. 시험장 주위를 온통 신명(神: 陽)이 지키고, 세 차례 과거마다 온갖 귀신(鬼: 陰)이 끼어들지. 안타깝도다, 글자마다 구절마다 칭찬하는 동그라미가 가득한데, 갑자기 등잔불에 답안지가 그을려 버린 이여! 슬프도다, 한 편마다 한 수마다 비단에 수놓은 듯 훌륭한데, 까닭 없이 먹물로 문장을 뒤덮어 버린 자여! 바로 이 때 내가 정말로 모든 일을 주재하나니, 누가 감히 높푸른 하늘에 눈이 없다고 지껄이는가?

과거에 장원으로 합격하는 이들은, 신명들이 깜짝 놀랄 만한 공덕이 있으며; 연꽃이 피다가 봉오리 채 떨어지는 자들은, 불길한 락방(落榜) 소식을 곧 들으리라. 올바른 마음을 지니고 사(邪)된 행실을 범하지 않으면, 저절로 명성이 날리고 복록이 찾아들리라. 이에 특별히 새로운 유시(諭示)를 내리노니, 모두 보고 들어 마음에 깊이 명심하라.

(옮긴이 해설: 지금은 비록 과거제도가 없어졌지만, 여전히 학교 입시와 각종 고시(시험)가 있으며, 또 일반 복록과 수명 증감에도 직접 관련한다. 혹시라도 이러한 가르침을 어리석은 미신으로 치부하거나, 지금이 어느 시대인데 호랑이 담배 먹던 시절에 잠꼬대 같은 헛소리를 하느냐고 지껄이지 않기를 바란다. 설사 간음을 범하더라도, 부귀공명을 얻는 데 결코 장애가 되지는 않을 거라고 믿고서, 함부로 행동하는 일은 부디 없기를 간절히 기원한다.)

2. 문제(文帝)가 내린 훈계 2

문제(文帝)께서 다음과 같은 가르침을 내리셨다.

내가 금궐(金闕)에 계신 지극히 존귀하신 옥황상제 명령을 받들어, 매월 12지(支) 중 인(寅)과 묘(卯)에 해당하는 날 풍도지옥(酆都地獄: 도교에서 말하는 지옥, 冥府)을 순시하여, 천하 죄인들이 저지른 죄악 기록을 살펴보고 심판한다. 그런데 검은 문서가 산더미처럼 쌓여 있는 것을 보면, 모두가 세상 사람들이 한평생 지은 죄악을 적은 기록이다.

그 가운데는 온갖 죄악들이 다 섞여 있지만, 오직 간음에 죄악에 대해서는, 하늘에 법률(天律)이 규정하는 과보가 가장 준엄하다. 보통 사람이 남에 아내나 딸을 간음하여 규방문(閨門)을 더럽히면, 지옥에서 5백겁(五百劫) 동안 고통을 받은 뒤, 비로소 벗어나 말이나 당나귀로 태어난다. 다시 5백겁이 지나야 이내 사람 몸(人身)을 되찾게 되는데, 그것도 창녀나 배우(광대)로 태어난다.

그러나 만약 계략과 음모를 꾸며, 과부나 비구니 같은 녀자를 간음하여 절개와 정조를 빼앗으면, 지옥에서 8백겁 동안 고통을 받은 뒤 비로소 벗어난다. 그것도 양이나 돼지로 태어나 사람들에게 도살당한다. 다시 8백겁이 지나야 이내 사람 몸을 되찾는데, 장님이나 벙어리로 태어난다.

그리고 가령 집안 친인척 사이에서, 윗사람을 간음하거나 아랫사람을 능욕(凌辱)하여 인륜강상(人倫綱常)을 파괴하면, 지옥에서 천오백겁 동안 고통을 받은 뒤, 비로소 벗어나 뱀이나 쥐로 생겨난다. 다시 천오백겁이 지나야 바야흐로 사람 몸을 되찾는데, 어머니 뱃속에서 죽거나 포대기 안에서 요절하여, 끝내 천수(天壽)를 다 누리지 못한다.

그런데 만약 음란서적(淫書)을 만들어 사람들 마음을 파괴하는 자는, 죽어서 무간지옥(無間地獄: 아비지옥이라고도 하며, 가장 무거운 죄를 지은 자들이 들어가 가장 혹독한 형벌을 받는 최악에 지옥)에 들어간다. 자기가 만든 책이 세상에서 완전히 사라져, 그 책으로 인한 죄악도 모두 소멸해야만, 고통스런 과보를 끝마치고 그 지옥에서 벗어나게 된다.

음란서적은 해악이 이루 다 말할 수 없이 크다. 명문 집안에 얌전하고 아리따운 녀자가, 글공부하여 책을 읽을 줄 아는데, 더러 순정소설이나 련애(戀愛) 시 따위를 뒤적거리다가, 그만 혼백(정신)이 거세게 흔들리고 욕정이 타오르는 불길을 참지 못해, 마침내 바람나서 몰래 도망가는 경우도 있다. 또 유부녀나 과부가 절개를 내버리고, 처녀가 정조를 잃는 경우도 허다하다.

더욱이 총명한 선비 자제들이, 공부도 많이 하고 문장도 빼어날지라도, 한번 이러한 책을 보게 되면, 욕정이나 헛된 환상에 사로잡혀 자제력을 잃는다. 손으로 음란한 짓(手淫: 자위)을 하거나, 눈으로 추파를 던지다가, 작게는 원기를 소모하여 젊은 나이에 요절하거나, 크게는 인륜기강을 어지럽혀 선비사회(士林)에서 버림받게 된다. 심지어 해괴한 짓을 만들어 즉석에서 해 보이며, 첩이나 애들에게 음란한 모습을 가르치기도 한다. 사람들에 깨끗한 행실을 이지럽히는 폐해는, 이루 다 말할 수 없다. 그 근본 이유는 모두 음란서적 유포에 있다.

어찌하여 선비 자제들이, 선천(先天)으로 타고난 지혜근기(慧根)를 가지고 일곱 치 붓 대롱을 잘못 놀린단 말인가? 세상에 공을 쌓고 스스로 복덕을 쌓을 생각은 않은 채, 다만 끝없는 죄악을 지어 옥황상제(하느님)께 진노를 사며, 자신을 스스로 깊은 얼음 연못이나 불구덩이에 빠뜨리는가? 몹시 불쌍하고도 슬프기 그지없다.

3. 음란을 경계하는 글(戒淫文)

듣자하니, 죄업에 바다가 아득하지만, 색욕(色欲)처럼 끊기 어려운 욕망이 없고; 티끌 속 세상 시끌벅적하지만, 사음(邪淫)보다 범하기 쉬운 죄가 없다고 한다. 산을 뽑아 던질 힘과 세상을 뒤덮을 만한 기개를 자랑하는 영웅도, 여기에 걸려 나라를 망치고 목숨을 잃으며; 비단결 같은 마음과 폭포수 같은 달변을 갖춘 천재도, 이것 때문에 절개를 꺾고 명예를 땅바닥에 떨어뜨린다. 이는 동서고금을 막론하고, 어진이나 어리석은 바보 가릴 것 없이, 모두 한결같이 되풀이해 밟는 발자취가 되어 왔다.

하물며, 지금처럼 음란한 풍조가 날로 치성하고, 옛 인륜도덕은 갈수록 쇠퇴하는 세상에서 오죽하랴! 경박하게 날뛰는 젊은이들이 홍등가(紅燈街: 유흥가)를 거닐며 유혹에 푹 빠져드는가 하면, 지혜롭고 학식 많은 문인조차도 값싼 련애 소설에 슬며시 젖어 든다. 입으로는 욕심을 억제해야 한다고 말하면서도, 욕정에 생각은 더욱 불어나고; 귀로는 음란을 끊어야 한다고 들으면서도, 음란에 기회는 몇 배나 늘어난다. 길가에서 어여쁜 모습을 만나면 눈동자가 천 번이나 휘둥그러지고, 문틈 사이로 아름다운 녀색을 스치면 창자가 백 번이나 꼬부라진다.

결국 마음이 육신에 부림을 당하고, 의식(정신)이 감정에 질질 끌려간다. 쭈글쭈글한 얼굴에 하찮은 할멈이라도, 어쩌다 꽃과 풀잎을 머리에 꽂으면, 마치 서시(西施) 같은 미인처럼 생각한다. 또 볼품없는

몸매를 지닌 시골뜨기 아낙이라도, 더러 향수라도 뿌리고 몸치장을 하면, 금방 (미인 서시가 배가 아파 얼굴을 찡그리자, 자기도 얼굴을 찡그리면 서시 같은 미인이 될 줄 알고 흉내 낸) 동쪽에 추녀(東施) 모습도 까맣게 잊고 만다. 그러니, 간음이 천지도 용서하기 어렵고 신명까지 진노하는 엄청난 죄악임을, 어찌 념두(念頭)에나 두겠는가?

만약 다른 녀자에 지조와 절개를 빼앗으면, 자기 아내나 딸들이 그 빚을 갚아야 하고; 또 남들에 명예와 소문을 더럽히면, 후세 자손들이 그 과보를 받는 줄은 아는가? 후손이 끊긴 무덤은, 그 주인공이 모두 경박하게 미쳐 날뛰던 젊은이 아닌 자 없으며; 기생과 창녀에 조상들은, 죄다 화류계에 탐닉했던 건달들이라네. 부자가 될 수 있는 자도 옥루(玉樓)에 호적에서 지워지고, 귀인이 될 운명인 사람도 금방(金榜) 명단에서 빼버리지. 회초리(笞: 치)・곤장(杖)・징역(徒)・류배(流)・사형(大辟) 등, 실아생진에는 다섯 가지 형벌(五刑)을 당하고, 지옥(地獄)・아귀(餓鬼)・축생(畜生) 등, 죽은 뒤에는 삼악도(三惡道)를 륜회(輪廻)하는 고통을 받아야 하리.

이전에 은혜와 사랑도 이제 와서 텅 비어 버리니, 옛날에 영웅 같은 기개는 지금 어디 가고 없는가? 포부 큰 청년과 뜻 높은 선비와 학식 많고 덕망 있는 명인 모두에게 두루 권하노니, 진리를 깨달으려는 마음 내어, 색마(色魔)가 내미는 유혹을 과감히 뿌리치시라.

부용(芙蓉)같이 흰 얼굴도 잠시 살점 붙은 해골에 지나지 않고, 화려하게 치장한 미모도 옷 덮어씌운 똥오줌 통임을 아는가? 설령 옥같이 곱고 꽃처럼 아름다운 모습을 마주하더라도, 모두 누이 같고 어머니 같은 마음을 품고 대하라. 아직 사음에 죄악을 범한 적이 없는 이는, 발을 헛디뎌 빠지는 일이 없도록 예방할 것이며; 일찍이 나쁜 짓을 행한 적이 있는 놈은, 한시 바삐 고개 돌려 회개하여야 하리. 나아가 이러한 소식을 널리 알리고 서로서로 일깨워서, 도처에서 깨달음에 길로 함께 나아가고, 사람마다 모두 미혹에 고해를 벗어날 수 있도록, 우리 모두 간절히 기원하세!

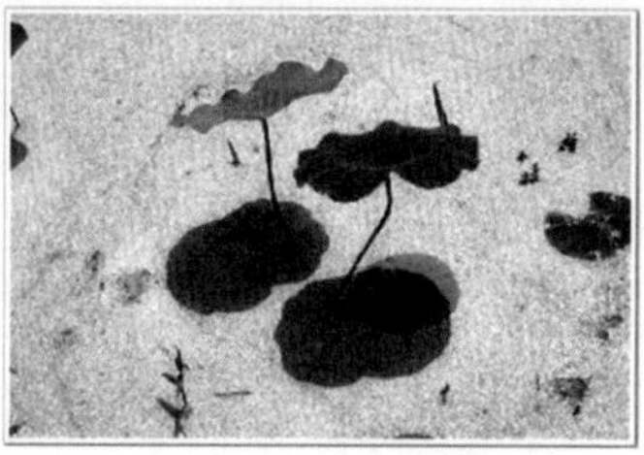

제2장 음욕을 경계하는 격언(戒淫格言)

1. 삼봉(三丰) 장진인(張眞人)이 이렇게 말하였다.

사람이 천지 사이에 태어나면서, 음양오행(陰陽五行) 정수(精粹)를 받아, 굳세고 올곧은 호연지기(浩然之氣)를 갖게 된다. 그래서 남편이 남편답고 아내가 아내다운 것은 인지상정에 도리며, 예법을 벗어나 인륜을 어지럽히는 짓은 짐승과 다를 바 없다. 그러므로 사음(邪淫)은 뜻 있는 사람(志士)들이 마땅히 힘써 막아야 할 죄악이다.

무릇 천하에 짐승들은 예법도 모르고 꿈틀거린다고 하지만, 비둘기(雎鳩)는 한번 짝을 지으면 바꾸는 법이 없으며, 짝 잃은 기러기는 홀로 슬피 울며 다시는 짝을 짓지 않는다고 한다. 그런데 사람이 날짐승만도 못하면, 사람이라는 이름값도 못하는 것이며, 짐승에게 부끄러워해야 할 판이다.

어찌하여 어리석기 짝이 없는 중생들은, 색(色: 녀색을 포함한 일체 빛과 형상을 지닌 물체)이 곧 텅 빈 공(空)이며, 허깨비나 물거품과 같다는 진리를 이해하지 못하고, 아직도 그저 불그레한 얼굴에 새까만 머리카락을 그리워하며 애정에 얽매인단 말인가?

또 사람마다 마음이 똑 같으므로, 자기 마음을 거꾸로 되돌아보면,

저절로 깨달을 수도 있지 않은가? 가령 우리들이 남에 부녀자를 간음하려 적에, 스스로 한번 이렇게 생각해 보자. 지금 바로 여기서 내 아내가 남과 간음하면서, 베갯머리에서 애교부리는 말과 웃음을 간드러지게 주고받는데, 내가 바로 그 곁에서 이 모습을 보고 있다고 가정해 보라. 마음은 가시에 찔리고 눈에는 불꽃이 튀며, 몹시 흥분한 감정으로 한 순간도 참지 못하고, 당장이라도 그들을 쳐 죽이고 싶지 않겠는가? (옮긴이 보충해설: 일찍이 공자께서 "자기가 원하지 않는 바는 남한테도 베풀지 말라(己所不欲, 勿施於人)"고 말씀하셨다. 자기 마음과 같이(如心) 남에 마음을 헤아려주는 정신이, 바로 공자께서 평생 仁을 실행할 방도로서 강조하신 '서恕'에 도리며, 또한 '역지사지易地思之'라는 황금률黃金律이다.)

그런데 입장을 바꾸어 생각해보지(易地思之)는 않고, 남에 부녀자를 간음하면서, 오히려 마치 전쟁에서 승리한 것처럼 스스로 득의양양한단 말인가? 바로 그때 천지신명께서 위에서 지켜보시고 곁에서 증거하신다. 배우자가 이 모습을 보면 원한과 분노가 치밀어 즉석에서 때려죽이고 싶어 할진대; 이를 지켜보신 천지신명께서 눈을 부릅뜨고 이를 갈며, 그에 상응하는 보답(천벌)을 생각하시지 않겠는가? 그래서 온갖 재앙이 잇달아 닥치나니, 여기까지 말하자면 한심(寒心)하기 짝이 없다.

아내가 남에게 간음 당한 경우 자기가 힘이 세면, 공공연히 드러내어 보복하고 처리하겠지. 하지만 만약 힘이 약하다면, 사실을 몰래 숨기고 종신토록 원한을 머금은 채, 친족 모두 집안 수치로 여기고,

부부간 백년해로(百年偕老)에 인륜이 끊기고 만다. 상황에 따라 결과는 예측할 수 없게 펼쳐질 수 있다. 몰래 보복을 꾀하기 때문에 심지어 생사조차 불안해진다. 할아버지나 아버지가 본디 큰 허물이 없는데도, 자칫 몹시 사악한 집안으로 몰리기 쉽고, 남편이나 자손들은 말할 것도 없이 깨끗한 명예를 온통 먹칠 당한다.

말하자면, 남에 집 핏줄 하나 잘못 들어온 것이, 온 집안 혈통을 어지럽히는 꼴이 된다. 설사 벼슬길에 올라 명망이 널리 알려진 자라도, 아내에 간음으로 평생 추문을 들으며, 선비 취급도 제대로 받지 못한 채 영원히 구설수에 오른다. 살인에 참극은 해독이 본인 한 사람에 그치지만, 서슬도 없이 날카로운 간음은 몇 대를 걸쳐 살인하는 셈이 된다.

요컨대, 사음에 생각은 녀색을 좋아하는 데서 비롯하므로, 사음에 뿌리를 끊으려면 먼저 녀색을 엄격히 경계해야 한다. 한번 녀색을 좋아하면 사음을 좋아하게 되고, 자기 몸을 단정히 갖지 못하게 된다. 그러면 녀자들이 부드럽게 애교부리는 자태에 이끌려 자기를 절제하지 못하고, 한 순간 욕정 때문에 효도나 우애 같은 인륜은 생각지도 않는다. 부모형제는 거들떠보지도 않고, 자기가 좋아하는 녀색 이외에는 눈에 들어오는 것이 없게 된다. 그러다 보면, 자기 아내나 자녀들도 제대로 단속하지 못하고 그냥 멋대로 방치하여, 은연중에 자기 간음으로 인한 과보를 저절로 받게 되는 것조차 알지 못한다.

그리고 사음을 좋아하는 자들은, 자손이 틀림없이 요절하고 집안이 번창하지 못할 게 뻔하다. 왜냐하면, 내 자손은 내 정신(精神: 보통 精氣神으로 일컫는데, 精力·元氣·精神이 삼위일체로 융합하여 생명력으로 나타남.)으로 씨를 뿌리기 때문이다. 지금 유한한 정신을 무궁무진한 화류(花柳) 놀음에 흩어 뿌린다면 어찌되겠는가? 비유하자면, 도끼로 나무를 찍어 수액(樹液)이 고갈하면, 그 열매도 틀림없이 말라 비틀어져 떨어질 것과 같은 이치다.

자기 한 몸에 정신도 모두 흩뿌려 소모하면서, 어떻게 아들 몸에 그 정신이 모이도록 바랄 수 있겠는가? 그렇게 낳은 자식이 비실비실 허약할 것은 너무도 당연한 리치다. 몸을 그렇게 허약하게 타고난 자식은, 부모님 사음 근성이 끊이지 않아, 그 기질과 성격도 대개 비슷하게 닮기 마련이다. 그래서 아래로 대물림하면 그 정신이 더욱 박약(薄弱)해져, 마침내 집안이 풍비박산(風飛雹散)하고 제사까지 끊기는 경우가 허다하다. 사음에 재앙이 이렇게 혹독하니, 어찌 말로 다 표현할 수 있으랴!

오호라! 인간 수명이 얼마나 된단 말인가? 백년도 눈 깜박할 사이에 지나가는 것을! 설사 명예나 절개를 돌아보지도 않고, 자기 목숨까지 아끼지 않는다고 할지라도, 자손을 생각하고 집안 혈통을 념려(念慮)하지 않는 자는 없을 것이다. 이 가운데 한 가지만 생각이 미쳐도 참회하기에 바쁠 텐데, 하물며 오락으로 여기고 욕정을 쏟을 생각에 골몰한단 말인가?

더욱이 녀스님이나 무당·청상과부·하녀·노비·창녀·기생 등은, 명예와 직결하고 집안과 관련된다. 때문에 특히 각별하게 살피고 분명히 처신하여, 절대로 불필요한 오해 소지를 두어서는 안 된다.

뜻 있는 선비라면, 청정(淸淨)을 밑바탕으로 삼고 정성(精誠)으로 마음 쓰며, 굳센 인내(堅忍)로 지키고 매서운 결단(決烈)으로 밀어붙여, 흔들림 없이 보존하고 담담하게 꾸준히 수양해 나가야 할 것이다. 무릇 사람을 죄악 함정으로 유혹하는 음란서적은, 모두 거센 불속에 집어 던져 태워버림이, 천하 중생들을 위해 복덕을 짓는 일이다.

사음을 좋아하거나 말하는 친구는, 아예 단호히 물리치고, 가까이 사귀지도 말라. 녀색 좋아하는 마음이 꿈틀거리지 않게 잘 단속하고, 정신을 집중하여 함양한다면, 장차 어떤 명성인들 세우지 못하고, 어떠한 리익(利益)인들 얻지 못하겠는가? 그러면 오복(五福)에 아름다움이 모두 나 자신에게 모여들 것이니, 마음에 새겨두고 실행하도록, 우리 함께 노력하자.

2. 왕주차(汪舟次)가 이렇게 말했다.

모든 악업(惡業: 죄악 행위) 중에 녀색(간음)이 가장 범하기 쉽고, 덕행을 파괴하여 화를 불러들이는 원인도 녀색보다 큰 게 없다. '모든 죄악 가운데 간음이 으뜸이다.(萬惡淫爲首)'는 말을 늘상 생각해 본다. 세상에 악업이 끝없이 많은데, 어찌 간음을 으뜸으로 꼽았을까? 그 이유를 곰곰이 궁리해 보았다.

무릇 음란한 생각(淫念)이 한번 싹트면, 모든 나쁜 생각이 한꺼번에 일어난다. 사악한 연분이 아직 이루어지기도 전에, 온갖 환상과 망상이 생겨난다. 또 어떻게 꼬시고 꾀어낼까 궁리하며, 온갖 거짓 기교와 계략을 꾸미는 마음이 생겨난다. 그러다가 조금만 장애가 생겨 순조롭게 풀리지 않으면, 분노와 원한에 마음이 치민다. 욕정이 전도(顚倒)되면 탐욕과 집착이 강해진다. 남에게 예쁜 녀자 있는 것을 보고 부러워하다 보면, 악독한 질투와 저주에 마음이 싹튼다. 그리고 예쁜 녀자를 서로 차지하거나, 심지어 남에 녀자를 빼앗으려고, 사람을 살해하려는 끔찍한 마음까지 꿈틀거린다.

렴치(廉恥)는 온데간데없이 사라지고, 인륜 도덕은 완전히 구겨진다. 온갖 죄악이 여기서부터 일어나고, 갖가지 착한 소망과 발원이 이것 때문에 스러진다. 그래서 모든 죄악 가운데 간음이 으뜸이라고 말하는 것이다. 무릇 음탕한 마음이 한번 꿈틀거리면, 비록 반드시 실제 그런 일까지 저지르지는 않는다고 할지라도, 이미 이처럼 엄청난 죄를 짓고 악업을 쌓는 게 된다. 하물며, 남들 시선도 아랑곳하지 않고, 거리낌 없이 공공연하게 간음을 행하는 짓이야, 말할 나위조차 있겠는가?

세상에 충실하고 후덕하기 짝이 없는 착한 사람이 후손도 변변치 못하고, 재주 있고 문장이 뛰어난 선비들이 종신토록 실의에 빠져 어렵게 고생하는 것은, 대부분 그 병에 원인이 바로 여기에 있다. 이제 이 병을 고쳐 없애려고 한다면, 처음 생각이 일어날 때, 그 뿌리를 싹둑 잘라내야 마땅하리라.

『태상감응편(太上感應篇)』에서도 "예쁜 녀자(美色)와 사통하다(私美色)"고 표현하지 않고, "다른 예쁜 녀자를 보고 사통하려는 마음을 일으키다(見他色美, 起心私之)"고 말한 것도 그 때문이다. 무릇 간음에 마음을 일으키기만 해도, 그 죄악은 이미 감추거나 피할 수 없다.

3. 살인은 피살자 한 사람을 해치는 데 그치지만, 남을 간음하면 그 해독은 몇 세대에 미친다. 단지 간음 당한 녀자 남편(또는 부모)만, 규방이 정숙하지 못하다는 불명예로 종신토록 남을 대할 수 없는 게 아니다. 위로는 시부모와 친정 부모부터 아래로는 자녀에 이르기까지, 수치로 눈살을 찌푸리고 가슴 속 깊이 남 모르는 마음 고통을 안고 살아야 한다. 더욱이 남편이 노하여 간음한 아내를 죽이기도 하고, 아버지가 분하여 간음 당한 딸을 독살하기도 한다. 심지어 그로 말미암아 그 자식들까지 몰실시켜, 집안에 대(제사)마저 끊겨버리는 경우도 있다. 한 순간 오락으로 얻는 게 얼마나 된다고, 여염집(良家) 부녀자나 처녀를 까닭 없이 불구덩이 속으로 밀쳐 넣는단 말인가? 무형 중에 그윽한 과보가 뚜렷이 나타남은 물론이지만, 이 마음 어찌 그리도 모질고 잔인하단 말인가?

4. 남편을 여의고 과부로 절개를 지킴은, 본시 한 점 올곧은 마음(一點貞心)인지라, 귀신도 흠모하고 공경한다. 그런데 이제 눈짓(윙크)하고 추파(秋波) 던져, 수절하던 마음을 한번 움직이게 만들면, 더 이상 스

스로 지탱하지 못하고, 지금까지 힘들여 지킨 절개를 한순간에 모두 잃게 된다. 이보다 더 크고 막심한 죄악도 없을 것이다.

그리고 정숙한 규수(閨秀: 규방 처녀)에 정조를 짓밟고 빼앗으면, 추문(醜聞: 지저분하고 수치스런 소문)이 널리 퍼져나가, 남들에 손가락질과 버림을 받기 마련이다. 설사 다른 사람이 아내로 데려간다고 할지라도, 왕왕 그 사실이 탄로(綻露: 실밥이 터져 속살이 드러남)하여 시집에서 쫓겨나 친정으로 되돌아오곤 한다. 그러면 부모형제는 말할 수 없는 수치심을 느껴야 한다. 그 때문에 분노가 크게 치솟아 죽는 사람도 있고, 울화병에 건강을 크게 해치는 사람도 있다. 그들에게 무슨 원한과 감정이 있다고, 이처럼 남도 해치고 자기도 해치는 엄청난 짓을 저지른단 말인가?

5. 부녀자가 어찌 멀고 큰 것을 볼 줄 알겠는가? 더러 한순간 애정과 련모로 원앙이 되길 원하고, 더러 철없는 어린 나이 때문에 야릇한 유혹에 이끌려 넘어간다. 가련하도다, 흠 없이 순결하던 흰 보옥이, 단박에 더럽고 지저분한 티끌과 상처를 뒤집어쓰다니! 비록 나중에 평생토록 후회한들, 그날 묻힌 간음에 얼룩은 결코 씻어지지 않는다. 더구나 하루아침에 물든 얼룩으로, 평생 렴치가 모조리 잊히고 만다. 여기까지 말하자면 정말 한심하기 짝이 없다.

그래서 옛날 군자들은, 비록 부녀자가 옷소매를 펄럭이며 맞이하고 휘장(커튼)을 가리며 끌어당겨도, 엄숙히 단호하게 거절하곤 했다.

미색에 빠져들려는 광란에 충동을 돌이키어, 오히려 완곡하게 타이르고 설득하였다. 비단 휘장에서 고개를 돌리면, 바로 진리에 언덕(道岸)임을 보여준 것이다.(回頭是岸) 그렇게 하여, 꽃다운 녀자가 마음을 거두어들여 정절(貞節)을 온전히 지키게 되면, 몇 대에 걸친 저승에 령혼들이 모두 어진 사람에 후덕한 은혜를 입게 된다.

6. 하녀나 머슴 아내에게는, 더욱 간음을 범하기 쉽다. 이들도 본래는 량민(良民)으로, 다만 먹고살기 어려워 의탁하는 신세인데, 그런 줄은 생각지도 않는다. 가난으로 자신을 팔았으니, 육신을 부려먹으면 되었지, 어찌 정조까지 유린하고 정신까지 어지럽힌단 말인가?

집안을 다스림이 엄숙하지 못하고 집안이 화목하지 못한 것은, 대부분 이 때문이다. 더러 부인(아내)이 질투로 (간음 당한) 하녀를 매질하여 생명을 손상시키고, 더러는 사나운 머슴(간음 당한 하녀 남편)이 이를 갈며 주인을 물어뜯기도 한다. 더러는 주인집 부자(父子)가 멋도 모르고 한 녀자를 간음하기도 하고, 더러는 형제가 서로 교대로 동침하기도 한다. 심지어는 한 핏줄에 같은 골육이 천인(賤人)으로 전락한 경우(주인이 하녀를 건드려 낳은 딸이 어머니 신분에 따라 하녀가 되는 경우), 나중 놈(주인 아들)이 사정을 잘 모르고 가까이 하거나 건드리기도 한다. 그러면 겉으로 명분은 주인과 하녀 관계지만, 사실은 이복(異腹: 배 다른, 어머니가 다른) 오누이 사이가 된다. 풍기 문란과 패륜 행위를 어떻게 차마 말할 수 있으리?

7. 또 기뻐 따른다(隨喜)는 수행상 명분을 빌어, 종교 울타리(空門: 본디 불교 문중을 뜻함) 안에 녀자를 꾀기도 한다. 그렇게 감히 종교 성지를 더럽히고, 천지신명과 부처님을 모독하며, 청정한 수행 도량을 파괴하면, 그 죄악은 보통 간음보다 틀림없이 백배 이상 무거워진다.

8. 게다가 해괴한 미치광이가 있으니, 이른바 남색(男色: 鷄姦이라고도 하며, 남성끼리 동성련애를 가리킴)을 밝히는 짓이다. 겉으로는 친구 사이라는 이름을 빌어, 속으로는 응큼하게 부부인양 성관계를 맺는 놈들이다. 상대방이 다른 사람들한테 비천하다고 멸시 당함은 물론이고, 본인도 올바른 선비(正士) 취급을 받을 수 없다. 그 아래로 내려가면, 합우동(狎優童)이나 일준복(昵俊僕)[1] 같은 부류가, 안팎(남녀) 구분도 없이 문란한 짓들을 하는데, 그들 사이에 무슨 일이 있는지는 밖에서 알 수도 없다.

9. 화류계에 노닐거나 유흥가에 붙어사는 놈들은, 스스로 우아한 풍류(風流) 생활을 즐긴다고 여기곤 한다. 이는 음탕한 창녀(촌)가 온갖 천한 기질과 불결한 병마에 온상인 줄 모르는 소치다. 야릇한 미끼와 낚시에 걸려 한번 빠져들어 가면, 제아무리 총명하고 잘난 놈도 미혹

---

1) 狎(본음은 '합'이나 보통 '압'으로 읽음)이나 昵(일 · 닉)은 친근함이 지나쳐 너무 허물없이 달라붙는다는 뜻으로, 기생집 들락거린다는 의미도 있다. 요즘 말로 하면, 용모 준수하니 잘생긴 젊은 남창(男娼)이나 남자 접대부 따위에 해당할 듯하다.

당하기 마련이다. 그래서 자기 굳센 의지와 착한 마음도 어지럽게 흩어지며, 자기 본분을 망각한 채 학업과 직업도 내팽개치게 된다. 가산을 탕진하고 패가망신하여, 불량배나 흉악범에 소굴로 떨어지기도 다반사다.

하물며, 치명적인 전염병을 앓는 부녀자나, 온갖 성병을 지닌 창녀를 만나면 오죽하랴? 병이 전염되어 눈썹이 빠지고 코가 문드러지거나, 온갖 견디기 어려운 병고를 당하게 된다. 그러면 친족이나 친구들에게 따돌림 당할 뿐만 아니라, 처자식조차도 싫어하고 멀리하게 된다. 아무리 훌륭한 의사와 약물로도 치료하기 어렵고, 다행히 목숨은 보전하더라도, 병독(病毒)이 온몸에 퍼져 한평생 괴롭힌다.

또 자식을 못 낳거나, 낳더라도 병신이나 기형아를 낳아, 선천(先天)적 감염으로 요절하는 경우가 허다하다. 그 결과 집안을 망치고 대를 이을 후사(後嗣)마저 끊기면, 이보다 더 큰 불효가 어디 있으랴? 그때 사 후회하고 통탄한들, 무슨 소용이 있겠는가?(요즘은 ADIS라는 후천성 면역 결핍증이 새로이 등장하여, 기존에 온갖 성병(性病)에 해독이 무색할 정도가 되었으므로, 한번 실수로 인한 후유증에 대한 공포는 새삼 말할 나위가 없겠다.)

10. 안광충(顔光衷)이 다음과 같이 말했다.

젊은이들 욕심은 어디엔들 미치지 못하겠는가? 예컨대, 음식에 입맛과 기호를 밝히면 밝힐수록, 더욱 미친 듯이 강한 자극성으로 치닫는다. 그러나 스스로 힘써 절제하면, 입맛도 담백해지고 식욕도 차분히 가라앉는다.

또 개중에는 이단사설(異端邪說)을 함부로 지껄여, 젊은이들에 욕정을 부추기는 놈들도 있다. "녀색을 좋아함은 영웅이나 지혜로운 성품에 남아 대장부가 아니면 불가하다"나?

하면 메추라기처럼 바람나 짝을 짓거나, 여우처럼 요염한 짓으로 남을 홀리는 놈들도, 모두 영웅이고 대장부 아닌가? 자기 욕정만 부리느라 례의렴치(禮義廉恥)도 없으면, 짐승과 다를 게 무엇인가?

또 젊은이나 재주 있는 선비(학생)들이 량가(良家) 처녀를 잘못 건드리면, 무형(無形) 중에 (陰으로) 죽음이나 참혹한 화를 당할까 몹시 두렵다. 또 재산을 믿고 방탕하게 기생질(매춘) 하면, 가산을 소모하고 악질에 걸릴까 걱정스럽다. 더구나 같은 남자(녀자)끼리 동성련애(男色)를 자행하면, 그 불명예와 모욕은 얼마나 수치스럽겠는가?

욕정을 조금씩 더 참고 점차 끊어, 이러한 비통한 결과를 줄여나가고, 음덕을 더 쌓아가는 것이 훨씬 낫지 않겠는가? 못된 이단사설로 사람들을 미혹시키고 욕정을 부추기는 놈들은, 그 죄가 음욕을 몸소 저지른 놈과 똑같이 무거워야 마땅하다.

11. 음욕을 멋대로 부리도록 이끄는 계기는, 도회지 유흥가나 저자거리가 특히 심하다. 사람들이 모였다 하면, 음담패설을 지껄이기 일쑤고, 무리를 지어 거리를 쏘다니며 흥청거린다. 무심(無心)히 눈길만 마주쳐도, 정이 많다(多情)고 말하는가 하면; 길거리서 서로 만나면, 곧 기특한(각별한) 인연이라고 어깨를 으쓱거리곤 한다.

옥을 훔치고 향을 빼돌리는 짓(竊玉偸香: 남녀간에 은밀한 애정 왕래)을 운치 있는 일로 생각하고, 패륜과 부도덕을 밥 먹듯 보통으로 여긴다. 이런 짓들을 아무 거리낌 없이 서로 부추기고 꾀어, 마치 유행처럼 풍미한다. 사람 마음이란 동시에 두 곳으로 나누어 쓸 수 없는 법! 화류(花柳: 유흥 오락)에 정이 깊어지다 보면, 반드시 정상 생활이 황폐하게 버려지는 리치를 모르고 있다.

이러한 짓거리로 이익을 추구하는 놈은 그 밑천(자본)이 점점 바닥나고, 이러한 짓에 남을 방조하는 놈은 그 생활조차 유지하기가 어렵다. 또 사악에 원인이 날로 쌓여가고, 죄업에 과보가 날로 깊어간다. 그래서 겉(陽)으로는 가산을 탕진하고 직업상 노력도 헛수고로 돌아가며, 안(陰)으로는 수명과 복록을 삭감 당하고 부귀영화에 운명도 모두 잃어버리게 된다.

또 크게는 부모님이 의지할 곳조차 없이져, 속으로 애간장이 다 타서 녹아버리며; 작게는 건강과 명예가 일시에 추락하여, 한심할 정도로 몰락하고 만다. 심지어 흉악한 살기가 끼어, 7척(尺) 육신이 눈 깜짝할 사이에 뿔 달린 귀신이 되고 만다. 어찌하여, 이처럼 뚜렷하고 분명한 음란에 재앙을, 터무니없는 헛소리나 고리타분한 잔소리로 치부하고, 그런 못된 짓거리를 일삼으려 하는가?

12. 세상 사람들은 손아래 사람이나 어린애들 앞에서도, 음란한 말을 서슴지 않고 지껄이며, 희희락락하곤 한다. 뭘 모르는 순진한 젊

은이들이, 그런 음란한 말에 담긴 리해득실을 어찌 알겠는가? 그런 말을 한번 듣고 나면, 욕정에 상념이 불길처럼 치솟기 마련이다. 그래서 아직 깨뜨려지지도 않은 순수한 원기를 파헤치고, 아직 다 차지도 않은 정수(精髓)를 고갈시킨다. 그리고는 시름시름 병에 걸려 고생하고, 심하면 요절하기까지 한다.

이러한 한평생 재앙과 화근은, 정말이지 대부분 주위 사람들이 옆에서 알게 모르게 부추기고 자극한 데서 비롯한다. 무릇 올바른 말로 잘못을 바로잡거나 타이르지 못하는 놈도, 이미 유익한 친구(益友)가 아니다. 하물며 한술 더 떠서, 음란을 꾀고 부추긴단 말인가? 혀를 뽑는다는 발설지옥(拔舌地獄)은, 틀림없이 이런 놈들을 위해 존재할 것이다.

13. 옛 사람 말씀에 따르면, 음란서적(그림) 보는 해악은 크게 다섯 가지다. 정상 직업(생활)을 방해함이 첫째 해악이고, 정신을 소모함이 둘째 해악이며, 마음과 뜻을 어지럽힘이 셋째 해악이고, 더러 친구들이 빌려 보면 친구들을 해침이 넷째 해악이며, 더러 자손들이 몰래 훔쳐보면 자손들을 해침이 다섯째 해악이다.

또 음란한 말을 지껄이는 죄악은 세 가지다. 첫째 남에 추함을 들추어내고, 둘째 자기 덕행을 손상시키며, 셋째 천지신명을 모독한다.

만약 음란한 글을 보거나 음란한 말을 지껄이는 사람을 만나거든, 마땅히 정숙과 음란에 따르는 과보를 인용하며, 모든 것을 잘 타일러주어야 할 것이다. 더러는 대중 앞에서 공개로 경건히 말하고, 더러는 단둘이서 은밀하게 간곡히 일깨운다. 희롱이나 모욕을 두려워하지 않으며, 고지식하고 바보 같다는 비아냥거림도 피하지 않으며, 자신이 솔선수범하여, 완곡히 권고하고 간절히 타일러 보라. 그러면 백천 사람 가운데 적어도 한둘은 틀림없이 그 이익을 받게 될 것이다.

요즘 시내 서점에서 팔거나 빌려주는 음란소설(서적)이 몹시도 많다. 입에다 차마 담을 수도 없고 귀로 듣기도 어려운 음담패설을, 공공연히 글로 쓰고 있다. 설사 그 가운데 가장 우아하다는 것을 보아도, 은밀히 약속하고 몰래 만나, 명예를 더럽히고 정절을 잃는 이야기가 고작이다. 그런데 도리어 그들이 나중에 더욱 출세하여 부귀영화를 누린다고 꾸미는 것이다. 안방에 은밀한 추태를 조금도 거리낌없이 대담히 묘사한 걸 보라. 아무 것도 모르는 순진한 규수가 이걸 보면, 마침내 멋진 남자나 재주 있는 선비들로 오인(誤認)하게 된다. 그래서 정절을 잃고 가문을 욕되게 더럽혀, 만년이 지나도록 씻기 어려운 오점을 남기는 경우가 허다하다.

그밖에도, 아직 성숙하지도 못한 어린애들에게 이상한 짓을 일깨우고, 시골에 순박한 총각에게 야릇한 선망에 마음을 불러일으키는 등, 온갖 해악을 이루 다 말할 수 없다. 더욱이 음란그림(포르노 잡지, 영화 비디오)은 음란으로 직접 이끄는 사다리와 같다. 이러한 것들은 모두 사람 마음을 몹시 어지럽히고 해치는 독약이다.

높은 자리나 언론에 직책을 가진 분들이여, 정말로 이런 음란서적(그림)을 엄격히 금지시키고, 인쇄 원판을 모두 압수하여 불태워 없애길 바란다. 그러면 인심을 정화하고 풍속을 교화하는 데 아주 커다란 보탬이 될 것이다.

14. 락포(樂圃) 주선(朱善)이 다음과 같이 말했다.

규방(침실)에 즐거움은 본디 사음(邪淫)이 아니고, 부부간에 기쁨은 별 손상이나 장애가 없다. 그렇지만 그 즐거움도 극도에 이르면 안 되고, 욕정을 제멋대로 부려서는 안 된다. 욕정을 제멋대로 부리면 우환이 되고, 즐거움이 극도에 이르면 슬픔이 생긴다. 이러한 상대적 진리는 옛 사람들이 이미 말하였다.

사람 정력(精力)은 한계가 있는데, 음욕(淫慾: 정욕)은 끝이 없다. 한계가 있는 정력으로 끝이 없는 음욕을 부리면 어찌 되겠는가? 나이가 한창 젊은데 수명이 다해 갑자기 요절하고, 사람이 아직 늙지도 않았는데 기력부터 쇠약해지는 현상도, 전혀 괴이하지 않다.

하물며, 사람 몸이란 위로 부모한테 물려받아, 아래로 처자식을 양육하는 밑천이 아닌가? 크게는 부귀공명을 이루려고 기대하고, 작게는 집안 살림을 꾸려가야 한다. 그러기에 그렇게 대수롭지 않은 존재가 결코 아니다.

그런데 이러한 사명은 모두 불문(不問)에 부치고 거들떠보지도 않은 채, 눈앞에 한순간 즐거움에 탐닉하여, 앞으로 머지않아 들이닥칠 우환과 위험은 전혀 고려하지도 않는다면, 도대체 정말로 무슨 심사(心

思)란 말인가?

대체로 욕정이 적은 이는 반드시 아들이 많고, 음욕에 탐닉하는 놈은 번번이 후손이 없기 마련이다. 정력이 쇠퇴하고 희박하여(요즘 말로 정액이 묽고 정자 수가 적어), 자식을 제대로 낳아 건강히 기르기가 어렵기 때문이다. 마침내 자식이 달랑달랑하거나, 심지어 후손이 끊기는 경우도 있다. 이러한 재앙을 어찌 다 적을 수 있겠는가?

15. 주사민(周思敏)이 이렇게 말하였다.

사람이 천지간에 생겨나, 성현이나 영웅호걸이 되는 것은, 오직 자기가 하기에 달렸다. 그러나 모름지기 십분(十分: 100%)에 정신력(精神力)이 있어야, 바야흐로 십분(十分)에 사업(事業: 공적)을 해낼 수 있다. 따라서 정말로 욕정을 절제하여 정신력을 잘 지키고 보양할 줄 모른다면, 비록 제아무리 큰 뜻과 웅장한 포부를 지녔더라도, 정신이 혼미하고 기력이 쇠진하여 중도에 그만두고 말게 된다.

16. 욕정에 불길이 타오르면, 정기(精氣)와 골수(骨髓)가 쉽게 말라버려, 총명을 덮어 가리고 사려(思慮)를 위축시킨다. 그래서 제아무리 재주 있고 유능한 사람이라도, 몇 년이 채 안 되어 쓸모없는 폐인이 되고, 점차 고질병이 들고 만다. 꼭 항상 녀색을 가까이해서 그렇게 되는 것은 아니다. 단지 혼자 있을 때 한순간 사(邪)된 사념(思念)을 잘못 굴리기만 해도, 생명을 해치고 잃기에 충분하고도 남음이 있다.

그래서 손진인(孫眞人)[2]이 이렇게 말했다.

"텅 빈(부질없는) 양기(陽氣: 정력)가 발동하도록 유인하지 말지어다. 정력이 말라버려 얼굴이 시들해지고, 온갖 질병이 침입한다.(莫引動發陽, 精竭枯百病)"

17. 녀색(성욕)은 청소년기에 통과해야 할 첫 번째 관문이다. 이 관문을 제대로 잘 통과하지 못하면, 제아무리 총명한 재주와 비상한 학식을 갖추었다 할지라도, 충분히 발휘하지 못하고 쓸모없게 된다.

무릇 세상만사는 모두 육신(건강)을 바탕으로 해서 이루어진다. 혈육(血肉: 피와 살)에 몸뚱아리가 오래도록 건강하게 생존할 수 있는 까닭은, 정(精)과 기(氣)와 혈(血) 때문이다. 피(血)는 음(陰)이고 기(氣)는 양(陽)인데, 음과 양이 만나 결합하여 생기는 것이 정(精)이다.

정(精)은 골수(骨髓)에 서려(담겨) 있으면서, 위로는 수해(髓海: 골수에 바다란 뜻으로, 뇌(腦)를 가리킴)에 통하고, 아래로 미려(尾閭: 척추 꼬리뼈 끝)까지 관통하는 존재(물질)로, 사람 몸에 지극한 보배다.

그래서 선천적 물(天一之水)인 정(精)이 마르지 않아야, 귀와 눈이 총명하고, 사지와 몸통이 건강하게 된다. 마치 물이 만물을 윤택하게 적셔 성장시키고, 등잔에 기름이 마르지 않아야 등불이 꺼지지 않고 타는 것과 같다.

---

2) 손진인(孫眞人: 581~682): 본명은 손사막(孫思邈)으로, 당(唐)나라 때 유명한 의사. 『천금요방(千金要方)』과 『천금익방(千金翼方)』을 지어, 부녀자와 어린이 질병을 맨 처음에 다룸. 신선 경지에 들어 103세까지 장수함.

그래서 옛 유학자들은, 마음(心: 심장)과 콩팥(腎: 신장)이 서로 교류하는 것을, 주역에 기제(旣濟: 밑에 불을 상징하는 리(離☲) 괘가 있고, 위에 물을 상징하는 감(坎☵) 괘가 있음) 괘로 비유하였다. 무릇 마음은 사람 몸에 주된 불(君火: 임금 같은 불기운)에 해당한다. 불에 본성은 위로 타오른다. 그래서 항상 아직 안정되지도 않은 혈기(血氣)를 올라타고, 음란한 생각을 치성하게 일으킨다.

마음에 주된 불(君火)이 한번 움직이면, 간(肝)과 콩팥(腎)에 부수적인 불(相火: 재상 같은 불)도 모두 따라서 움직인다. 그러면 콩팥에 물(腎水)이 불에 공세를 받고 증발하여 밖으로 빠져나가면서, 안에서 말라버리게 된다.

남자는 16세가 되면, 비로소 정(精)이 몸(고환: 생식기)에 통하게 된다. 옛날에는 반드시 남자 나이 서른(30세)이 된 뒤에야 아내를 맞이하였나. 몸에 돌기 시작한 정(精)으로, 먼저 뼈(골수)와 근육을 튼튼하게 다지고, 원기(元氣)를 보양하기 위해서다. 그렇게 해서 혈기(血氣)가 다소 안정이 되어야, 청소년 때처럼 무분별하게 저절로 정기(精氣)를 소모하는 일이 없기 때문이다.

근래 처녀총각에 결혼연령이 너무 빨라지고 있다. (다행히 요즘엔 사회경제상 요인으로 결혼 연령이 늦어지고 있다. 문제는 性관념과 행동이 너무 자유분방해지고 문란해진 점이다: 옮긴이) 그래서 뼈와 근육이 아직 튼튼하게 굳지도 않은 상태에서, 원기를 소모하고 정신을 분산시킨다. 장가들기 전부터 근본을 파헤치다가, 결혼한 뒤에는 싹까지 모조리 쳐낸다. 그러니 몇 년이 안 되어 정력(精)과 피(血)가 모두 탕진하고, 맥없이 시름시름한다. 겉으로 비록 사람 모습은 지니고 있지만, 이미 귀신 명부에 올라가 있다. 이렇듯 자제들이 훌륭한 인재로 자라지 못하는 까닭은, 바로 부모와 어른들이 잘 가르쳐 이끌지 않기 때문이다.

이제 여기에 세 가지 큰 원칙을 세우고자 한다. 첫째, 정상 직업(학업)에 부지런히 힘써서, 마음을 순조롭게 일 시키자. 둘째, 남자와 녀자 사이를 잘 구별 지어, 본능이 발동하지 못하도록 잘 막자. 셋째, 친구 사귐을 조심하여, 못된 유혹을 단호히 끊자.

이와 같이 하여, 안과 밖으로 함께 닦아 간다면, 덕행 공부가 날로 진보하고, 부모와 어른 된 도리도 다하게 된다.

18. 음행(淫行: 음욕 행위)을 끊고자 하면, 반드시 음심(淫心: 음욕 마음. 淫念)을 끊는 것부터 시작해야 한다. 음욕에 마음이 일면, 음욕에 행위가 뒤따라 저질러지기 때문이다. 그러면 어떻게 음욕에 마음을 절제할 것인가?

사악한 친구는 가까이하지도 말고, 사악한 장소는 들어가지 말며, 사악한 책은 보지도 말고, 사악한 말은 듣지도 말라. (이는 공자가 仁을 실행하는 구체 조목으로 든 네 가지 금지(四勿)와 비슷하다. 즉, 례가 아니면(非禮 례에 어긋나는 것은) 보지도 말고, 듣지도 말고, 말하지도 말고, 움직이지도 말라!) 무릇 사악한 친구를 한번 가까이 하면, 유익한 좋은 친구는 날로 멀어지고, 자연히 그에 점점 감염되고 유혹되어 나쁜 길로 빠져든다.

그래서 방탕하고 사치하며 사악한 짓을 거리낌 없이 하게 된다.

또 사악한 장소를 한번 들락거리기 시작하면, 올바른 생각을 지탱하기가 어렵고, 자연히 마음이 들썽거리며 열이 나게 된다. 그러니 차분히 안정을 찾지 못하고, 이리저리 휩쓸리며 쏘다니다가, 결국 종신토록 후회하고 한탄하게 된다. 사악한 마음(생각)을 여기까지만 말해도, 끊어야 하겠다고 다짐하기에 충분하지 않은가?

그리고 사악한 책(음란 서적)과 사악한 말(음담패설)은, 문인(文人)들에 글장난이나 한량들에 말장난(농담)에 지나지 않는다. 그들이 이야기를 꾸며 한 사건(줄거리)을 만들려다 보니, 자연히 남녀간을 모두 아름답고 좋게 말하게 된다. 이들은 전부 허위로 날조하고 거짓으로 꾸민 것이다. 믿을 만한 진실은 하나도 없다.

더러는 이런 것을 어쩌다 우연히 한두 번 접촉해 봤자, 내 마음을 움직일 수 없기 때문에 괜찮다고 생각할 사람이 있을지도 모르겠다. 그러나 만약 그렇게 생각한다면 정말로 큰 오산이다. 은연중에 스며들어 점차 올바른 생각을 잠식하는 해악은, 몰라서 그렇지, 정말로 막대하고 오래 간다. (속담에 '가랑비에 속 옷 젖는 줄 모른다.' 옮긴이)

요컨대, 자신을 지키는 방법은, 차라리 사악을 지나치게 예방할지언정, 자신을 조금이라도 너그러이 방종하지 말라. 또 차라리 남들에게 고지식하다고 비웃음을 살지언정, 조금이라도 스스로 원만히 통달하여 걸릴 게 없다고 자부하지 말라. 진실로 평소에 자신을 엄격히 지키지 않으면, 위기일발에 유혹과 충동에 부닥쳐, 누가 실수하지 않는다고 보장하리?

19. 조홍보(趙鴻寶)가 이렇게 말했다.

색욕(色慾)이란 것은, 말하기도 몹시 어렵고, 꺼내기도 쉽지 않다. 한 순간 생각을 조금만 소홀히 해도, 돌이키기 어려울 만큼 깊숙이 빠져들고 만다. 한 생각 한 생각 견고히 지키고 잘 참다가도, 실제로 구체 상황에 부닥치면 금방 흔들려 움직이고 만다.

오직 평소에 책 속에서 옛 성현들을 늘 대하고, 그 훌륭한 말씀(格言)을 좌우명으로 삼아 마음에 새겨야 한다. 그래서 마음을 맑게 하고 욕망을 줄이며(淸心寡慾), 가슴속에 례법(禮法)과 인과응보 법칙을 의심 없이 확신해야 한다. 그리고 어쩌다 우연히 나쁜 생각이 꿈틀거리기라도 하면, 그 자리에서 제거해야 한다. 이와 같이 하면, 실제로 구체 상황에 닥쳐서도, 스스로 용맹스럽게 반성하여 절제할 수 있다.

남녀사이에 관계는, "오얏나무 아래서는 갓을 고쳐 쓰지 않고, 오이 밭에서는 신발을 고쳐 신지 않는다.(李下不整冠, 瓜田不納履)"는 속담처럼, 의심이나 오해에 소지가 없도록 멀리해야 한다. 비록 아무리 친밀하고 가까운 사이라도 안팎(남녀)에 구분을 명확히 하며, 말 한 마디 웃음 한 바탕도 구차하게 주고받아서는 안 된다. 그러면 자연히 망령된 마음이 고개를 쳐들거나 싹틀 수 없다. 이것이 근본(뿌리)을 바르게 하고 원천(샘)을 맑게 하는 방법이다.

20. 보통 사람들이 가장 발을 헛디디기 쉬운 것은, 요염한 녀색이 눈앞에 나타나 있을 때, 자제하기 어렵게 불끈 솟아오르는 한순간 충동이다.

한번 생각해 보라. 눈을 꼭 감고 쳐다보지 않고, 단정히 앉아 어지러워지지 않으며, 단지 한순간 생각만 잘 지켜내면 된다. 그러면 과거(시험)에 우수한 성적으로 합격하고 높은 관직에 올라, 조상을 빛내고 자손을 복되게 만들 (음덕을 쌓을) 수 있다. 다른 방법으로 공덕 쌓고 선행 베푸는 것보다 훨씬 손쉬우면서, 결과(과보)는 배나 된다.

그런데 어찌하여 잠깐 동안 환락과 욕정 때문에, 세상을 뒤덮을 수 있는 큰 공명(功名)을 내버리며, 종신토록 그로 인한 해독을 온통 뒤집어쓴단 말인가? 가령 자신을 엄격히 지키지 못하고, 멋대로 욕정을 부린다면 어찌되겠는가? 흰 분가루와 푸른 눈썹 화장(녀색을 가리킴)은 눈 깜짝할 사이에 물거품처럼 텅 비고, 남는 것은 수명 단축과 복록 감소뿐이다. 또 부귀할 운명이 빈천하게 바뀌고, 자손이 번창할 운수도 후손이 없어지게 바뀐다. 더러는 아내와 딸이 음란에 과보를 대신 받기도 하고, 자손들까지 남은 과보를 물려받아 곤궁하게 된다. 이러한 각종 악보(惡報)를 어찌 일일이 들 수 있으랴? 그러나 후회할 때는 이미 늦으리라.

21. 요즘 사람들은 평소 일상생활에 몸가짐을 조심할 줄 모른다. 더러 자녀들을 앞에 대 놓고, 부부간에 희희락락하는가 하면, 더러는

첩(妾: 小室)을 거느리고 화장을 진하게 하며, 더러는 하인들이 간음을 범해도 금할 줄 모른다. 이렇게 온갖 정숙하지 못한 짓들이 널려 있는데, 어떻게 집안을 제대로 다스릴 수 있겠는가?

만약 욕정을 줄이고 마음을 맑게 하여, 말과 웃음에 구차함이 없고, 부부간에도 내외분별을 지킨다면, 불미스러운 일이 저절로 예방되고, 집안에 법도가 제대로 설 것이다. 안방에서 부부가 서로 손님 대하듯 정숙한 가운데 화기애애하다면, 사람들이 저절로 사랑하고 공경하지 않을 수 있겠는가?

22. 요정약(姚庭若)이 이렇게 말하였다.

만약 사람들이 자기 혼자만 사음을 범하지 않는다면, 단지 자기 혼자만 사업(덕행)을 성취할 뿐이다. 어찌하여 한 사람이 열 사람에게 권하고, 열 사람이 백 사람에게 권하며, 백 사람이 천 사람 만 사람에 권하도록 확대하지 않는가? 더 나아가 자손 후대에 끝없이 전파해 나감으로써, 모든 사람이 다 함께 선근(善根) 공덕을 쌓고 복록에 과보를 얻도록 해야 하지 않겠는가?

마치 종자(씨앗)를 뿌리는 것처럼 말이다. 한 되박 씨를 논밭에 뿌리면 섬(石)으로 수확을 하고, 수 없이 많은 씨를 뿌리면 수 없이 많은 수확을 하지 않는가? 단지 부지런히 뿌리고 나서, 논밭이 황폐해지지 않도록 김을 매 주기만 하면 된다.

또 등불을 전하는(傳燈) 것과도 비슷하다. 등불 하나만 켜면, 천 등에게 모두 불을 붙여줄 수 있다. 그렇게 무수히 많은 등불을 붙여주면, 그 빛(光明)도 무한해진다. 단지 내 등불을 꺼뜨리지 않고, 남들 등에 불을 붙여 전해주기만 하면 된다. 사람들이 단지 진실한 마음으로 간절히 권하려고 하지 않을 따름이다. 가령 내가 그렇게 진실로 간절히 권하는데, 사람들이 호응하지 않겠는가? 이는 씨앗을 뿌렸는데 싹이 트지 않고, 등불을 전했는데 등불이 밝게 타오르지 않는 것과 같다는 말이다. 세상에 그런 리치가 어디 있겠는가?

23. 명(明)나라 때 왕대계(王大契)가 련지대사(蓮池大師)께 여쭈었다.

"제자는 스승님에 '산목숨 죽이지 말라'는 '계살문(戒殺文)'을 본 뒤로, 마침내 완전 채식(長齋)으로 돌아섰습니다. 그런데 오직 이놈에 색욕(성욕)이 마음에 너무도 치성하여, 도대체 어떻게 꺼뜨려 없앨 수가 없습니다. 그러니 스승님께서 적당한 방편법문으로 가르침을 주시어, 색욕에 쾌락이 살생(殺生)에 참혹함과 똑같음을 관찰(사유)할 수 있도록, 자상히 이끌어주시길 간청합니다."

그러자 련지대사(蓮池大師)께서 이렇게 대답해주셨다.

"살생은 (눈에 보이고 귀에 들리는) 고통스런 일이기에, 그 참혹함을 말하기가 쉽소. 그런데 욕정(성욕)이란 (몸으로 느끼고 마음으로 생각하기에) 아주 즐거운 일이라서, 그 참혹함을 말하기가 여간 어렵지 않소. 그래서 이제 여기 한 가지 적당한 비유로 대신 말해 보겠소. (아주 먹기 고약하고 누구나 먹기 싫어하는) 나쁜 음식에다 (누구나 보고 알아차릴 수 있도록) 명명백백하게 독약을 넣어두는 것이 살생에 참혹함이라면, (아주 맛있고 향기로우며 누구나 먹고 싶어 하는) 훌륭한 음식에다 (아무도 모르고 알아차릴 수도 없게 감쪽같이) 은밀히 독약을 섞는 것이 욕정(성욕)에 참혹함이라오. 지혜로운 이여, 잘 생각해 보시오!"

24. 보통 사람들이 아름다운 녀색을 보고 사음에 마음을 일으키면, 온갖 나쁜(사악한) 마음이 모두 일어난다. 나쁜 마음들이 생겨나면, 양심은 곧 죽고 만다.

무릇 사음에 마음이 불끈 솟구쳐 억제할 수 없는 때에는, 오직 '죽을 사(死)' 자를 생각하거나, 아니면 자기 몸이 심한 환난이나 질병 고통을 당하는 일을 생각하라. 그러면 틀림없이 마음이 담담하고 차분히 가라앉을 것이다.

그래도 가라앉지 않거든, 이 미녀가 죽은 뒤 육신이 썩고 뼈만 앙상하여, 가까이할 수 없이 추악해질 것이며, 지금 눈앞에 요염한 미모는 허깨비 같은 환영(幻影)이라고 생각하라. 그러면 틀림없이 뭔가 크게 깨달을 것이다.

그래도 안 되거든, 내가 이 녀자를 사랑하여 그 명예와 절개(정조)를 망가뜨리면, 똥이나 두엄처럼 더러워지지만; 그 명예와 절개(정조)를 온전히 지켜주면, 옥구슬처럼 진귀할 것이라고 생각하라. 따라서 마땅히 아끼고 불쌍히 여겨 온전히 지켜주고, 내가 이 녀자를 사랑할수록 더욱더 차마 더럽힐 수 없다고 생각하라. 그러면 틀림없이 숙연히 공경하게 될 것이다.

그래도 안 되거든, 내가 한순간 쾌락과 기쁨을 누리려고, 공명에 희망을 꺾고 부귀에 운수를 깎아내며, 수명을 덜어내고 심지어 살해까지 당하며, 자손이 끊기고 명성까지 크게 훼손하는 엄청난 결과를 초래한다(대가를 치른다)고 생각하라. 그러면 틀림없이 번뜩 제 정신이 들 것이다.

그래도 안 되거든, 부끄러워하고 싫어하는 마음(羞惡之心)을, 사람이면 누구나 가지고 있음을 생각하라. 녀자가 정조와 절개를 잃으면, 단지 한순간 미혹으로 틀림없이 부모형제에게 미움을 사고, 시부모나 남편에게 버림받으며, 이웃이나 친척에게 비웃음 당하기 마련이다. 그래서 후회 막심하지만, 엎지른 물 주워 담을 수 없어, 결국 원한을 품고 죽는다고 생각해 보라. 또는 더러 그렇게 잘못 임신한 아이를 낙대하려다가, 모자(母子)가 함께 죽는다고 해 보라. 그러면 눈에 보이지는 않지만, 저승을 떠도는 원혼(怨魂)이 무형 중에 그대를 그냥 가만 놔두고 깨끗이 떠날 것 같은가? 그래도 소름이 쫙 끼치며 깜짝 놀라지 않겠는가?

(옛 속담에 "한 아낙이 원한을 품으면, (음력) 오뉴월에 서리가 내린다.(一婦含怨, 六月飛霜.)"고 하였다. 다행인지 불행인지, 요즘은 사회가 아주 개방되고 도덕의식이 느슨해져, 한번 잘못하여 정조나 절개를 잃었다고, 자살이라는 극단에 길을 택하는 녀자는 거의 없는 듯하다: 옮긴이)

그래도 안 되거든, 녀자가 남편을 배신하여 바람피우고 외도하면, 그 남편이 모욕과 분통을 어떻게 참으며, 얼마나 악독스런 원망과 저주를 퍼부을지 생각해 보라. 자기 아내와 간통하는 외간 남자를, 틀림없이 이리나 늑대로 볼 것이다. 아니면 뱀이나 전갈로 보거나, 령혼(생명)을 잡아갈 귀신(저승사자)으로 보거나, 전생에 원수로 볼 게 틀림없다. (그대를 그렇게 흉악한 존재로 간주해도 괜찮겠는가?) 그러면 반드시 정신이 번쩍 나며 자제하게 될 것이다.

남에 딸을 보거든, 자기 딸이 다른 남자에게 침범당하기 싫어하는 것과 똑같이 생각하라. 남에 아내를 보거든, 자기 아내가 다른 사람에게 더럽혀지길 두려워하는 것과 똑같이 생각하라.

사람들이여! 사음에 생각이 꿈틀거리기 시작하거든, 자신을 깊이 되살피고 흔들어 일깨우며, 스스로 이렇게 경책(警策)하자. "내가 남에 아내와 딸을 간음하고 싶은 마음이 이는데, 만약 나에 아내와 딸이 또 다른 사람에게 간음을 당한다면 어떠하겠는가?"

녀자 얼굴을 마주 대하고서, 위와 같이 한번 생각해 본다면, 나쁜 마음은 저절로 사라지고 그칠 것이다. 이것이 음욕에 불길을 잡는데, 가장 효과가 빠른 약이다.

그리고 사실, 남에 딸을 침범하고서, 자기 딸이 남에게 침범당하지 않을 자가 없다. 마찬가지로, 남에 아내를 더럽히면, 자기 아내가 남에게 더럽혀지기 마련이다. 이러한 사실은 굳이 고대 역사 문헌에서 고증할 필요도 없다. 근래에 인과응보 사례들을 두루 살펴보아도, 하늘에 도(天道)는 정말 터럭 끝만큼도 차이가 나지 않는다.

이미 그러한 과보를 받은 간음한 자들을 보면, 낱낱이 모두 이와 같다. 그래서 아직 과보를 받지 않은 간음한 자들도, 앞으로 틀림없이 하나하나 그와 같을 것임을 알 수 있다.

그래서 옛 사람 시에 이러한 구절이 있다.

"그대에게 풍류 빚 빌리지 말기를 권하노니, 勸君莫借風流債
손쉽게 얻은 빌린 빚 갚기도 아주 빠르다네. 借得快來還得快
집안에 누군가 틀림없이 대신 갚아야 하나니, 家中自有代還人
그대가 내빼려고 할 때 남이 가만있지 않으리." 你要賴時他不賴

이 시구는 정말 적확(的確)한 말씀이다. 미혹된 꿈을 일깨워줌이 적지 않은 경책(警策)이다.

25. 오택운(吳澤雲)이 이렇게 말하였다.

사람 모습이 이루어지고 숨통이 트인 이후로, 가장 중요한 것은 생명(生命)이다. 그런데 양생(養生)을 할 수 없으면 목숨을 보전(保命)할 줄 모르고, 목숨을 보전할 줄 알면 양생을 잘할 수 있게 된다. 이는 당연한 리치다.

근래 들어, 사람 마음(人心)이 옛날 같지 않고, 풍속이 갈수록 각박해지고 타락해 간다. 그런데 사람에 생명을 가장 해치기 쉬운 것으로는, 오직 녀색이 으뜸이라고 하겠다. 녀색(性)은 칼날과 같아서, 밟으면 크게 상처가 난다. 또 녀색(性)은 독약과 같아서, 마시면 금방 죽고 만다.

물론 남녀가 결합해 집안을 이루는 일은 폐지할 수 없는 인륜이긴 하다. 하지만 정말로 욕정을 절제하여 도의를 지킬 줄 모른다면, 그 가운데 또 자신을 죽일 위험이 도사린다. 그런데도 사람들이 엿처럼 달게만 여기고, 전혀 절제할 줄 모르는데, 이는 도대체 무슨 까닭일까? 대체로 도덕에 마음이 먼저 사라지고 없기에, 사음에 생각이 연분(상황) 따라 수시로 일어나는 것이다.

사람들은 젊고 기력이 왕성할 때, 녀색에 미련을 품고 추근덕거리며 사음을 일삼는다. 그토록 유용한 청춘에 정신(精神)력을, 부인이나 녀자 품에 안겨 온통 소모하고 탕진해 버리면서도, 도대체 아까워할 줄 모른다. 심지어는 도둑처럼 구멍을 뚫고 담장을 뛰어넘으면서도, 아주 운치 있는 랑만(浪漫)으로 생각하며; 기생을 옆에 끼고 창녀와 잠을 자면서도, 스스로 대범한 풍류라고 허풍떤다.

더 심한 경우에는, 아내나 아랫사람들에게까지 음란을 가르쳐주며, 안방에서 히히거리고 웃는다. (조선시대 연산군이 저지른 음란은 정말 극도에 달했다. 그래서 마침내 중종반정(中宗反正)으로 왕위에서 쫓겨나 연금 생활하다가 죽었다: 옮긴이) 이로 말미암아 집안에 기풍은 완전히 퇴폐하고, 인륜 도덕은 사라지고 없으니, 안팎으로 진동하는 수치와 모욕은 얼마나 큰가?

그런데도 그들은 고통으로 여기기는커녕, 오히려 쾌락으로 즐긴다. 어찌 이토록 심하게 색욕에 탐닉하고, 깊숙이 륜락(淪落)할 수 있단 말인가? 정력이 고갈하고 골수가 텅 비어, 뜻과 기력이 한풀 크게 꺾이고, 눈과 귀가 어둠침침해지며, 육신이 볼품없이 쪼그라들어, 인격마저 형편없이 비천해지고 만다. 게다가 온갖 허약한 증세와 기괴한 질병들이, 그 틈을 타고 다발로 생겨난다.

결국 한평생 무한한 사업 성취와 원대한 희망 포부가, 모두 물거품처럼 한순간에 흔적도 없이 사라지고 만다. 마침내 천수(天壽)도 다하지 못하고 중년에 요절하여, 이름이 귀신명부에 오른다. 더러는 죽음도 제 장소에서 선종(善終)하지 못하고, 그 해악이 자손에게까지 미치는 경우가 허다하다. 이 모든 해악은 죄다, 색욕을 절제하지 않는 결과 자초(自招)한 보답이다. 그런데도 정말로 고귀한 생명을 어린애들 소꿉장난으로 여긴단 말인가?

26. 사람들은 금전과 재물에는 한두 푼까지 따지고 계산하며, 온갖 수단방법을 가리지 않고 모으려고 발버둥 친다. 수입을 미리 헤아려 지출을 결정하면서도, 오히려 돈줄이 잘 이어지지 않을까 걱정한다. 그리고 재물을 절약하지 않고 낭비하는 놈은 아주 못된 자식이라고 욕까지 한다. 무릇 금전과 재물은 사람 바깥에 물건(外物)인데도, 모두들 이렇듯 진귀하게 여기고 소중히 대한다.

그러나 (사람 생명에 원천인) '정액(精液)'은 귀중함이 그 따위 금전이나 재물에 비할 바가 아니건만, 음욕으로 소모하고 탕진하는 것은 그저 한두 푼에 해당하는 게 아니다. 재산이 다하면 곤궁에 쪼들리고, 정액이 다하면 목숨이 끊어진다. 그런데도 제멋대로 욕정을 부리면서, 조금도 아까워할 줄 모르는구나! 일단 정액이 고갈하고 골수가 텅 비게 되면, 몸 안에 선천 물기운이 마르고, 불기운이 치성하게 타오르게 된다. 그러면 어떠한 약(百藥)도 효험 없고, 신의(神醫)도 손을 쓸 수 없게 된다. 그때는 후회해도 이미 늦는다.

그래서 소동파(蘇東坡)도 이런 말을 남겼다.

"생명을 해치는 일이 한 두 가지가 아니지만,

녀색을 좋아하는 자는 반드시 죽는다."

사람 몸은 신(神: 흔히 말하는 정신 · 의식)으로 기(氣)를 거느리고, 기(氣)로 정(精)을 승화시킨다. 정신(精神)이 꽉 차야, 모든 뼈와 근육이 튼튼하고 기운 차, 뜻하는 바를 해낼 수 있다. 만약 음욕을 절제하지 못하여 정도가 지나치면, 정액이 고갈하고 기운이 소진(消盡)하여, 신(神: 정신)이 제 집(몸)을 지키지 못한다. 그래서 곧 질병에 걸려 요절하게 된다. 그러니 조심하지 않을 수 있겠는가?

(보통 한의학이나 기공(氣功) · 무술 같은 데서도, "뜻(志: 神)이 가는 곳에 氣가 가고, 氣가 가는 곳에 피(血: 精)가 간다."고 한다. 또 도교(道教) 수행에서는, "정을 단련하여 기로 승화하고(煉精化氣), 기를 단련하여 신으로 승화하며(煉氣化神), 신을 단련하여 허(虛: 太虛. 불교에 空)로 되돌아간다.(煉神還虛)"고 말한다. 옮긴이)

27. 효경(孝經)에, "몸과 머리카락과 피부는 모두 부모한테서 물려받은 것이니, 감히 다치거나 손상하지 않음이 효도에 처음이다."는 말씀이 있다. 여기서 다치거나 손상한다는 말이, 어찌 꼭 손가락이 잘

리고 발목이 부러지는 것만 가리키겠는가?

예컨대, 아주 좋은 나무를 심어, 처음 싹이 나고 자라기 시작할 때, 꺾거나 밟지 못하게 아침저녁으로 보호하고 돌보아준다. 그래야 비로소 무성하게 자라, 그늘도 드리우고 열매도 맺기를 기대할 수 있다. 사람도 마찬가지다.

사람이 막 어린 티를 벗으려고 할 때, 아직 근력(筋力: 근육 힘)도 충분하지 못하고, 혈기(血氣)도 안정되지 못한 상태에서, 먼저 생명에 진짜 정수(精粹)와 원기(元氣)를 소모해버린다면, 어찌되겠는가? 몰골은 시들해지고, 꽃도 피기 전에 온갖 병이 다발로 생겨난다. 그러면 부모님이 보고 깜짝 놀라, 어찌할 줄 몰라 발만 동동 구르실 것이다.

이것이 진실로 음덕(陰德)에 관련되어 수명을 감축함은 잠시 접어두고라도, 어찌하여 스스로 지은 죄악에 업장으로, 양친께 한없는 마음에 고통을 인겨드린단 말인가? 옛 사람들은 한 걸음 발을 내디딜 때도, 감히 부모를 잊지 않았다고 한다. 부모께서 물려주신 몸으로, 혹시라도 위태로운 짓을 하지 않기 위해서였다. 하물며, 부모님에 맑고 깨끗한 도덕 명예를 더럽힐 수 있겠는가? 이보다 더 큰 불효가 어디 있겠는가?

28. 경박한 젊은이들은 친구 집에 가게 되면, 으레 안방을 엿보거나, 더러 귀 기울여 몰래 엿듣곤 한다. 그리고 길에서 아름다운 녀자를 만나면, 발걸음을 멈추고 뚫어지게 응시하며, 더러 그 뒤를 미행

하여 그 집 앞까지 따라간다. 심지어는 그가 보고들은 것을 동료들에게 지껄이며 희희락락하기도 한다. 이 무슨 심보란 말인가?

거백옥(蘧伯玉: 공자와 비슷한 시대에 현인)은 어둑어둑하여 보는 이가 없다고 행실을 어그러뜨린 적이 없으며, 사마광(司馬光: 1019~1086)은 남한테 말하지 못할 일은 한평생 한 번도 하지 않았다고 한다. 그런데도 대낮에 뭇 사람들이 쳐다보는 곳에서, 못된 행실을 자랑스럽게 지껄이면서, 오히려 전혀 이상하지 않게 여긴단 말인가?

이렇게 경박한 놈들은, 품행이 단정한 선비에 끼지 못함은 물론이고, 무형 중에 귀신에 분노를 건드릴 게 틀림없다. 사귀는 친구들 중에 혹시라도 이러한 놈이 있다면, 한시 바삐 교유를 끊고, 절대 그와 더불어 사귀지 말아야 한다.

29. 필충고(畢忠告)가 다음과 같이 말하였다.

지금 세계가 갈수록 암흑과 혼탁과 혼란으로 치달으며, 남녀 젊은이들이 갈수록 절개와 지조를 잃고 몸을 망치는 놈이 많아진다. 그런데 그 원인을 따져 보면, 모두가 음란서적과 음란그림(요즘은 음란영상과 음란음악은 물론 인터넷 사이버 공간상 음란사이트까지 가세함)이 널리 퍼진 데서 비롯한 해악이다.

요즘 새로 나오는 순정(련애)소설이나 음란서적과 음란그림을 가만히 살펴보면, 그 수가 얼마나 되는지 모를 정도로, 온갖 형태와 내용으로 쏟아진다. 눈에 닿는 게 모두 음란물인 형편이다.

(원주: 매번 한 책이 나올 때마다, 몇 천 내지 몇 만 명을 해치는지 모른다. 그런데도 저자는 음란에 흑막을 벗겨내어 고발한다고, 스스로 변명하거나 합리화하기 일쑤다. 그게 도리어 사람들에게 새로운 음란 방법과 형태를 알려주는 매개가 되는 줄은 모른다. 역대 음란서적을 금지시킨 명령이 있어 왔지만, 겉으로는 따르는 척하면서, 속으로 몰래 팔아먹은 놈들이 얼마나 많았던가?)

(그런데 요즘은 자유 민주 사회가 되어, 표현에 자유니 예술성이니 하는 명분으로, 선정적인 음란물과 노골적인 폭력영상을 공공연하게 제작・배포하니, 세상 참으로 말세 가운데 말세다. 1999년에 나온 한 음란성 책은 유례가 드물 정도로 100만부 가량 팔려, 그해 최다 베스트셀러가 되었다고 한다. 참으로 한심스럽고 개탄할 만한 세태다. 옮긴이)

소년・소녀들이 신문광고나 선전물에 실린 것만 보아도, 이미 온갖 형태와 내용으로 음란함을 아주 자세히 형용하고 있어서, 가서 사 보거나 아니면 함께 따라가서 구경하고 싶은 충동이 일기 마련이다. 그렇게 보게 되면, 시선과 마음을 온통 거기에 빼앗길 뿐만 아니라, 정신과 령혼까지 뒤죽박죽되고 만다.

담이 약하고 겁이 많은 놈은, 감히 쉽게 시험해 볼 엄두까지는 안 나겠지만, 그 신체와 정신은 이미 무형 중에 크게 소모되고 만다. 개중에 담력은 좀 있으면서 자신을 지키기에 의지력이 약한 놈은, 곧장 그대로 따라 해 본다고 발을 잘못 디디게 된다. 작게는 학업(직업)을 소홀히 하고 정신력을 소모하며, 크게는 집안을 망치고 목숨을 잃으며, 심지어 후손까지 끊기기도 한다.

(원주: 사람 몸에 세 가지 보배(三寶)가 바로 精・氣・神이다. 이러한 근본 보배를 잃어버리면, 질병이 뒤따르게 되나니, 어떻게 장수할 수 있겠는가?)

그 때가 되어 후회해 봤자, 이미 늦고 만다.

상해(上海: 대도시)에 암흑과 음란 풍조는 다른 곳보다 훨씬 심하다. 음란물을 숨겨두고 고객들을 불러들이고, 사람들을 유혹하여 함정 속으로 집어넣는 곳이, 도처에 널려 있다. 귓가에 들리고 눈에 와 닿으면, 평소 뜻이 굳고 마음이 안정된 선비라도, 더러 나쁜 친구에 이끌려 유혹과 함정에 발을 잘못 디딜 수 있다.

그래서 나는, "음란 서적과 그림은 정말로 사람을 살해하는 날카로운 칼날이다."고 말한다. 진실로 오직 원하는 바는, 청춘남녀들이 혹시라도 이런 음란서적을 만나게 되면, 보지 말고 찢어 (불살라) 버리며; 이런 나쁜 친구들을 만나게 되면, 얼굴도 대하지 말고 물리치기 바란다. 그리고 서로 조심하라고 경책하고 훈계하여, 무형 중에 살인 위기를 밟는 일이 없기를 바란다. 그리고 나는 출판계와 저술하는 인사들에게, 아홉 번 머리 조아려 간곡히 당부한다.

"누가 자손 없으며, 누가 아내와 딸이 없습니까? 그런데 그들에게 차마 암흑 속 함정에 빠져들어, 사망에 이르고 후손이 끊기도록 할 수 있습니까?"

나는 또 각급 학교 교장 선생님과, 각 가정에 부모님과, 각 사업체에 사장님·대표들께, 역시 아홉 번 머리 숙여 정중히 당부한다.

"각자 수시로 엄격히 살피고 순순히 선도하여, 청소년 학생·자녀들이 암흑 속 함정에서 빠져나와, 죽음을 피할 수 있도록 힘써 이끌어 줍시다."

허나 근본 해결책은, 역시 출판계와 저술하는 인사들이 덕행을 좋아하고 실행하는 것뿐이다. 행여 나 같은 비천한 사람 말을 받아들여 원판을 파기하고 음란한 글을 쓰길 그만둔다면, 그 분 자제와 아내·딸들은 틀림없이 이 나라에 큰 위인과 모범 인물이 되리라고 믿는다.

그러나 혹시라도, 음란서적 가운데 음란으로 인한 죄악에 과보를 담았기 때문에, 독자들이 보면 스스로 조심하고 경계할 수 있다고 변명한다면, 이는 정말 곤란하다. 그렇게 말한다면, 어떠한 책인들 그런 인과응보 리치를 담고 있지 않단 말인가? 그런데 어찌하여 독자들이 보고 교훈을 얻기는커녕, 죄다 물들어 타락하고 마는가?

나는 또 염정(순정, 련애) 소설을 쓰는 작가와 음란그림을 그리는 미술가들에게, 머리를 조아리고 절하며 당부한다.

"그토록 훌륭한 글 솜씨와 그토록 아름다운 붓 솜씨로, 무엇을 구한들 얻지 못하겠습니까? 어찌 꼭 스스로 오점을 남기며, 훌륭한 명망을 더럽히십니까? 사회에 수많은 착한 사람들을 암흑과 죽음에 함정으로 이끌면서, 고작 눈꼽만한 리익을 얻으려고 하십니까?"

음덕(陰德)과 인과응보 법칙은, 비록 요즘 세상에 말하는 이가 드물긴 하다. 그러나 유가에 사서오경(四書五經)이나 고금에 성현군자들이, 모두 한결같이 강조하여 전해왔다. 어찌하여 시대풍조를 핑계로 엄연한 진리를 믿지 않고, 허무맹랑한 미신이라고 비방한단 말인가?

죄악 가운데 사음이 가장 나쁘다. 그래서 살아생전에 복록과 수명을 깎아먹고, 자손이 끊기는 벌과 같은 온갖 과보를 알게 모르게 받게 된다. 그리고 죽은 뒤에는, 틀림없이 그 령혼이 나쁜 곳에 떨어져 영원히 온갖 고통을 받게 된다. 그러니 우리 동포들이여, 이러한 글을 보고도 마음이 깜짝 놀라지 않을 수 있겠는가?

상해(上海)에 자선가들과 유지들에게 공경스럽게 간청하노니, 만약 나에 비천한 말이 틀리지 않았다면, 회의를 소집하여 적절히 권장·선도할 방법을 강구해주시기 바란다. 그러면 어느 한쪽에게만 복덕을 짓는 게 아니라, 그 덕망과 기풍에 감화되어 사람들이 따르게 되고, 그러면 천하 동포들이 모두 그 은택을 입게 될 것이다.

그래서 백번이라도 향을 사르고 백번이라도 머리를 조아리며 기도 올리지 않을 수가 없다.

30. 황효직(黃孝直)이 이렇게 말하였다.

『론어(論語)』에, "젊을 때는 혈기가 안정되지 않기 때문에, 녀색을 잘 경계해야 한다.(少之時, 血氣未定, 戒之在色.)"는 말씀이 있다.

사실 성인은 녀색에 대해 경계하지 않는 때가 없다. 례(禮)에 보면, 일반 서민은 50세가 되도록 자식(아들)이 없는 경우가 아니면, 첩을 들이지 않는다고 하였다. 그러니 원칙으로 두 녀색을 거느리지 않음을 알 수 있다. 또 남자는 30세가 되어야 장가를 들었으니, 함부로 녀색을 가까이하지 않음을 알 수 있다. 그리고 제후는 자기 관할(국가) 경내에서는 아내를 맞이하지 않았으니, 최고 권력을 가진 임금이라도 남에 아내를 빼앗는 일이 없음을 알 수 있다. 또 옛날 왕들은 춘분·추분과 하지·동지 날에는 문을 잠그고 수양하였으니, 마음을 맑게 하고 욕심을 적게 가지는(淸心寡欲) 공부를 알 수 있다.

그런데 공자께서 이러한 내용을 모두 언급하지는 않고, 오직 '젊을 때는 혈기가 안정되지 않기 때문에, 녀색을 잘 경계해야 한다.'는 한 말씀만 특별히 지적하셨을까? 이 점이 진실로 아주 중요하여, 특별히 강조하고 경외(敬畏)하신 뜻이다.

무릇 사람이 젊을 때는, 초목이 막 싹터 자라기 시작하는 시기와 같고, 또 곤충들이 칩거하여 겨울잠 자는 시기와 같다. 초목이 막 싹틀 때, 그 싹을 꺾거나 밟으면, 죽지 않을 리가 없다. 또 곤충이 칩거해 잠잘 때, 움집을 파헤쳐 꺼내면, 역시 죽지 않을 수 없다. 성인께서 젊은 시절(소년)을 특별히 지적하여 일깨우신 뜻도 마찬가지 리치다. 색욕에 대한 마음을 힘써 절제하고, 공경스럽게 자중자애 하여, 부드럽고 취약한 몸을 잘 보양(保養)하라고 당부하는 가르침이다.

청소년 시절에 뜻을 굳게 지니고 욕망을 단호히 절제하여, 이 색욕(성욕)에 관문을 잘 통과하면, 나중에 성장하여 원기와 정신이 모자라지 않고 충만하게 된다. 그리고 국가 사회에 나가 백성을 위해 일할 때는, 활기 넘치는 정신력으로 하늘을 떠들썩하게 할 위대한 사업을 할 수 있다. 진짜 인품과 진짜 학문이 모두 여기서부터 비롯한다. 설사 큰 그릇(인물)은 못된다고 할지라도, 반드시 타고난 천수를 다 누릴 것이며, 비명횡사로 요절하는 일은 결코 없다. 이 점을 청소년들은 깊이 명심하고 자세히 살펴야 한다.

31. 보통 부모는 자식 사랑이 몹시도 끔찍하여, 어려서부터 타이르고 가르치지 않는 게 없다. 그런데 오직 색욕(성욕)이 몸을 망치는 중대한 사실에 대해서는, 그렇게 분명하고 절실하게 일깨워주는 부모가 별로 없다. 그 까닭은 도대체 무얼까?

대개 미혼 때는, 자제들이 아직 어리고 사려 분별이 충분히 깨이지 않아, 분명히 말하기 어려울 것이다. 그러다가 장가 든 뒤에는, 자제들이 이미 어른이 되어 있고, 또 며느리(자손 아내)에 대한 체면도 있기 때문에, 죄다 말하기가 불편하고 마음에 거리낌이 생기게 된다.

그러나 자제들은 젊어서 견문지식이 해박하지 못하고, 동서고금에 녀색을 좋아하여 죽은 일들에 대해, 눈으로 친히 보지도 못하고 믿지도 않는다. 이런 실정은 부모들이 잘 모르고 있다. 또 녀색을 멀리하고 음욕을 절제하라고 훈계하는 글들은, 자제들이 자세히 읽을 수 없는 게 보통이다. 게다가, 못된 친구들에 황당한 말을 듣고 그대로 믿어, 남녀 성관계(房事)를 그저 신나는 쾌락으로만 알고 있다. 그래서 마침내 몸을 망치고 목숨까지 잃으며, 자손조차 끊기는 놈이 헤아릴 수 없이 많다. 그래서 정말로 탄식하여 눈물을 흘려야 할 형편이다.

부모들은 모름지기 자제들이 14~5세가 되면, 먼저 은밀히 그들에 동정(動靜)을 관찰하고, 기호(취미)를 살펴야 한다. 만약 분별 지식이 이미 깨었으면, 옷을 갈아입을 때, 속바지에 사정(射精. 遺精)한 흔적이 있는지 주도면밀하게 살펴야 한다. 만약 정액을 누설한 기미가 나타나면, 곧장 옛 사람들에 사례와 훈계를 인용하여, 분명하게 타일러주어야 한다. 녀색을 좋아하면 반드시 몸을 망치고 일찍 죽는다는 리치를 일러주어야 한다. 또 그렇게 녀색을 좋아하여 일찍 죽은 사람들 사례를 들려주어, 자제들이 스스로 두려워하고 조심하여, 정신(精神)을 잘 보양(保養: 보존 함양)하도록 이끌어야 한다.

결혼을 한 뒤에도, 귀찮고 번거롭다고 팽개치지 말고, 더욱더 완곡하게 잘 일깨우고 타일러야 한다. 아버지는 아들(장인은 사위)을 타이르고, 시어머니는 며느리(친정어머니는 딸)를 잘 일깨워야 한다. 특히 녀색을 멀리하고 음욕을 절제하라고 훈계하는 글을, 며느리나 딸한테 잘 해설해주어, 며느리나 딸로 하여금 조용히 자기 남편을 권고하고 유도하도록 한다. 절대로 한때 훈계를 게을리 하거나, 체면을 차리지 말라. 한평생 통탄하고 후회할 한(恨)을 남길 수 있기 때문이다.

32. 음욕에 막대한 재앙(禍)은, 단지 사음(邪淫: 부정당한 음욕)에만 국한하는 게 아니다. 설사 부부간에 성관계라도 다소 지나치거나, 또는 홀로 거처하더라도 마음으로 음욕을 일으켜 성관계를 상상하더라도, 병을 얻고 목숨을 잃을 수 있다. 그러니 조심하고 절제하지 않으면 안 된다.

도서(道書: 도교 수행에 관한 책인 듯)에 이런 말이 있다.

"사람에게 음욕(성욕) 생각이 일지 아니하면, 정기(精氣)가 오장육부(五臟六腑)에 평화로이 퍼져, 모든 맥(脈: 血脈 · 經絡)을 생기발랄하게 호위한다. 그러다가 음욕 생각이 한번 일면, 음욕에 불길이 거세게 타올라, 오장육부에 정수(精粹)를 빨아 모아 흘러넘치게 하고, 명문(命門: 두 콩팥 중간, 위로부터 14번째 척추 부분)을 통해 쏟아낸다. 설사 쏟아내기까지는 않는다고 할지라도, 음욕 마음이 움직이면, 마치 맹렬한 불길로 냄비 안 물을 끓이는 것과 같게 된다. 금세 안에 물(精)이 말라 없어지고 나면, 곧장 냄비(오장육부)가 통째로 벌겋게 달아오른다."

이처럼 음욕 생각만으로도 충분히 몸을 손상시킬 수 있는 것이다. 나는 세상에 모든 병든 사람들이 저절로 낫기를 간절히 기원한다. 그 방법은 오직 마음을 바르게 하고 공경을 다하는 데 있다.

33. 젊은 사람들이 신혼 때는 성욕 생각이 왕성하기 마련이다. 그러나 이를 잘 절제하지 않으면, 죽음에 화근이 되어 요절하는 경우가 자주 있다.

예전에 한 선비가 결혼한 뒤 과거시험을 보러 갔다. 그런데 밤에 혼자 잠자기가 괴로워서, 시험이 다 끝나기도 전에 급히 귀가했다. (옛날 과거시험은 몇 과목을 여러 날에 걸쳐 치렀음) 하루에 백여 리 길을 걸어, 저녁 2경(밤 9~11시쯤)에 집에 도착했는데, 아버지가 난데없이 크게 노해 꾸짖었다.

"이 놈! 아마도 군(郡: 과거시험 장소)에서 무슨 일을 저지르고 나서, 처벌이 두려워 도망쳐온 게 틀림없다."

그리고는 하인한테 아들을 줄로 묶어 빈 창고에 가두라고 명령한 뒤, 몽둥이를 찾아오라고 큰 소리 치며 이렇게 말했다.

"내일 아침에 아주 호되게 매질해야 하겠다."

이튿날 아침이 되자, 아버지는 천천히 일어나 아들을 풀어주었다. 그리고는 아무 말도 하지 않았다. 아들은 막 집에 돌아왔을 때, 몹시 흥이 일었다. 그런데 갑작스런 봉변과 모욕을 당하고서, 몹시 두려움에 떨며 밤을 지새웠다. 그러나 아침에 풀려나고서도, 끝내 아버지 뜻을 알아차리지는 못하였다.

당시에 한 친구가 그 아들과 함께 귀가했는데, 이튿날 아침 죽었다는 소식이 들렸다. 백여 리 먼 길을 걸어오느라 몹시 지친 데다, 아내와 동침하여 정기(精氣)가 탈진해 버린 것이었다. 그때서야 비로소 아들은 아버지가 자신을 결박한 까닭을 깨달았다.

옛날 사람들은 부모를 섬김에, 보이지 않는 모습을 보고, 들리지 않는 소리를 듣는다고 말씀하셨다. 그런데 부모가 자식을 사랑함에, 정말로 모습도 없는 것을 보고, 소리도 없는 것을 들으시는 줄은 아는가?

오호라, 집안에서도 오히려 이러하거늘, 하물며 자식이 위기 상황을 헤쳐 나가고, 객지에서 비바람과 눈서리를 맞거나, 또는 전쟁터에 나가 죽을까 두려움에 떨고 있다면, 그 사랑과 념려는 몇 백 배나 될까? 자식이 이러한 걸 알고, 부모 마음을 헤아려 자기 마음으로 삼는다면, 건강하게 장수를 누릴 것이다.

34. 황서운(黃書雲)이 다음과 같이 말하였다.

사음(邪淫)이란, 무릇 남에 속한 아내나 녀자를 내가 사(邪)된 마음(邪心)으로 침범하는 것이 모두 해당한다. 하지만 설사 자기 아내라 할지라도, 성교를 해서는 안 되는 때(예컨대 월경 시기, 임신 중, 출산 직후, 젖먹일 시기(授乳期), 질병을 앓고 있는 기간, 기타 제사나 기도 등으로 재계(齋戒) 중인 때)나, 성교를 해서는 안 되는 장소나, 자기 생사가 걸린 중대한 상황이나, 종교적 신명이나 성현 탄생일이나 기타 금기일 등에 침범하면, 역시 사음이 된다. 그리고 몸이 정상적 체위(體位)와 성교 방법을 벗어나도 사음이 된다.

창녀와 기생은 숙세(宿世: 전생)이 지은 악업(惡業: 죄악 행위) 때문에 지금 그러한 처지에 타락해 있으므로, 마땅히 불쌍히 여기고 동정해야 한다. 그런데 오히려 그들이 비천함을 악용하여, 더러운 음욕을 멋대로 자행하면 되겠는가? 그로 말미암아 음덕(陰德)을 크게 손상하고, 나쁜 과보를 초래할 걸 생각하면, 정말 끔찍하게 두렵고 무섭다.

또 어린 소녀를 범하거나 처녀를 간음하거나, 과부를 간통하거나 비구니(여스님. 수녀나 기타 녀자 수도자 포함)를 욕보이는 짓들은 모두, 짐승도 하지 않고, 사람과 귀신 모두 미워하며, 하늘 법(天律: 인과응보 법칙)이 결코 용납하지 않는다. 그래서 그 죄악이 특히 막대하니, 항상 두려운 마음으로 조심하고 경계하며, 결코 침범하지 않도록 자신을 지켜야 한다.

심지어 짐승과 교미(수간獸姦)하거나, 가까운 친족과 간음(근친상간近親

相姦)하여, 인륜을 어지럽히는 놈도 있다. 이러한 짓은 차마 입에도 담기 어려운데, 실제로 이러한 짓을 하는 놈도 있는 것이다. 오호라! 사람 마음(人心)이 어찌하여 이러한 지경까지 극도로 타락한단 말인가? 사람이 짐승으로 전락하고, 재앙이 자손에게까지 미치는구나!

『태상감응편(太上感應篇)』에는, "다른 사람에 예쁜 녀자를 보고 사통하려는 마음을 일으킴(見他色美, 起心私之)"조차 죄악으로 규정했다. 사음하려는 마음을 일으키기만 해도 안 되거늘, 하물며 실제로 그러한 짓을 드러내고, 또 고의로 습관화해서야 되겠는가?(성경 예수님 말씀)

옛 사람은 딸을 바치는데도 받지 않았거늘, 하물며 나는 온갖 계략을 동원하여 일부러 도모한단 말인가? 옛 사람은 어둑어둑한 밤중에 바람나 찾아 온 녀자도 거절했거늘, 하물며 나는 협박과 강요로 억눌러 더럽힌단 말인가? 옛 사람은 (몸값으로 지불한) 황금을 내버리면서까지 첩(妾)을 돌려보냈거늘, 하물며 나는 온갖 수단방법으로 꾀어낸단 말인가?

또 옛 사람은 자기 돈으로 혼수를 마련하여 하녀(노비)를 시집보내주었거늘, 하물며 나는 신분과 위세를 빙자하여 간음한단 말인가? 옛 사람은 자기 돈으로 천민을 속죄(贖罪: 죄인이나 천민에 구금・예속 신분을 재물 헌납으로 풀어줌)시켜 주었거늘, 하물며 나는 남이 궁박한 위기를 틈타 위협한단 말인가? 옛 사람은 금은을 들여 남에 부부를 화합시켜 주었거늘, 하물며 나는 이간질하여 빼앗는단 말인가? 옛 사람은 자기 돈을 내어 남이 시집・장가가도록 도와주었거늘, 하물며 나는 음험한 모략으로 남에 혼사를 파탄시킨단 말인가?

이러한 온갖 사음 죄는, 은밀한 경우에는 안방 규수에 수치가 되고, 밖으로 드러난 경우에는 온 집안에 모욕이 되며, 작게는 평생 원한으로 맺히고, 크게는 목숨을 버리게 할 우려가 있다. 또 살아생전에는 천지신명께 부끄럽고, 남편과 자녀 · 부모 · 형제를 대할 면목이 없으며, 죽은 뒤에는 암흑세계에 떨어져, 지옥 · 아귀(餓鬼) · 축생에 삼악도(三惡道)를 륜회(輪迴)하게 된다.

사음을 저지른 내 죄는 정말 피할 도리가 없지만, 애꿎은 상대방에 원한은 끝내 풀릴 길도 없이, 래생(來生)에 대대로 악업(惡業) 인연을 이어 가며, 또 자자손손 대대로 참혹한 과보를 받게 될 테니, 이 무슨 운명이란 말인가? 한순간 욕망과 환락은 금방 지나가지만, 그로 말미암은 죄악 과보는 미래 여러 생(生) 동안 끝없이 계속된다.

이 모두가 결국은 허망한 텅 빈 꽃(空花)을 진짜로 착각하고 오인하여, 욕정에 바다(수렁) 속에 깊이 빠져든 것에 불과하다. 풍류(風流)로 진 감정 빚(情債)을 언제나 갚고, 욕정으로 맺은 원한 죄를 어떻게 풀려고 하는가? 모름지기 녀색(女色: 性)은 허망하고 텅 빈 줄 간파(看破: 達觀)하고, 한순간 음욕(성욕) 충동을 잘 참아 넘겨야 한다. 만약 잘 참아 넘기지 못한다면, 이는 아직 덜 간파(달관)한 것이다.

그러므로 남에 아내나 딸을 보면, 마땅히 자기 집 가족으로 생각해야 한다. 나이 든 어른은 어머니로 보고, 손윗 분은 누나로 보며, 젊은 녀자는 누이 동생이나 딸처럼 여겨라. 그러면 음욕에 마음이 일어날 수가 없을 것이다.

『화엄경(華嚴經)』에는 “보살은 자기 아내한테도 항상 스스로 만족할 줄 안다(菩薩於自妻, 常自知足).”는 말씀이 있다. 자기 안사람한테도 음욕을 지나치게 부려서는 안 되거늘, 하물며 남에 귀한 아내와 딸을 감히 범하여 어지럽힐 수 있겠는가?

『속보록(速報錄)』(신속한 인과응보 실록)에는, “내가 남에 녀자를 간음하지 않으면, 남도 나에 아내를 간음하지 않는다.”는 말씀이 있다. 또 명률(冥律: 명부·저승에 율법)에는, “남에 딸을 간음한 자는 자손이 끊기는 과보를 얻고, 남에 아내를 간음한 자는 자손이 음란한 과보를 얻는다.”고 하였다. 이밖에 고금에 간음죄에 관한 실제 사례가, 『계음보훈(戒淫寶訓)』·『태상감응편』·『음즐(질)문(陰騭文)』 같은 서적에 수없이 실려 전해온다. 그런데도 감히 두려워하지 않을 수 있겠는가?

너색에 모습은 본디 딩 비어(色相本空), 요염한 애교와 지태도 허깨비(幻) 같음을 모름지기 알아야 한다. 그림 같은 꽃병에 똥만 가득 담겨 있고, 비단 같은 푸대(피부) 속에는 칼날만 섬뜩하게 숨겨 있다. (장미 가시는 눈에 띄게 겉으로 돋아있어 그래도 낫다. 옮긴이) 그러니 어두운 방안에 홀로 한가히 거처할 때라도, 허튼 망상을 일으키지 말며; 설사 사음할 인연이 묘하게 들이닥치더라도, 결코 양심을 잃지 말라. 지혜 힘(慧力)으로 잘 관조하고, 올바른 생각(正念)으로 자신을 잘 지켜라.

자기 마음에 량식(良識: 본디 良知라 부름)이 또렷또렷 내 안에 지키고 있고, 허공에 신명과 귀신들이 삼엄하게 나를 감시하며, 머리 위에 삼태성(三台星)과 북두성(北斗星)이 초롱초롱 나를 굽어보고, 집안에 부뚜막신(竈神)과 몸 안에 삼시신(三尸神)이 늠름하게 나를 엿보고 계신 줄을, 마땅히 항상 생각하여라.

천당(天堂)과 극락(極樂)에 복락(福樂)도 눈길 한번 바로 돌려 금세 올라갈 수 있고, 지옥에 고통스런 윤회도 발 한번 잘못 디뎌 그냥 빠져들 수 있다. 벼랑 끝에 내몰려서 말에 채찍질을 가하듯, 고통스런 생사륜회하는 바다(눈물에 골짜기)에서 고개 한번 돌리면, 피안(彼岸)이 바로 거기다.

천만 번 스스로 지키기 어려운 그 순간에, 억만 번 침범할 수 없다는 생각을 크게 품자. 문창제군(文昌帝君)이 음욕을 방지하라고 내린 글이나, 종리조사(鍾離祖師)가 음욕을 절제하라고 내린 노래를 익히 읽고 외워 힘써 지키자. 은밀히 어리석은 죄업을 짓지 말고, 덕행을 망치는 짓일랑 하지 말자.

창녀나 기생(접대부)이 비천하다고 몰인정하게 함부로 대하지는 말며, 머슴이나 하녀가 상놈이라고 무자비하게 막 부리지는 말자. 음란한 녀자가 바람나 스스로 찾아 든다고, 덩달아 맞장구치며 음욕에 불길을 지피지는 말며; 아내는 늘상 한솥밥 먹는다고, 허물없이 욕정을 부려 몸을 망치지는 말자. 위아래(長幼) 신분과 나이도 잊고서 인륜 강상(綱常)을 어지럽히지는 말며, 녀스님(수녀)에 청정한 수행을 더럽혀 신(神: 하느님)에 분노를 건드리지는 말자. 사람과 짐승에 경계를 어지럽히면서 수간(獸姦)하는 인연을 맺지는 말며, 원수 척진 집안이라고 해서 규방 녀자들에게 분풀이를 하지는 말자. 음란 서적이나 그림을 보아 사음에 마음을 일으키지도 말며, 음란한 말이나 글을 지껄여 남들 마음을 미혹시키지도 말자. 스스로 사음을 범하는 것 이외에, 량가(良家) 집안 자제들을 음탕하게 유혹하거나, 음란서적과 음란그림을 만들고 음담패설을 지껄이기 좋아하여 남에 욕정을 돋구는 짓은, 모두 음란 교사죄에 속한다. 또 남이 음욕을 저지르는 걸 보거나 듣고 기뻐하며 찬성하는 짓도, 스스로 범하는 것과 똑같은 죄악이다.

그래서 『릉엄경(楞嚴經)』에는 이런 말씀이 있다.

"시방 삼세(十方三世)에 모든 여래(如來: 부처님)께서는, 육안(肉眼)으로 음욕을 행하는 (보는) 것도, 모두 음욕에 불길(慾火)이라고 부르신다. 보살은 음욕을 보기를, 마치 불구덩이 보듯 피한다."

"만약 음욕을 끊지 않고서 선정(禪定)을 수행하는 것은, 마치 모래를 쪄서 밥을 지으려는 것과 같다. 설령 백천겁(劫)을 지나더라도(수행하더라도), 단지 뜨거운 모래에 지나지 않게 된다."

엄격히 진실대로 의론한다면, 굳이 꼭 음욕을 부린 사실(행위)이 있을 필요도 없이, 단지 한 생각(一念) 사사로운 마음만 품어도, 모든 죄악에 으뜸인 사음을 범하는 것이다. 무릇 떳떳한 성품(恒性)은 하늘로부터 부여받고, 육신 생명(元命)은 부모로부터 물려받았다. 미색을 보고서 음욕에 마음을 일으키면, 바깥 사물에 미혹되어 떳떳한 성품에 줏대(주체성 · 주인의식)를 빼앗기게 된다. 그러면 하늘이 부여해준 성품을 한번 모독하는 게 되어, 큰 불충(大不忠)죄가 된다. (忠은 中心이란 뜻으로, 속으로 속임이 없음을 가리킨다. 스스로 속이고 하늘을 속이기 때문에 不忠죄라고 부른다. 옮긴이)

또 바깥 유혹에 육신 생명에 뿌리(精氣)를 크게 뒤흔든 셈이 된다. 그러면 부모로부터 물려받은 생명을 한바탕 크게 훼손한 것이니, 큰 불효(大不孝)가 된다. 음욕을 한 차례 일으키면, 곧 한 차례 (생명) 리치(理)와 기운(氣)을 소모하고, 또 한 차례 하늘 성품(性)과 부모 육신생명(命)을 내버리며, 한 차례 최고로 으뜸인 죄악(사음)을 범하게 된다.

오호라! 어린애 시절 한 점 흠도 없이 백옥처럼 순결하던 성품과 생명이, 청년이 되면서 암흑과 죄악에 얼룩짐이 산더미처럼 늘어가는구나. 그래서 군자는 먼저 마음을 바로잡아(正心) 근원을 깨끗이 정화하며, 그 다음에는 욕정을 줄여(寡慾) 덕행을 두텁게 함양한다. 그런데 어떻게 감히 욕정을 제멋대로 부려, 하늘을 거스르고 진리를 어그러뜨린단 말인가? 그 결과 복록(福祿)을 덜어내고 수명을 단축시키며, 온갖 재앙을 받을 것은 생각지도 않는가?

『화엄경(華嚴經)』에는 이런 말씀이 있다.

"사음(邪淫) 죄도 또한 중생들을 삼악도(三惡道: 지옥 · 아귀 · 축생)에 타락시킨다. 만약 인간 세상에 다시 태어난다고 하더라도, 두 가지 나쁜 과보를 받게 된다. 첫째는 아내가 정숙하지 못하고, 둘째는 뜻대로 따르지 않는 가족을 만나게 된다."

또 세간에는 이런 격언도 전해 온다.

"세상에 사람 욕심보다 험악한 게 없네. 世上無如人欲險
몇 사람이나 한 평생 그르치지 않을런가?" 幾人能不誤平生

아아, 정말 슬프고 안타깝도다!

제3장 불로장생과 자손 번성에 비결

1. 저상서(褚尙書)는 『광사설(廣嗣說: 후사 · 자손이 번성하는 비결)』에서 이렇게 말하고 있다.

옛날에는 남자 나이 서른에 장가들고, 녀자 나이 스물에 시집갔다. 음양에 기운이 완전히 충만해지기를 기다린 것이다. 그래야 자식을 쉽게 낳고 건강하게 길러 장수시킬 수 있기 때문이다. 그런데 후세에 이러한 혼인적령(婚姻適齡)을 지키지 않고, 남자는 16세도 못 되고, 녀자는 14세도 못 되어 조혼하는 풍습이 크게 번졌다.

그 결과, 오장륙부가 튼실하게 발육하지도 못한 상황에서 아이를 낳게 되니, 온갖 기괴한 질병이 생겨나고, 낳은 자식이 제대로 다 자라지 못해 요절하는 일이 아주 흔해졌다. 이 모두 부모에 도리를 잘 모른 소치다. 이 도리(이치)는 우리 건강 및 생명에 직결된 아주 중대한 문제다. 그런데 부모가 자녀에게 일러주기를 어색해 하고, 스승이 제자들에게 가르쳐 주기를 민망해 한다. 그러다가 나중에사 깨달았을 때는, 후회해도 이미 늦기 십상이다. 이에 특별히 대강에 요점만 말하여, 후세 사람들이 모두 훤히 알고 지키기를 바란다.

무릇 녀자 나이 14세가 된 뒤에는, 경수(經水: 經血)가 매달 한 차례씩 나오는데, 3일이 지나야 나오기를 멈춘다. 보통 30일에 한 차례씩 나오는 것이 정상이고, 이십 며칠이나 삼십 며칠마다 나오면 월경부조(月經不調: 생리불순)로, 대부분 아이를 얻기가 힘들다. 그러면 먼저 약을 복용하여 월경을 조절한 다음, 경혈이 사흘간 다 흘러 나와 말끔해지기를 기다려 부부관계를 가져야 한다.

원료범(袁了凡: 본명은 袁黃)은[1] 이렇게 말했다.

"무릇 부인에 월경이 다 끝날 때, 오직 하루 생명에 기운이 피어오르며 꿈틀거리는(絪縕) 때가 있으니, 이른바 봄 생각(春意: 봄기운 春氣)이 움직인다는 것이다. 그러나 부인은 수줍고 부끄러워 말을 잘 하지 못하므로, 남편이 평소에 은밀히 일러두었다가, 그 때가 되어 부인이 스스로 말하도록 한다면, 한 번에 자식을 얻을 수 있다."

또 장경악(張景岳)은 이렇게 말하였다.

남녀가 서로 좋아하여 대아를 이룸에, 정자와 란자(精血)가 만나는 것은, 아직 후천(後天)적인 유형(有形)에 물질 단계일 뿐이다. 한 줄기(一點) 선천(先天)적인 무형(無形)에 기운(氣)이 내려와야, 비로소 임신하게 된다. 남자에 선천 기운이 강하면 아들을 낳는 경우가 많고, 녀자에

1) 원황(袁黃): 명나라 때 위인으로 유불선 삼교에 통달하고 임진왜란 때 명나라 원군에 군사자문으로 우리나라에 와서 공을 세워 조선왕조실록에도 여러 차례 나옴. 처음에 공(孔)선생을 만나 숙명론에 빠졌다가, 나중에 운곡(雲谷)선사를 만나 운명을 바꾸는 방법을 전수받고 선행공덕을 부지런히 쌓아 재가 수행자로서 큰 공덕과 위업을 이루고, 늦게 낳은 아들을 위해 유훈(遺訓)으로 남긴 『료범사훈(了凡四訓)』이 후세에 지금까지 큰 영향력을 끼침. 필자가 『운명을 뛰어넘는 길』로 옮겨 펴낸 한글판본도 널리 읽힘.

선천 기운이 강하면 딸을 낳을 가능성이 높다. 남녀 양쪽에 선천 기운이 나란히 내려와 도달할 바로 그 때에 맞춰, 남녀 결합이 이루어져야 한다.

다만, 녀자는 감정이 지극히 고조하지 않으면, 그 선천 기운이 쉽게 내려오지 않는다. 일단 녀자에 선천 기운이 내려오면, 자궁이 반드시 열리며 정자를 받아들여 임신하게 된다. 이때 문제가 될 수 있는 것은, 남자 정액이 너무 묽으면 (정자 수가 너무 적으면), 수태(受胎)하지 못하고 무용지물이 되고 만다는 사실이다.

그래서 상등(上等)에 군자는 정력을 몇 달간 잘 보양하였다가 비로소 한번 결합한다. 예로부터 '성욕이 적으면 아들을 많이 낳는다'고 말한 속담이 그러한 뜻이다. 중등(中等)에 선비는 부인에 월경이 말끔히 끝난 뒤에 결합하는데, 또는 달이 밝고 비바람이 없는 밤도 괜찮다. 또 평소에는 녀자를 가까이하지 않고, 더러 부부간에 서로 다른 방에 거처하거나, 침대나 이불을 따로 쓴다. 이런 사람은 물론 자식을 낳기가 쉬울 뿐만 아니라, 자기 신체도 건강히 보양할 수 있다.

허나 하등(下等)에 남자 같으면, 때를 가리지 않고 사흘이나 닷새 만에 한 번씩 결합한다. 이런 사람은 틀림없이 속으로 골병들게 된다. 하등 가운데 더 하등에 놈들은, 밤마다 한 차례씩 하거나, 하루 저녁에 두 차례도 한다. 이런 망할 운수에 자식들은 틀림없이 정액이 물처럼 묽어져, 머지않아 갑작스런 질병으로 졸지에 죽을 것이다.

무릇, 음력으로 초하루와 보름 전날 밤은, 성 관계를 가져서는 안 된다. 또 한밤중(자정)은 몸 안에 양기(陽氣)가 막 생기기(일기) 시작하는 때인지라, 이때 한 차례 성교는 보통 때 백 번에 상당하므로, 역시 성행위를 해서는 안 된다. (하루로는 자정, 일년으로는 동지가, 음기(어둠, 추위)가 극대점에 달했다가 반전하면서, 양기(밝음, 더위)가 비로소 생긴다. 옮긴이)

그리고 몸에 조그만 병이라도 있을 때도 성교를 해서는 안 된다. (가벼운 질환은 중병으로 악화하고, 중병은 죽을 위험이 매우 높다.) 술에 취하거나 포식한 뒤, 배를 타거나 길을 걸어 여행한 뒤 이삼일 안에는, 역시 부부관계를 가져서는 안 된다. 거센 바람이나 천둥 번개, 심한 추위나 더위, 일식이나 월식, 신명 앞이나 시신(屍身) 주위, 목욕재계 중이나 제사 때, 해나 달·등불이 밝은 곳 등에서도, 성교를 해서는 안 된다. 또 육십갑자 중 경신(庚申)일과 갑자(甲子)일, 자신과 배우자에 생일, 음력 매월 28일(사람 몸 안에 (精)神이 음(陰)에 있는 날)에도 결합해서는 안 된다.

또 남녀 간에 성교를 하거나 몽정(夢精)을 한 뒤, 3일 내지 5일 안에는 찬물이나 찬 음식을 먹어서는 안 되고, 성질이 차가운 약도 먹어서는 안 된다. 만약 꼭 약을 먹어야 할 병이 있는 경우에는, 의사에게 분명히 말하는 게 좋다. 이때는 마치 임신부처럼, 순전히 진맥에만 의존하면 오진(誤診)할 염려가 크기 때문이다.

그리고 무더운 한여름에도 차가운 음식을 좋아하면 안 되고, 싸늘한 날씨에는 비바람을 맞으면 안 된다. 만약 이러한 것을 범하면, 틀림없이 궐음병(厥陰病)[2] 증상이 나타난다. 남자는 성기가 위축되고, 녀자는 유방이 수축된다. 또 사지(팔다리)가 차가워지고 배가 아프며, 심하면 산삼이나 록용(鹿茸)으로도 구하지 못하고 죽는다.

녀자가 월경을 한 뒤 몸이 허(虛)한 경우에도, 위와 같은 금기사항을 똑같이 지켜야 한다. 또 류산(流產: 小產)은 대부분 부부관계를 조심하지 않고 함부로 갖기 때문에 생긴다. 임신한 지 석 달 내지 다섯 달이 지나면, 류산이 뚜렷하게 나타나, 본인이 알아차릴 수 있다. 하지만 한 달이나 반달 안에는, 류산이 흔적도 없이 은연중에 이루어지기 때문에, 대부분 잘 모르고 지나친다. 심지어는 여러 번 임신했다가 매번 류산하여, 간(肝)에 핏줄이 자주 손상되면, 마침내 종신토록 임신하지 못하는 녀인도 있다.

무릇, 부인이 수태(受胎: 임신)한 뒤에 삼가 조심하여 부부관계를 갖지 않으면, 백 사람 가운데 하나도 류산하는 경우가 없다. 하물며, 태아가 뱃속에 자리 잡고, 어머니 경혈(經血: 임신이 안 되었으면 월경에 피로 흘러갈 생명 에너지가, 임신이 되어 태아 생명에 자양분으로 공급됨을 뜻함. 옮긴이)에 의지해 보호받고 자라나지 않는가?! 그런데 임신 후 성교를 하면, 한 차례 할 때마다 모태(母胎)가 한 차례씩 손상된다. 또 설사 다행히 출산하더라도, 틀림없이 잔병치레가 많고, 제대로 키우기가 아주

2) 궐음병(厥陰病): 장중경(張仲景)이 『상한론(傷寒論)』에서 여섯 경락(經絡)에 따라 분류한 증상 가운데 하나. 갈증이 나며, 가슴이 답답하고 열이 나며, 배는 고픈데 먹고 싶지는 않으며, 먹으면 곧 토해 낼 것 같이 울렁거리며, 때론 정신이 어지럽고 때론 열이 나는 등, 오한과 발열이 뒤섞인 증상.

어렵게 된다.

세상에 자식을 사랑하는 부모들은, 온갖 방면으로 예방하고 보호해야 한다. 16~7세에 이를 때까지 근본 정기(精氣)가 전혀 손상되지 않아야, 한평생 별다른 질병 없이 건강할 수 있다. 그런데 어머니 뱃속에서 일찌감치 임신 중 성교로 손상을 심하게 당해 버리면, 세상에 태어나도 제대로 건강한 사람 구실을 하지 못한다. 이는 도대체 누구에 잘못인가? 사람들이 이런 줄도 도대체 모르고 있으니, 어찌 비통하지 않으리오?

더러 알약(丸)이나 가루약(散)을 자궁에 넣어, 자식을 심는(種子: 임신을 촉진하는) 자들이 있다. 그러면 정자와 란자(精血) 가운데, 바깥 불순물에 찌꺼기가 섞여 들어가지 않을 수 있겠는가? 옛말에 "자식을 심어 자식을 낳으면, 힘줄이 끊어지고 뼈가 뚫어져 죽는다."고 했다. 이 얼마나 무서운 경고인가? 자식을 심는다고(인공으로 임신을 촉진한다고) 반드시 자식을 낳게 되는 것도 아니거니와, 낳는다고 하더라도 반드시 건강하게 키운다는 보장도 없으니, 단지 헛수고만 하며 죄악만 짓는 셈이 된다.

이상이 모두 부모네 올바른 도리다. 예전에는 사람들에게 곧잘 기꺼이 이야기해주곤 했는데, 이제 늙어서 매번 모든 사람에게 두루 들려줄 수 없다. 그래서 이렇게 글로 쓰노니, 내 대신 입에서 입으로 널리 전파하여, 세상 사람들이 모두 각자 자신을 보중(保重)하고 사랑하며, 나아가 자식을 참되게 사랑할 수 있도록 일깨워주기 바란다.

2. 손진인(孫眞人: 당나라 때 名醫 손사막(孫思邈))이 이렇게 말했다.

사람 몸은 황금이나 쇠로 주조해서 이루어진 게 아니고, 기혈(氣血)이 조화롭게 결합하여 이루어진 육신이다. 사람이 성욕(色慾)을 스스로 절제하기가 참 어렵다. 처음에는 별 탈이 없고 괜찮은 것처럼 여겨지지만, 제멋대로 정욕을 부리다 보면, 날로 손상되어 간다. 달이 가고 해가 바뀜에 따라, 정력과 골수(骨髓)가 바닥나고 기혈(氣血)이 고갈하여, 마침내 육신이 죽게 된다.

무릇 사람에 기혈(氣血)은 여섯 경락(經絡: 태양太陽 · 양명陽明 · 소양少陽 · 태음太陰 · 소음少陰 · 궐음厥陰이 륙경六經이며, 양명과 궐음을 빼면 사상의학에서 말하는 四象이다.)을 운행하는데, 하루에 한 경락씩 운행하여, 6일 만에 여섯 경락을 모두 두루 돌게 된다. 그래서 밖으로부터 감촉(유혹)을 받아 정욕이 움직이면, 가장 가벼운 경우라도, 반드시 7일이 되어 다음 번 그 경락 운행이 다 끝나야, 땀을 흘리며 풀어버리게 된다. 이는 기혈이 한바탕 순환하는 주기를 기다리기 때문이다.

사람은 욕정이 진하게 (불끈) 솟구칠 때, 마음(심장)이 빠르게 뛰고 몸에 열이 나며, 땀이 흐르고 정신이 몽롱해지기 마련이다. 이는 뼈에 관절이 활짝 열리고, 근육(힘줄)과 맥이 탁 풀리기 때문이다. 그렇게 해서 정액과 골수가 쏟아지면, 그때 운행 중이던 경락에 기혈이 곧 손상되며, 그렇게 손상된 기혈(氣血)은 반드시 7일이 지나길 기다려 그 경락을 다시 운행할 때, 비로소 원상회복할 수 있다. 주역(周易) 복괘(復卦)에서, "7일 만에 왕래 반복한다."고 말하는데, 이는 7일간 휴

양(休養: 쉬어 보양함)한다는 뜻이다.

그런데, 세상 사람들은 그런 줄도 모르고, 7일이 못되어 다시 쏟아버린다. 그러면 경락에 기혈이 원상회복할 여유도 없이, 다시 거듭 손상된다. 그 결과, 안으로 텅 비고 밖에서 침입하면, 온갖 질병이 앞다투어 생겨난다. 그러면 사람들은 모두 환절기나 날씨 탓으로 돌리며, 재수 없게 우연히 병을 얻었다고 핑계 댄다. 어떠한 질병도 하루아침에 우연히 발작하는 게 아니며, 그 유래가 오랜 시간에 걸쳐 점차 이루어지는 줄 모르기 때문이다. 요컨대, 주역에 "7일 만에 왕래반복한다."는 리치를 삼가 준수하지 않기 때문에, 점차 쌓여 묵은 화근이 터지는 것이다.

(옮긴이 보충해설: 『주역(周易)』에, "착함이 쌓이지 않으면 명예를 이루기 버겁고, 악도 (봇물이 터질 만큼) 쌓이지 않으면 몸을 망치기 어렵다.(善不積, 不足以成名; 惡不積, 不足以滅身.)"는 말씀이 있다.)

이제 성교 기한에 표준을 정하여 밝히니, 각자 정욕을 절제하여, 자신에 건강과 생명을 보전하는 근본으로 삼으면 좋겠다. 20대는 7일 만에 한 차례 결합함을 표준으로 삼고, 30대는 14일 만에 한 차례, 40대는 28일 만에 한 차례, 50대는 45일(한 달반)만에 한 차례씩 결합하는 것으로 한다. 그리고 60세에 이르면 천계(天癸: 생식 활동)가 끝나므로, 더 이상 생명(아이)을 낳을 수 없다. 따라서 60세가 되면 시급히 성욕을 끊고 방사(房事: 성교)를 멈추어, 정혈과 골수를 견고히 지키고, 청정하게 굳게 닫아 갈무리함을 근본으로 삼아야 한다. 만에 하나라도 절대 정액과 기혈을 쏟아서는 안 된다.

(남자는 2×8=16세에 천계가 시작하고, 8×8=64세에 천계가 끝난다. 녀자는 2×7=14세에 천계가 시작하고, 7×7=49세에 천계가 끝난다. 천계란 선천(先天)적인 한결같은 물기운(天一之水)으로, 골수와 정혈(精血)이 핏줄을 타고 류통(流通)하며, 정자와 란자를 만들어 내보냄으로써, 생명을 잉태할 수 있음을 뜻한다. 천계가 끝나면, 더 이상 생명을 낳을 수 없다.)

이상에 표준 기한은, 봄·가을 두 계절을 두고 정한 것이다. 여름과 겨울은 또 사정이 다르다. 여름에는 불기운이 무더위를 내뿜기 때문에, (물기운에 속하는) 정액을 밖으로 쏟아낼 여유조차 남지 않는다. 또 겨울에는 물기운이 극심한 추위를 몰고 와서, (몸 안에 물기운조차) 꽁꽁 얼어붙게 수축시키므로, 설사 혈기 팔팔한 청년이라도 성욕을 멈추는 것이 원칙이다.

만약 그렇게 성욕을 끊을 수가 없다면, 20세대는 더러 14일 만에 한 차례, 30대는 28일 만에 한 차례, 40대는 45일 만에 한 차례씩 가지는 걸로 한다. 그리고 50대에 이르면, 혈기가 몹시 쇠약해지므로, 여름철에는 더러 60일(두 달)에 한 차례 정도 가질 수도 있지만, 겨울철에는 삼가 굳게 지키고 쏟아내지 않는 것으로 한다.

대저 천지자연이나 사람 몸에 기운은, 모두 겨울철에는 꽁꽁 얼어붙어 굳게 지키면서, 오로지 이듬해 (사람으로 보면 래생) 봄에 새 생명을 낳기 위한 근본 바탕을 준비하는 법이다. 그래서 여름철보다 10배 이상 중요하다.

이상과 같이 지키고 행하는 사람은, 질병을 물리치고 건강하게 장수할 것이다. 반대로 이를 어기고 범하는 자는, 틀림없이 질병이 많고 수명도 짧을 것이다.

3. 왕련항(王蓮航)이 이렇게 말하였다.

옛날에 련지(蓮池)대사께서 왕대계(王大契)한테 말씀하시기를, "나쁜 음식에다 명명백백하게 독약을 넣어두는 것이 살생에 담긴 참혹함이라면, 맛있고 훌륭한 음식에다 은밀히 감쪽같이 독약을 섞는 것이 성욕에 숨은 참혹함이다."고 일깨우셨다.

오호라! 동서고금에 얼마나 많은 쟁쟁한 영웅호걸과 지사(志士) 천재(天才)들이, 그 뜻을 제대로 이루지 못하고 중도에 일찍 죽고 말았던가? 그들 대부분은 아마도 틀림없이 성욕을 너무 부린 탓에 그리 되었을 것이다. 그들도 물론 사전에는 자중 자애할 줄 알고, 사후에는 또 참회하고 뉘우칠 줄 안다. 그런데 욕정에 마음이 한번 치성하게 솟구치면, 그 웅장한 기개와 의지는, 마침내 온데간데없이 사라지고 만다.

그리고는 스스로 "이번 한 번만은 별 탈(관계)이 없겠지. 나중에는 두 번 다시 이러지 말아야지."라고 변명하며 다짐한다. 그러나 그 다음에 닥쳐서도 이와 똑같이 생각하고, 그 다음도 그 다음도 매번 똑같이 다짐하며, 자신과 타협하고 자신을 속인다.

욕정이란 부릴수록 더욱 치성해져, 스스로 어떻게 절제할 수 없게 마련이다. 그래서 정력(정액)이 고갈하고 신체가 허약해져, 마침내 병들어 죽게 된다. 그러니 사전에 제아무리 자중 자애해 보았자 별 소용이 없다. 또 사후에 아무리 뼈저리게 후회해도, 이미 때는 늦다. 모름지기 욕정은 부리려고 (성교하려고) 할 때, 즉각 참고 멈춰야 한다.

"이 짓이 과연 무슨 의미가 있고, 나중에 무슨 해악이 있을까?"

그 순간 이렇게 자신에게 묻고, 스스로 재빨리 생각해 보라. 그러면 스스로 어안이 벙벙하여, 헛웃음을 금치 못할 것이며, 자신에 한심한 꼴에 의기소침해질 것이다.

무릇, 한순간 욕정을 억누르고 참아, 한평생 웅대한 뜻을 펼치는 길이라면, 영웅호걸이나 지사 · 천재들이 마땅히 흔쾌하게 따라가야 하지 않겠는가? 스스로 최하 부류에 인간으로 기꺼이 자처하면서, 자기 목숨을 재촉하는 놈들이야, 나 또한 어찌할 수 없다.

련지(蓮池)대사에 말씀을 삼가 조용히 음미해 보면, 이미 부처님(또는 하느님)께 귀의하여 계률(戒律)을 지키는 사람에게 훈계하심이 명명백백하다. 그 훈계는 부부간에 정당한 성욕을 절제하라는 가르침이시지, 부도덕한 사음(邪淫)을 두고 말씀하신 게 아님이 분명하다.

요컨대, 욕정(성욕)을 제멋대로 부려 질병을 얻고 근심걱정을 낳는 짓은, 집안에 부부관계에서도 흔히 빚어질 수 있는 것이다. 하물며, 바람을 피우고 외도(外道)를 하며, 사음(邪淫)과 계집질을 일삼는다면, 그 재앙은 오죽하겠는가? 스스로 멸망을 초래하며, 짐승과 다를 바 없이 타락하는 길 밖에 없다.

이 어찌 슬프지 아니하랴?!

4. 광자원(鄺子元)은 마음에 질병이 있어, 정신이 마치 꿈속을 헤매는 듯 혼미하였다. 한 로스님이 그 병을 고칠 수 있다는 소문을 듣고, 그는 곧장 찾아가 간청하였다. 그러자 로스님은 대뜸 이러한 진단 처방을 내렸다.

"이 질병은 음욕(淫欲)이 지나쳐, 물기운과 불기운이 몸 안에서 서로 조화를 이루지 못하기(水火不交) 때문에 생겨난 것이오. 무릇, 녀색이 아리따운 모습을 보고 반하여 탐닉하고 기색이 거칠어지는 것은, 밖으로 감응한 욕망(外感之欲)이라 일컫소. 그리고 깊은 밤중 베갯머리에서 녀색에 아리따운 모습을 얻으려고 사념하거나, 또는 꿈속에서 정을 통하는 것은, 안에서 생기는 욕정(內生之慾)이라고 부른다오. 이 두 가지에 휘감기거나 오염되어 집착하면, 누구나 원기(元氣)와 정신(精神)을 크게 소모시켜 질병을 불러일으키오. 그리고 심하면 생명까지 손상시키는 고질적 불치병으로 악화하지요. 그러니 모름지기 한시 바삐 마음속 녀색 생각을 우선 깨끗이 끊어 없앤 다음, 다시 신체를 잘 보양(保養)하여 정기(精氣)가 새어나가지 않도록 하여야 하오. 그래야 콩팥에 물기운(腎水)이 아래에서 말라붙지 아니하고, 오장륙부에 불기운(相火: 마음에 불기운인 心火(君火)에 상대하는 한의학 개념)이 위로 달아오르지 않게 되오. 그렇게 해서 물기운과 불기운이 서로 조화를 이루어 가야만, 질병이 점차 낫고 건강을 회복할 수 있소. 그래서 '괴로운 바다 끝이 없지만, 고개 한번 돌리니 바로 피안일세.(苦海無邊, 回頭是岸.)'라고 말하는 거라오."

5. 송나라 때 포홍재(包宏齋)는 나이 88세에 추밀사(樞密使)에 제수(除授)되었는데, 여전히 정신이 왕성하고 기력이 강건하였다. 가사도(賈似道)는 그가 반드시 특별히 섭생(攝生)、보양하는 기술이 있을 거라고 생각하고, 그를 찾아가 가르침을 청했다. 그러자 포홍재가 이렇게 대답해주었다.

"내게는 다만 한 가지 알약(丸子藥)을 복용하는 방법뿐이라오. 그밖에 특별히 전해줄 신비한 처방이란 결코 없소."

그러자 가사도가 몹시 기뻐하며, 고개를 조아리고 간청했다. 이에 포홍재가 천천히 입을 열었다.

"다행스럽게도, 나는 50년 동안 혼자 잠자는 약(독수환獨睡丸)을 먹어 왔소."

그래서 좌중이 모두 한바탕 크게 웃었다.

6. 포득정(蒲得政)이 항주(杭州) 지사일 적이었다. 한번은 그 고을에 사는 리각(李覺)이라는 로인(老人)이 찾아왔는데, 나이가 이미 백 살이 넘었으나, 기색이 윤택하고 빛났다. 그래서 포득정이 그에게 양생 비법을 여쭈었더니, 그 로인은 이렇게 대답했다.

"제 양생법은 지극히 간단하고 쉽습니다. 단지 일찌감치 욕정을 끊었을 따름입니다."

7. 태창(太倉)에 사는 장취(張翠)는 90세가 넘도록, 귀와 눈이 매우 밝

고 아직도 그림을 그릴 수 있을 정도였다. 사람들이 그 비결을 물으면 이렇게 답했다.

"오직 욕심(慾心)을 담담히 가라앉히고, 욕정에 일을 절제하는 것일 따름이오."

(옮긴이 보충해설: '홍안학발(紅顔鶴髮)'이란 말이 있다. 머리는 학처럼 센데 얼굴은 미소년처럼 불그레하니 혈기가 잘 도는 로인(老人)을 가리킨다. 예전에 도교(道敎)에 불로장생(不老長生)하는 신선들을 곧잘 일컫던 말이다. 이런 로인(老人)이야말로 정말 진리에 길을 갈고 닦는 로인(路人)이고 진짜 도인(道人)이다.

또 예나 지금이나 불교에 스님들이나 천주교에 신부님・수녀님들도, 나이를 전혀 가늠할 수 없을 정도로 얼굴이 곱고 윤기가 나는 동안(童顔)이 참 많으며, 또한 건강하게 장수하는 분들이 많은 편이다. 이들은 모두 한결같이 바로 성욕을 끊고 청정한 계률(戒律)을 지키면서 자비(慈悲)、평화(平和)로운 마음으로 평정(平靜)히 정기신(精氣神)을 잘 함양하기 때문이다.

'정(精)'이 아래로 새지 않고 온전히 '기(氣)'로 승화(發電)하여 온 몸에 생명 에너지를 공급하면서, 다시 정신적인 지혜광명인 '신(神)'으로 승화하여 밝고 훤하게 빛나기 때문에, '홍안학발(紅顔鶴髮)'과 동안(童顔)에 모습을 나토는(化現) 것이다. 뿌리가 튼실하면 잎과 가지가 무성하고 꽃도 화사하며 열매도 풍성히 맺는 것과 같은 이치다. 아무리 산삼・록용 같은 보약을 많이 먹고 섭생을 잘해도, 성욕으로 '정(精)'을 루설(漏洩)해버리면, 이는 마치 "밑 빠진 독에 물 붓기"처럼 헛수고(徒勞)에 그치고 만다. 예로부터 "벌기보다 쓰기를 잘해라"는 속담이 전해온다. 양생(養生) 비결도 바로 "먹기보다 쓰기(涵養)를 잘하는" 것이다.)

제4장 음욕(淫慾) 참아 쌓는 음덕(陰德) 만고(萬古) 제일에 등룡문(登龍門)

1. 명(明)나라 선종(宣宗: 년호(年號)는 宣德, 1426~1435 재위) 때에, 조내(曹鼐: 시호는 文忠公)는 세공(歲貢)으로 학정(學正)에 제수(除授)되었는데, 머지않아 태화전사(泰和典史)에 임명되었다. 한번은 도적을 체포하다가, 역마차 정자에서 한 녀자를 발견하였다. 그 녀자는 몹시 아름다웠는데, 조내에게 몸을 허락하려는 뜻을 내비추었다. 그러나 조내는 정신을 바짝 차리고, "량가(良家) 처녀를 범할 수 있겠는가?" 라고 결연히 말했다. 그리고 종이조각을 꺼내, "조내는 불가하다(曹鼐不可)" 라고 네 글자를 써서 불살라 올렸다. 천지신명께 자기 의지를 아뢰는 소지(燒紙)였다. 그리고는 날이 밝자, 그 녀자 집을 찾아 데려가 건네주었다.

그 뒤 조정에서 치르는 과거에서 대책(對策: 조정 會試에서 국가에 각종 현안 문제에 대해 자기 정치 식견과 해결 방안을 피력하는 시험)을 작성하는데, 홀연히 종이조각 한 장이 펄럭이며 조내 책상 앞에 떨어졌다. 이에 살펴보니, "조내는 불가하다(曹鼐不可)"는 네 글자가 적혀 있었다. 이에 조내는 정신이 번쩍 들며, 일필휘지(一筆揮之)로 답안을 써 내려갔는데, 그 시험에서 장원으로 급제하였다.

2. 절강성(浙江省) 여항현(餘杭縣)에 한 진씨(陳氏) 의사가 있었다. 그는 어떤 가난한 사람이 병들어 위독한 것을 알고, 성심껏 치료해주고는 보답(치료비)도 받지 않았다. 나중에 진의사가 길을 가다가, 비를 피해 그 집에 들르게 되었다. 그런데 그 집 안주인이 며느리에게 그날 밤 의사 선생님을 모셔 생명을 구해준 은혜에 보답하도록 분부했다. 며느리는 "예, 예." 하고 대답한 뒤, 밤이 깊어지자 의사에 잠자리에 들어가 이렇게 여쭈었다.

"선생님께서는 제 지아비를 살려주셨는데, 제가 들어온 것은 시어머님 뜻입니다."

진의사가 그 며느리를 보니 젊고도 아름다워, 마음이 몹시 움직였다. 그러나 욕망을 힘껏 억제하며, "안 돼(不可)" 라고 스스로 타일렀다. 그러자 그 며느리가 자꾸 다가와 거세게 요청하므로, 진의사는 "안 돼, 안 돼."를 연거푸 되뇌며, 단정히 앉아서 날 새기를 기다렸다. 그렇게 잘 참다가, 막바지에 하마터면 자기 절제력을 거의 잃을 뻔했다. 그러나 다시 더 큰 소리로 "'안 돼' 두 글자가 가장 어렵구나(不可二字最難)."고 외쳐댔다.

그리고는 날이 새기가 무섭게, 달아나다시피 그 집을 떠나갔다. 그 뒤 진의사네 아들이 과거에 응시하였는데, 시험 주심이 그 글을 보고, 대수롭지 않다고 여겨 옆으로 내던졌다. 그러자 홀연히 어디선가 "안 돼(不可)"하는 소리가 들려왔다. 그래서 등잔 심지를 돋우어 다시 잘 살펴보았지만, 역시 별로 라고 여겨져 내던졌다. 그러자 또 다시

"안 돼, 안 돼." 하는 소리가 연거푸 들려왔다. 다시 한 번 들어 읽어 본 뒤, 마지막으로 결심하고 그 답안을 내던졌다. 그런데 갑자기 "'안 돼' 두 글자가 가장 어렵구나."고 크게 외치는 소리가 끊임없이 계속 들려왔다. 이에 그 답안을 채택하여 급제시켰다. 그리고 방문(榜文)을 내건 뒤, 응시자를 불러 무슨 사연이 있는지 물어 보았다. 그러나 응시자 본인도 전혀 알지 못해, 집에 돌아와 아버지께 이 사실을 여쭈었다. 그러자 진의사는 깜짝 놀라며, 이렇게 감탄하였다.

"이는 내가 젊었을 때 있었던 일인데, 뜻밖에도 하늘이 나한테 이렇게 보답해 줄지는 꿈에도 몰랐다."

3. 봉상(馮商)은 중년이 지나도록 자식이 없었다. 그래서 그 아내가 매번 그에게 첩을 들여 아들을 낳으라고 간곡히 권하였다. 나중에 서울에 갔다가, 한 녀자를 첩으로 사들여, 계약서를 작성하고 몸값까지 치렀다. 그리고 나서 그 녀자에게 어디서 왔는지 물었다. 그러자 녀자는 눈물을 흘리며 울기만 할 뿐, 말을 잇지 못하였다. 굳이 캐묻자, 자기 아버지가 나라 공물을 조운(漕運: 선박 운송)하는데 잘못하여 결손이 생겨, 이를 배상하려고 자기를 팔았다고 답하는 것이었다. 그 말을 들은 봉상은 그를 매우 측은히 여겨, 곧 그 아버지에게 돌려보내고, 몸값으로 치른 은전(銀錢)은 되찾지 않았다.

집에 돌아오자, 그 아내가 첩은 어디에 있냐고 물었다. 이에 그는 사실대로 일러주었다. 그러자 그 말을 들은 아내가 감탄하며 말했다.

"당신 마음 씀이 그토록 착하시니, 어찌 자식 없는 것을 걱정하겠습니까?"

과연 몇 달이 지나면서 아내가 임신을 하였다. 그러더니 아이가 태어나는 날 저녁에는, 북을 치고 나팔을 부는 시끌벅적한 행렬이 장원(壯元) 급제자를 붕상네 집까지 호송하는 모습을 동네 사람들이 모두 보았다고 하는데, 바로 그날 밤 아들이 태어났다. 그가 곧 붕경(馮京)인데, 나중에 세 과거에 장원으로 급제하고, 관직이 태자소사(太子少師)까지 이르렀으며, 가업(家業)도 아주 흥성하였다.

4. 명(明)나라 때 강소성(江蘇省) 무석현(無錫縣)에 손계고(孫繼皐)가 있었는데, 어느 집에 학관(學館: 우리네 서당과 같은 사설 계몽교육 기관)을 열었다. 그런데 하루는 주인집 녀자가 하녀를 시켜 차(茶) 한 잔을 올리면서, 산 속에 금반지 한 개를 넣어 보냈다. 손계고는 짐짓 모르는 체하면서, 찻잔을 그냥 가져가도록 되 물렸다. 그날 밤 하녀가 다시 찾아와 방문을 두드리며, 주인집 마님이 도착했다고 알렸다. 이에 손계고는 황급히 큰 나무 판자를 들어 방문을 단단히 닫고, 주인집 녀자를 들어오지 못하게 막았다. 그리고는 이튿날 날이 밝기가 무섭게 학관을 그만두고, 자기 집으로 되돌아 왔다. 사람들이 까닭을 물어 오자, 그는 학생들이 수업을 받지 않으려고 한다는 대답만 하고, 끝내 그 일은 입 밖에도 내지 않았다. 그러더니 나중에 과거에 장원 급제하여 천하에 명성을 떨치고, 자손들도 모두 높은 자리에 올랐다.

5. 온주(溫州)에 주선(周旋) 아버지는 본디 자식은 많은데 집안이 매우 가난했다. 그런데 바로 이웃집 사람은 거꾸로 집안은 부유한데 자식이 없었다. 그래서 자기 첩을 시켜, 주선 아버지로부터 자식을 하나 얻고 (씨를 받고) 싶은 생각이 들었다. 어느 날 저녁 주(周)씨를 집으로 초대하여 술을 함께 마신 뒤, 자기는 짐짓 취한 척하며 밖으로 나오고, 자기 첩한테 주씨를 모시도록 분부하였다. 이에 첩이 사실대로 고하자, 주선 아버지는 깜짝 놀라며 황급히 일어나 집으로 돌아오려 하였다. 그러나 방문은 이미 밖에서 잠긴 상태였다. 하는 수 없이 방안에 앉아, 손가락으로 허공에 이렇게 썼다.

"씨앗(자식)을 받아 전하려고 하는 술책이, 하늘 위에 신명을 놀라게 할까 두렵다.(欲傳種子術, 恐驚天上神.)"

그리고 저녁내 벽을 향해 앉아, 옆도 돌아보지 않았다.

그 뒤 명(明)나라 영종(英宗)이 즉위하던 해(乙卯: 1435)에, 주선은 향시(鄕試: 지방 과거시험)에 급제하였다. 그런데 그때 그 지방에 태수(太守)가 기이한 꿈을 꾸었다. 태수가 새로운 장원 급제자를 영접하는데, 알고 보니 바로 자기 고을에 주선이었다. 그런데 그를 수행하여 함께 오는 오색 깃발 위에, "씨앗(자식)을 받아 전하려는 술책이, 하늘 위에 신명을 놀라게 할까 두렵다.(欲傳種子術, 恐驚天上神.)"라는 문구가 크게 쓰여 있는 것을 보았다.

태수가 사연을 몰라 꿈을 해석하지 못하였는데, 이듬해(丙辰, 1436) 주선이 정말 중앙에 과거에서 장원 급제하는 것이 아닌가? 태수가 그를 축하하고 칭찬하면서, 마침내 지난해 향시를 치를 때 꿈에서 본 광경을 말해주었다. 그러자 주선 아버지는 깜짝 놀라면서, "그것은 이 늙은이가 20년 전에 허공에다 쓴 문구이올시다."라고만 말할 뿐, 끝내 그 사연은 입 밖에 꺼내지 않았다.

6. 명나라 때 태창주(太倉州: 지금 강소성江蘇省 동남부, 上海 부근 지역)에 륙용(陸容)이 있었는데, 용모가 준수하고 풍만하였다. 영종(英宗) 천순(天順) 3년(1459) 과거에 응시하려고 남경(南京)에 머물렀는데, 묵던 주인집 딸이 어느 날 밤 륙용에 침실로 찾아 들었다. 륙용은 거짓으로 몸이 아프다고 핑계 대면서, 다음날 저녁에 만나자고 기약하였다. 이에 녀자가 물러가자, 혼자 이렇게 시를 지어 읊조렸다.

"바람 맑고 달 밝은 밤 문간 인적 없는데,	風清月白夜牕虛
한 녀인 찾아와 책 읽는 선비에게 웃음 짓네.	有女來窺笑讀書
거문고에 마음 실어 하나 되자 말 걸지만,	欲把琴心通一語
십 년 전에 이미 녀색 모습에 담담해졌는걸."	十年前已薄相如

그리고는 날이 채 밝기도 전에, 급한 일을 핑계 대고 그 집을 떠나왔는데, 그 해 가을 과거에 합격하였다.

그 전에 륙용 아버지가 꿈을 꾸었는데, 군수(郡守)가 북 치고 피리 부는 행렬과 함께 깃발과 액자를 자기 집으로 보내오는 모습을 보았다. 꿈속에 액자에는 "달은 밝고 바람은 맑다.(月白風淸)"는 네 글자가 뚜렷이 쓰여 있었다. 그래서 그 아버지는 이를 월궁(月宮: 달 속에 있다는 전설상에 궁전으로, 녀신(女神) 상아(孀娥)가 산다고 하는데, 여기서는 女色 또는 婚嫁를 상징하는 비유로 풀이됨)에 조짐으로 여기고, 글로 써서 아들에게 남겨 두었다. 륙용이 이 글을 보고 더욱 움찔 놀랐는데, 나중에 진사가 되어 벼슬이 참정(參政)에까지 이르렀다.

7. 비릉군(毗陵郡: 지금 江蘇省 常州・鎭江 일대에 해당함)에 전옹(錢翁: 전씨 로인)이 있었다. 그는 착한 일을 많이 하는데도, 애석하게 대를 이을 자식이 아직 없었다. 같은 동네에 유씨(喩氏) 로인이 있었는데, 세도 있는 부호(富豪)한테 착취당해 진 빚을 갚지 못하고 처자식까지 굶주리게 되자, 전옹에게 돈 좀 빌려달라고 부탁하였다. 이에 전옹은 달라는 액수대로 건네주고, 차용증(계약서)도 받지 않았다. 급한 일이 해결되자, 유씨 로인은 처자식을 거느리고 전옹을 찾아와서 사례를 올렸다. 이때 전옹 부인이 유씨네 딸을 보니 단정하고 예뻐, 첩으로 맞이하고 싶은 생각이 들었다. 물론 유씨 로인 부부는 아주 기뻐 반겼으나, 전옹은 도리어 정색을 하며 물리쳤다.

"남에 급박한 어려움을 틈타서 자기 이익을 도모하는 짓은 어질지 못하고, 본디 순수한 뜻으로 착한 일을 시작했다가 욕망으로 끝맺는 것은 의롭지 못하오. 내 차라리 자식이 없어 대가 끊길지언정, 감히 그런 짓을 저지르고 싶은 생각은 추호도 없소."

이에 유씨 부부는 감동해 눈물을 흘리면서, 거듭 감사하는 절을 올리고 물러 나왔다. 그날 밤 전옹 부인 꿈속에서 신명이 나타나 이렇게 일러주었다.

"그대 남편은 음덕(陰德)이 매우 크므로, 그대에게 귀한 아들을 하나 내려주겠노라."

과연 1년 뒤 아들이 태어났다. 이에 하늘이 내려주었다는 뜻으로 '천사(天賜)'라고 이름을 지었는데, 18세에 과거에 급제하더니, 관직이 도어사(都御史)에 이르렀다.

8. 절강성(浙江省) 귀안현(歸安縣)에 사는 심동(沈桐)은 자(字)가 관이(觀頤)인데, 집안이 가난하였다. 그래서 집안 형님인 손주(遜洲)가 추천해서, 그 인척 집에 가서 훈몽(訓蒙: 가정교사에 해당) 노릇을 하게 되었다. 그런데 안주인은 젊은 과부인데다가, 아들은 아주 어렸다. 하룻밤에는 그 부인이 은밀히 찾아와 정(情)을 청하였다. 심동은 단호히 거절하고, 이튿날로 훈몽을 사양한 채 되돌아왔다. 부인은 말이 새어나갈까 두려워하여, 예를 갖추어 다시 간곡히 청하고, 또 손주에게 직접 가서 모셔오라고 여러 차례 재촉하기도 하였다. 하도 가려고 하지 않기에, 손주가 그 까닭을 거듭 캐물었다. 그래도 심동은 끝내 그 일을 입 밖에도 꺼내지 않고, 단지 불편하기 때문이라고만 변명하였다. 그러더니 이듬해 과거에 급제하고, 관직이 순무(巡撫: 明清 시대 省에서 總督에 버금가는 지방 최고 장관)에까지 이르렀다.

9. 안휘성(安徽省) 휘주부(徽州府) 출신인 상인 왕지인(王志仁)은 30세가 되도록 자식이 없었다. 하루는 어떤 관상쟁이가 그에게 시월 중에 큰 환난이 닥치겠다고 예언해주었다. 왕지인은 평소 그 사람이 관상을 신통하게 잘 보므로, 급히 소주(蘇州)로 가서 상품과 재물을 모두 챙겨 숙소로 되돌아왔다. 어느 날 해질 무렵 산보를 하다가, 우연히 한 녀자가 물속에 투신(投身)하는 것을 보았다. 그래서 황급히 황금 열 량(兩)을 꺼내어 고깃배를 불러 타고 가서, 그를 구해냈다. 자살하려고 투신한 까닭을 묻자, 그 녀자는 이렇게 대답했다.

"남편은 날품팔이로 하루하루를 보내며, 집에서 돼지를 길러 조세를 겨우 내는 형편입니다. 그런데 어제 돼지를 판 돈이 알고 보니, 뜻밖에 모두 가짜 은(銀)이었습니다. 지아비가 돌아오면 호되게 책망 당할까 두려워, 살 마음도 나지 않기에 그만 죽으려고 했습니다."

왕지인은 그 사정을 측은히 여겨, 돼지 판 돈에 곱절을 주어 보냈다. 그 녀자가 집에 돌아와 자초지종을 지아비에게 말하였다. 그러자 지아비는 믿지 않고, 마침내 자기 아내를 데리고 왕지인 숙소에 직접 대질하러 찾아갔다. 왕지인은 이미 잠자리에 든 뒤였는데, 녀자가 문을 두드리며 이렇게 불렀다.

"물에 투신했던 녀자가 찾아와 사례를 올리려고 합니다."

그러자 왕지인은 큰 소리로 이렇게 외쳤다.

"그대는 젊은 부인이고, 나는 홀몸으로 있는 나그네 신세인데, 어두운 밤중에 어찌 서로 만나 볼 수 있겠소?"

이 말을 듣고 지아비는 깜짝 놀라 정신이 번쩍 들어 여쭈었다.

"저희 부부가 함께 밖에 와 있습니다."

그 말을 듣고 비로소 왕지인은 옷을 입고 그들을 만나 보러 나왔다. 그런데 그가 문을 열고 집밖으로 빠져 나오자 말자, 벽이 갑자기 왕창 무너져 내리면서 누워 있던 침대를 덮쳐 산산조각으로 부숴 버렸다. 이 모습을 본 부부는 감탄을 금치 못하면서, 정중히 사례를 올리고 작별하였다. 나중에 왕지인이 집에 되돌아와 관상쟁이를 다시 만나자, 그는 크게 놀라면서 이렇게 말하였다.

"그대 얼굴에 음덕(陰德)에 무늬가 가득 나타난 걸 보니, 이는 필시 남에 목숨을 구해준 결과요. 앞으로 복록은 이루 다 헤아릴 수 없겠소."

나중에 그는 아들을 연이어 열한 명이나 낳았고, 96세까지 장수하면서 아주 긴강하게 살았다.

10. 송(宋)나라 때 양희중(楊希仲)은 사천성(四川省) 신진현(新津縣) 사람인데, 미천(微賤)할 때 성도(成都)에 한 부잣집에서 학관(學館)을 열어 어린애들을 가르쳤다. 그 집에는 예쁜 첩이 하나 있었는데, 자기 재주와 미색에 자부심이 대단하였다. 하루는 그 첩이 학관에 살며시 나와 말장난을 치며 수작을 걸어오는데, 희중이 정색을 하고 거절하였다. 그날 밤 고향에 있는 희중이 아내가 꿈을 꾸었는데, 한 신(神)이 나타나 이렇게 일러주는 것이었다.

"그대 지아비는 홀로 타향에 묵고 있으면서, 은밀하고 어두운 방 안에서도 속이는 법이 없으니, 장차 수많은 선비 가운데 우두머리가 되어 착한 보답을 받을 것이다."

이듬해 서촉(西蜀) 지방에서 치른 과거시험에 양희중은 과연 장원 급제하였다.

11. 휘주(徽州)에 정효렴(程孝廉)은 계곡 가에 살았다. 그 계곡 위에는 나무다리가 하나 놓여 있었는데, 그 폭이 매우 비좁았다. 하루는 한 녀자가 시집가는 길에 이 나무다리를 건너 가다가, 그만 발을 헛디뎌 물속에 빠지고 말았다. 효렴은 급히 사람을 보내 그 녀자를 구해내고, 자기 아내에게 녀자에 젖은 옷을 말려 주도록 했다. 그러나 날이 이미 저물어 되돌아갈 수 없는 형편인지라, 아내에게 그 녀자와 함께 하룻밤을 자도록 안배한 뒤, 이튿날 그 녀자를 친정부모 댁으로 돌려 보내었다. 그러자 그 녀자에 시부모는 이 소식을 듣고 매우 불쾌하게 여기면서, 매파에게 혼인을 되 물리도록 요구하였다.

며느리가 시집에 당도하기 전에 남에 집에서 묵었으니, 이는 완전한 처녀(순결한 신부)가 아니라는 이유였다. 이 소식을 전해들은 효렴은, 친히 그 시댁에 찾아가서 상황을 설명하고, 힘껏 설득하여 마침내 혼인을 성사시켰다.

그런데 불행하게도 1년이 채 못 되어 신랑이 죽으면서, 신부 뱃속에 태아만 하나 남겨 놓았다. 그 뒤 태어난 유복자(遺腹子)는 청상과부가 가르쳤는데, 어린 아들이 등잔불 아래서 책을 읽을 때면, 곧잘 눈물을 흘리면서 이렇게 당부하곤 하였다.

"네가 만약 커서 성공하고 명성을 얻으면, 정효렴 선생님 은혜는 잊지 말아야 한다."

그 아들은 어린 나이에 지방에서 치른 과거에 급제하였다. 병진(丙辰)년에는 중앙 조정에서 치르는 회시(會試)에 참석하였다. 그런데 매번 글 한 편이 이루어질 때마다, 반드시 낭송을 하고 책상을 치며 스스로 기뻐하더니, 나중에는 갑자기 목 놓아 큰소리로 울고 말았다.

때마침 정효렴이 그 바로 옆 칸에 있었는데, 재빨리 가서 그가 우는 까닭을 물어 보았다. 그러자 그 소년이 대답하기를, 자기가 지은 글 일곱 편은 모두 몹시 마음에 드는 내용들인데, 뜻밖에 실수로 등잔불에 그만 시권(試卷: 시험 답안지)을 그을리고 말았다는 것이다. 그래서 새로 답안지를 지급 받지 못하면 답안을 제출할 수도 없기 때문에, 애석하여 운다는 것이었다. 이 말을 들은 정효렴이 이렇게 말을 건넸다.

"정말 아깝겠소. 훌륭한 문장이 무용지물이 되고 말았으니! 만약 그대가 그 글을 내게 베껴줄 의향이 있다면, 그 글이 뽑히는 경우 반드시 후하게 보답하겠소."

소년은 곧 그 문장을 정효렴에게 써 주었고, 효렴은 과연 뽑혀 진사가 되었다. 나중에 방문(榜文: 급제자 명단)이 내 걸린 뒤, 소년은 정효렴 숙소로 찾아가 보답을 요청하였다. 이에 효렴은 술상을 차려 함께 마시면서, 이야기를 나누었다. 이때 소년이 물어 왔다.

"정선생님은 대관절 무슨 음덕(陰德)이 있길래, 제 글을 가지고 명예를 얻게 되었습니까?"

그러자 효렴은 평생을 되돌아보아도 별다른 음덕이 없노라고 대답했다. 그러자 소년은 끊임없이 집요하게 물어 왔다. 그러자 효렴은 한참 동안 말없이 생각하더니, 전에 한 녀자가 물에 빠진 것을 보고 구해주었던 사실을 말해주었다. 그러자 소년은 곧장 방바닥에 엎드려 절을 올리며, 이렇게 여쭈었다.

"선생님은 저희 어머님을 구해주신 큰 은인이십니다. 그런데 제가 감히 무슨 보답을 바라겠습니까?"

그리고는 자기가 등잔불 아래서 글을 읽을 때, 어머니가 눈물을 흘리면서 자기에게 일러주던 이야기를 그대로 말씀드리고, 효렴을 스승님으로 정중하게 모셨다. 그 뒤 두 집안은 대대로 혼인 관계를 맺으며 의좋게 지내었다.

12. 서앙(徐昻)은 양주(楊州) 사람인데, 봄에 과거시험 보러 서울에 올라갔다. 그때 서울에는 왕(王)씨라는 관상쟁이가 있었는데, 대부분 신기하게 적중한다는 소문이 자자했다. 이에 서앙도 왕씨를 찾아가서 한번 맞혀 보라고 청했다. 왕씨는 서앙에 얼굴을 보더니, "그대 관상에는 후손이 없으니, 어찌하면 좋소?" 라고 탄식하는 것이었다.

서앙은 그 과거시험에 급제하여 서안군수(西安郡守)로 임명되었다.

부임하러 가던 길에, 한 녀자를 첩으로 맞이하였는데, 자못 예쁘고 아름다웠다. 서앙이 성씨를 묻자, 그 녀자는 이렇게 대답하였다.

(옛날에는 전통 례법상, 처는 물론 첩까지도 동성同姓 혼인을 엄격히 금지하였었다. 따라서 첩을 살 때는 반드시 먼저 그 姓氏를 확인하여야 하고, 성씨를 모르는 경우에는 점을 쳐서 신명께 동성 여부를 물어보는 것이, 혼례에 기본 원칙이었다. 옮긴이 해설)

"저희 아버지는 아무개로, 어떤 관직에 재임하다가 몇 년도에 돌아가셨고, 저는 지난번 흉년으로 기근을 만나, 포악한 도적들에게 약탈당해 여기까지 팔려 왔습니다."

이 말을 들은 서앙은 그 녀자를 몹시 불쌍히 여겼다. 그리고 곧장 매매 계약서를 불사른 뒤, 그 녀자를 첩으로 삼지 않기로 마음먹었다. 마침내 임지에 도착하자, 곧 혼수를 마련하고 좋은 선비를 물색하여, 그 녀자를 시집보내 주었다. 임기가 끝나고 다시 서울로 되돌아 왔을 때, 왕씨가 다시 그를 보더니 깜짝 놀라며 이렇게 감탄했다.

"그대 관상이 아주 달라졌습니다. 자식에 별들(운수)이 얼굴에 가득 찼어요. 이 어찌 음덕을 쌓은 결과가 아니겠소?"

과연 얼마 지나지 않아, 서앙에 처와 첩들이 한두 해 사이에 아들을 다섯이나 낳았다.

13. 요삼구(姚三韭)는 본래 성은 변(卞)씨인데, 박학다식하고 시(詩)와 문장을 잘 지었다. 회(懷)씨 집에 학관을 열었는데, 그 집 딸이 늘상 들여다보아도, 변씨는 거들떠보지도 않고 엄숙하게 지냈다. 하루는

신발을 마당에 내어놓아 햇볕에 말리는데, 그 집 딸이 이 틈에 글을 써서 신발 안에 넣어 두었다. 변씨가 이를 발견하고는, 곧 딴 일을 핑계 대어 학관을 사양하고 귀가하였다. 원이행(袁怡杏)이 이를 보고 풍자시를 지어 은근히 꼬집었는데, 그 가운데 이런 구절이 있었다.

"한 점 올곧은 마음 굳세다 해도 돌 같지는 않으리니,
一點貞心堅匪石
봄바람에 복숭아 오얏 꽃 피는 인연 어찌 이상하리?"
春風桃李莫相猜

변씨는 그 시에 대한 답서를 써서, 행여라도 그러한 오해받을 일은 결코 없었다고 힘써 해명하였다. 원이행이 그 글을 받아 본 뒤 밀봉하고, 겉에다 "덕성이 지극히 돈후하니, 자손이 반드시 창성하리라."는 구절을 표제(標題)로 썼다. 그 후 과연 변씨네 아들과 증손이 모두 과거에 급제하여 진사가 되었다.

14. 림증지(林增志)는 온주(溫州) 사람으로, 부처님을 받들어 모시며 계률(戒律)을 성실히 지켰다. 그런데 하루 밤에는 꿈에 하늘에 걸린 과거 급제자 명단(天榜)을 보았는데, 자기 이름이 제10등으로 올라 있었다. 그 아래에는 "살생하지 않고 음란하지 않은 보답(不殺不淫之報)"이라는 여섯 글자가 뚜렷이 적혀 있었다. 그런데 무진(戊辰)년 과거에 정말 이지 제10등으로 급제하였다.

15. 하징(何澄)은 의술로 이름이 높았다. 같은 군에 사는 손(孫)씨가 오래 병을 앓아 낫지 않자, 하징을 초빙해 치료를 부탁했다. 헌데 하징이 손씨네 집에 당도하자, 그 아내가 다가와 가만히 하소연했다.

"랑군(郎君)이 병석에 누운 지 오래 되어, 가산을 거의 다 팔아먹었습니다. 원컨대, 제 몸으로 약값과 치료비를 대신 갚고 싶습니다."

그러자 하징은 정색을 하고, 부인에 청을 거절하며 대답했다.

"낭자는 어찌하여 그런 생각까지 하게 되었소? 걱정 말고 마음 푹 놓으시오. 내가 정성껏 치료해 드릴 테니, 혹시라도 그런 생각으로 나를 모욕하고 낭자 자신을 더럽히는 일은 다신 없도록 조심하시오."

이에 환자 아내는, 한편으로 위로를 받고 감사하면서, 한편으로는 내심 몹시 부끄러움을 느끼고 물러 나왔다. 그날 밤 하징은, 한 신선이 자기를 이끌어 어떤 관공서에 데려가는 꿈을 꾸었다. 그런데 그 관공서에 장관이 하징에게 이렇게 말하는 것이었다.

"그대는 의술을 베풀어 공덕이 적지 않은데, 게다가 위급하고 가난한 환자를 치료해주면서 부녀자에 정절을 어지럽히지 않았으니, 정말로 가상하오. 하느님(上帝)께서 내리신 칙명을 받들어, 그대에게 록봉(祿俸)이 5만전(五萬錢)이나 되는 관직을 하나 특별히 하사하겠소."

그 뒤 얼마 안 되어 동궁(東宮: 황태자)이 질병에 걸렸다. 그러자 황제가 하징에게 조서(詔書)를 내려 치료하도록 명했는데, 한번 지어준 약을 먹고 바로 나았다. 그리하여 하징은 꿈속에서 본 그대로 5만전에 관직을 하사 받았다.

16. 양주(揚州)에 사는 고상서(高尙書) 아버지는 일찍이 젊었을 때, 서울 입구에서 장사를 하였다. 그런데 그는 자기가 묵던 객주 집에 때때로 코를 찌를 정도로 진하게 퍼지는 안식향(安息香) 내음을 맡곤 하였다. 하루는 홀연히 벽 틈새에 한 가지(一枝)가 불쑥 뻗어 나온 것을 발견하고, 그 벽 틈새를 구다(들여다) 보았더니, 건너편 방안에 젊은 아가씨가 홀로 앉아 있는 모습이 보였다. 이튿날 주인집을 방문하여 물어보니, 그 아가씨는 주인집 딸이었다.

그래서 왜 아직도 시집을 보내지 않느냐고 물었다. 그랬더니 주인은 사윗감 고르기가 어렵다고 답하였다. 이에 고씨는 며칠을 물색한 끝에, 한 사윗감을 찾아 주인에게 권하였다.

"내가 당신 댁 이웃에 사는 아무개 청년을 보니 매우 훌륭하여, 중매를 설까 하는데 어떻겠습니까?"

그러자 주인은 자기 마음도 또한 그러한데, 다만 청년 집안이 너무 가난하다고 몹시 망설였다. 이에 고씨는 다시 주인에게 권하였다.

"그건 상관없습니다. 제가 혼수비용을 모두 대겠습니다."

그래서 서로 좋다고 승낙한 뒤, 고씨는 황금 수십 량을 선뜻 증여하여, 두 사람에 혼인을 원만히 성사시켜 주었다. 그리고 자기 집으로 돌아왔는데, 꿈에 신이 나타나 그에게 이렇게 말하였다.

"그대는 본디 자식이 없을 팔자인데, 착한 일로 음덕을 쌓아, 이제 그대에게 한 아들을 특별히 하사하오. 이름은 전(銓)이라고 짓는 게 좋겠소."

일 년쯤 지나 과연 아들을 하나 낳았는데, 나중에 자라서 진사(進士)가 되고, 벼슬이 상서(尙書)에까지 이르렀다.

17. 송강부(松江府: 上海 부근)에 사는 서생(書生) 심란(沈鸞)은 중년이 되도록 대 이을 아들을 얻지 못하였는데, 집안이 가난해 학관에 나가 아이들을 가르쳤다. 하루 저녁에는 학관에서 귀가하는 길에 갑자기 비를 만나 늦어졌다. 집에 당도해 보니, 대문은 이미 닫힌 채 방안에서 처녀 목소리가 들려 나왔다. 누구인지 알아보니 이웃집 처녀였다. 부인이 혼자 적적하게 집을 지키고 있어 말벗이나 되려고 놀러 왔다는 것이었다. 심란은 부인에게 대문을 열지 말라고 당부하고, 자기는 비바람을 무릅쓰고 학관으로 되돌아가, 도원(道院)에서 잠을 잤다.

그날 밤 꿈에 하느님(上帝)께서 나타나시어, 두 가지 색깔에 실을 내려 주시는 것이었다. 그는 그것을 받으면서 잠에서 깨어났는데, 때는 막 자정 무렵이었다. 주위를 둘러보니, 도원 안에는 오색찬란한 빛이 눈부실 정도로 사방에 비치고 있었다. 이는 비가 개이면서 뿌연 안개 속에 부서져 내리는 달빛이었다.

그 후 두 아들을 연거푸 낳았다. 장남은 문계(文系)라 이름 짓고, 차남은 가소(可紹)라 불렀는데, 이들 모두 차례로 과거에 급제하였다.

18. 청(淸)나라 때 덕청현(德淸縣: 지금 浙江省 북부에 해당)에 사는 채계전(蔡啓傳)은 향시(鄕試)에 급제할 때까지도, 아직 아들을 보지 못하고

있었다. 이에 부인이 은밀히 황금 30량을 모아 첩을 하나 사들이기로 하였다. 그렇게 사온 첩은 집에 도착하면서부터 그칠 줄 모르고 계속 훌쩍거렸다. 채계전이 우는 까닭을 물으니 이렇게 대답했다.

"지아비가 군대 병영에서 진 고리대 빚 때문에, 제가 여기까지 오게 되었습니다."

이 말을 들은 채계전은 그날 밤으로 그 녀자네 지아비 집을 몸소 찾아가기로 결심하고, 이렇게 말하며 떠났다.

"내가 그대를 위해 이번 걸음을 하는 것이오. 그래서 나는 오늘 밤 되돌아오지 않을 것이오. 내가 돌아온다면, 내 마음 속 진실이 제대로 밝혀지지 않을 것이기 때문이오."

그래서 채계전은 그 지아비 집에서 하룻밤을 묵으면서, 그 남자가 병영에서 귀가하길 기다렸다가, 자신이 찾아 온 연유를 상세히 밝혔다. 그러자 병졸은 이렇게 말했다.

"당신이 매매 계약서를 내놓으면, 내가 몸값으로 받은 금을 되돌려 드리겠습니다."

이에 채계전은 집으로 돌아와, 그 녀자를 가마에 태워 본 지아비한테 되돌려 보내도록 명했다. 그리고 몸값으로 지불했던 황금 30량은 되찾지 않고 그들에게 증여하였다.

그 뒤 채공 부인은 곧 아들을 낳았으며, 청나라 강희제(康熙帝: 聖祖 년호, 1661~1722년 재위) 9년 경술년(庚戌年, 1670)에 채공도 과거에 급제하였다.

19. 명나라 때 문정공(文正公) 사천(謝遷)은, 젊었을 때 비릉(毘陵)에 아무개 집에서 학관을 연 적이 있었다. 그때 한 처녀가 부모 모두 외출한 틈을 타서, 집을 뛰쳐나와 사천에게 찾아 들었다. 이에 사천은 부드러운 말로 그녀를 타일렀다.

"녀자가 시집가기 전에 남에게 몸(정조)을 잃으면, 평생에 오점이 되오. 부모와 친족들은 물론, 남편 집안까지 장차 체면이 없도록 만든다오."

그리고는 단호한 낯빛으로 거절하자, 그 처녀는 부끄러워하며 물러갔다. 사천은 이튿날 곧바로 학관을 사양하고 귀가하였다. 그리고 나중에 헌종(憲宗: 1464~87 재위) 성화(成化) 11년 을미(乙未: 1475)년 과거에 장원으로 급제하여, 마침내 재상까지 올랐다. 그 아들 비(丕)도 궁시랑(宮侍郞)이 되었다.

20. 비추(費樞)는 파촉(巴蜀: 지금 四川 일대) 사람인데, 조정에서 치르는 회시(會試)에 참석하러 서울에 올라가 숙소를 정했다. 하루는 해질 무렵 한 부녀자가 찾아와 이렇게 하소연했다.

"저 아무개는 그림을 그려 팔던 사람 딸인데, 시집간 뒤 지아비가 곧 죽었습니다. 살림이 몹시 가난하고 마땅히 돌아갈 곳도 없으니, 바라건대 선생님과 서로 의지할 수 있으면 좋겠습니다."

이 말을 들은 비추는 완곡하게 대답하였다.

"나는 례의에 어긋나는 짓을 범하고 싶지 않습니다. 대신 내가 그대 아버지를 찾아, 그대를 데려가도록 도와 드리겠습니다."

그리고는 그 녀자 모습을 알리면서, 사방으로 그 아버지를 수소문했다. 마침내 그 녀자 아버지가 나타나, 울면서 감사하고 딸을 데려갔다. 그해 비추는 과거에 급제했고, 관직이 태수(太守)까지 이르렀다.

21. 진강부(鎭江府: 지금 강소성 진강시와 그 부근)에 사는 근옹(靳翁)은 나이 50세가 되도록 자식이 없었는데, 금단현(金壇縣)에 가서 아이들을 가르치고 있었다. 그 이웃집에 자태와 용모가 자못 아리따운 처녀가 있었다. 어느 날 근옹 부인이 지니고 있던 비녀와 옥가락지 등 패물을 팔아, 그 녀자를 첩으로 사들였다. 근옹이 집에 돌아오자, 부인은 방안에 술상을 차려 지아비를 대접하며 말을 꺼냈다.

"저는 이제 늙어서 아이를 더 이상 낳을 수 없습니다. 그래서 여기에 자못 착한 처녀 하나를 구하였으니, 근씨 집안에 후사(後嗣)를 이어갈 수 있으면 좋겠습니다."

근옹은 금세 얼굴이 붉어지며 고개를 수그렸다. 부인은 자기가 방에 함께 있어서 부끄러워하는 줄 알고, 이내 방안에서 나와 방문을 밖에서 걸어 잠갔다. 그런데 근옹은 벽에 난 창문을 넘어 밖으로 나와서 부인에게 이렇게 말했다.

"당신 뜻은 정말 착하고 후덕하오. 허나 이 녀자애는 어렸을 적에 내가 늘상 보듬어(안아) 주면서, 좋은 데로 시집가서 잘살기를 바라왔던 애요. 나는 지금 늙은 데다가 몸에 잔병도 많지 않소? 그러니 이 애를 내가 욕보일 수가 없구려."

그래서 근옹 부부는 그 처녀를 다시 본가에 돌려보내 주었다. 그리고 바로 이듬해 부인은 아들 문희공(文僖公)을 낳았다. 그런데 그 아들은 17세에 향시(鄕試)에서 뽑히더니, 그 이듬해 과거에 급제하여, 나중에 현명한 재상이 되었다.

22. 송강(松江)에 사는 조씨(曹氏) 서생이 과거에 응시하러 서울에 올라갔다. 그런데 묵고 있던 집에 한 녀자가 찾아왔다. 이에 조씨는 깜짝 놀라, 그 녀자를 피해 다른 집으로 잠자리를 빌리러 나섰다. 길 가던 중간에 갑자기 등불이 나타나더니, 귀인 행차를 알리며 길을 비키라는 소리가 들렸다. 이윽고 행차는 그 부근에 옛 사당(古廟) 안으로 들어가, 북을 치며 마루 위로 올라가는 것이었다. 조씨는 사당 앞에 엎드려 조용히 숨을 죽이고 기다렸다. 이윽고 전당(殿堂) 위에서, 이번에 새로 치를 과거시험 급제자 명단을 큰 소리로 발표하는 소리가 들려왔다. 그런데 제6등에 이르러 담당 관리가 아뢰었다.

"아무개는 최근 품행이 크게 어그러져, 하느님(上帝)께서 그를 명단에서 삭제하도록 분부하셨습니다. 누구로 보충해야 하겠습니까?"

그러자 신(神)이 이렇게 응답하였다.

"송강에 조아무개는 제 방에 찾아온 부녀자를 간음하지 않고 피해 나왔으니, 그 호연정기(浩然正氣)가 몹시 가상(嘉尙)하다. 그를 바로 이 자리에 끼워 넣어 주도록 하라."

조씨는 이 말을 듣고 몹시 깜짝 놀라면서도, 내심 아주 기뻤다. 그런데 과연 그 과거시험에서 제6등으로 급제하였다.

23. 명나라 때 절강성(浙江省)에 한 지휘사(指揮使)가 있었는데, 아들을 가르칠 선생님을 한 분 집으로 초빙해 모셨다. 한번은 선생님이 감기몸살을 앓자, 아들(제자)이 땀을 흠뻑 흘리도록 선생님께 이불을 갖다 드렸다. 그런데 그만 잘못하여, 자기 어머니 신발을 끌어다가 선생님 침대 아래에 떨어뜨려 놓았다. 선생님과 제자(아들)는 모두 그 사실을 모르고 있었는데, 나중에 지휘사(아버지)가 이걸 보고 의심을 품기 시작하였다. 이윽고 방에 들어가 다그쳐 캐물었으나, 아내는 모르는 일이라고 펄쩍 뛰며 부인하였다.

그러자 지휘사는 꾀를 내었다. 하녀를 보내, 아내(안주인)가 선생님을 모셔오라고 분부했다는 거짓 심부름을 시킨 것이다. 그리고 자기는 칼을 들고 문 뒤에 지켜 섰다가, 만약 선생님이 정말로 아내를 찾아 방문을 열고 들어오면, 그 자리에서 찔러 죽일 심산이었다. 선생님은 자기 방문을 두드리는 소리가 들리자, 무슨 일이냐고 물었다. 하녀가 주인마님이 만나자고 부르신다는 전갈을 여쭈었다. 그러자 선생님은 노하여 하녀를 크게 꾸짖고는, 문은 열어 보지도 않았다. 이에 지휘사는 다시 자기 아내더러 몸소 가서 권해 오라고 강요하였다. 아내가 하는 수 없이 직접 찾아가 불러 보았으나, 선생님은 다시 단호하게 거절하였다.

"저는 주인어른에 초빙을 받아 와서 머무르고 있는데, 어찌 남에 눈에 띄지 않는다고 은밀하게 행실을 타락시킬 수 있겠습니까? 청컨대, 빨리 돌아가 주십시오."

그리고 문을 끝내 열어 보지도 않았다. 이에 지휘사는 분노가 단박에 가라앉고, 의심도 깨끗이 풀렸다. 이튿날 선생님은 곧장 가정교사를 사임하였다. 그러자 지휘사는, "선생님이야말로 진정한 군자이십니다."고 칭찬한 뒤, 비로소 자초지종 사실을 이야기하고 사죄하였다. 선생님은 그해 과거에 급제하여 높은 관직에 올랐다.

24. 신주(信州)에 림무선(林茂先)이라는 사람이 있었는데, 재주와 학문이 남들보다 훨씬 뛰어나 향시(鄕試)를 쉽게 통과하였다. 그는 집안이 몹시 가난하였으나, 대문을 닫고 글공부에만 전념하였다. 이웃집에 갑부가 살고 있었는데, 그 아내는 자기 지아비가 배우지 못해 무식한 것을 싫어하였다. 그래서 림무선에 재주와 명망을 흠모한 나머지, 그만 한밤중에 몰래 그 집으로 찾아갔다. 그를 본 림무선은 그 자리에서 크게 꾸짖었다.

"남자와 녀자는 분별이 있어, 이런 일은 례법(禮法)에서 용납하지 않습니다. 천지신명께서 숲처럼 빽빽이 늘어서서 내려다보고 계실 텐데, 어찌하여 나를 욕되게 만들려 하십니까?"

이 말을 들은 갑부 아내는 부끄러워하며 물러갔다. 림무선은 이듬해 과거에 급제하였는데, 그에 세 아들도 모두 진사가 되었다.

25. 명(明)나라 말엽 청(淸)나라 초기에, 섬서성(陝西省)에 원공(袁公)은 리자성(李自成) 란(亂)에 자식을 잃어버리고, 강남(江南)으로 피란해 살고 있었다. 거기서 그는 첩을 하나 얻어 다시 자식을 낳으려고 생각하였다. 그래서 한 녀자를 첩으로 사들였는데, 그 녀자는 원공 집에 당도하여 등잔불을 등진 채 울기만 할 뿐이었다. 원공이 그 까닭을 캐물으니, 그 녀자는 이렇게 대답하였다.

"다른 이유 때문이 아니옵니다. 단지 집안이 너무 가난하여 굶주리는 형편인지라, 지아비가 죽으려고 하기에, 제 몸을 팔아 지아비를 살리려 했을 따름입니다. 그런데 소첩(小妾)은 평소 부부간에 정이 도타워 금슬이 좋았던 까닭에, 마음이 몹시 아픈 것을 참지 못하고 눈물을 흘리는 것입니다."

이 말을 들은 원공은 몹시 측은한 마음이 들었다. 그래서 서로 등지고 앉아 밤을 지샌 뒤, 이튿날 아침 몸값 외에 황금 백 량을 더 보태 주면서, 그 녀자를 본래 남자에게 되돌려 보냈다. 이에 그 부부가 감동하여 울먹이면서 감사드렸다. 그리고 귀가한 뒤 적당한 규수를 하나 물색하여, 원공에게 보내드리려 마음먹었다. 그러나 오래도록 마땅한 처녀를 얻지 못하였다.

그러다가 한번은 우연히 양주(揚州)에 갔다가, 어떤 사람이 잘 생긴 소년 하나를 데리고 나와 팔려고 하는 모습을 보았다. 그는 혼자 마음속으로, "내가 아직 적당한 녀자를 얻지 못했으니, 우선 이 소년을 사서 원공에 시중을 들도록 바치는 것도 뭐 나쁠 게 있을까?"라고 생각하였다. 그래서 그는 그 소년을 선뜻 사들인 뒤, 강 건너 원공에게 보내드렸다. 그런데 원공이 이 소년을 자세히 살펴보니, 바로 란리(亂離) 통에 잃어버린 자기 아들이었다. 하늘이 착한 마음에 내리는 보답이 이처럼 신묘하기만 하였다.

26. 명나라 때 운간(雲間: 江蘇省 松江府에 별칭)에 사는 륙수성(陸樹聲)이 신축년(辛丑年)에 과거 보러 북쪽으로 올라가게 되었다. 당시 군수는 왕공화(王公華)이었는데, 꿈에 성황당 뜰 아래서 수많은 사람들이 륙수성을 훌륭한 선비라고 칭찬하며 추천하는 걸 보았다.

군수는 륙수성네 외할아버지인 리(李)아무개를 불러, 륙수성이 평소 무슨 일들을 했는지 물어보았다. 그랬더니 그는 다른 것은 잘 모르는데, 오직 사음(邪淫)과 녀색만큼은 함부로 가까이하는 법이 없을 따름이라고 대답하였다. 그 뒤 륙수성은 바로 회시(會試)에 장원으로 급제하였고, 그 아들 언장(彦章)도 기축년(己丑年)에 진사가 되었다.

27. 당고(唐皐)는 젊었을 적에, 등잔불 아래서 글공부를 하였다. 한번은 어떤 녀자가 그를 희롱하려고 손가락으로 종이 창을 두드리다가, 그만 잘못하여 찢어버렸다. 그러자 당고는 구멍을 종이로 때운 뒤, 스스로 이런 시구를 지어 써 붙였다.

"종이 창을 두드리다 찢은 구멍은 때우기 쉽지만,

掐破紙窓容易補

남에 음덕 덜어내는 흠은 수리하기 가장 어렵네."

損人陰騭最難修

뒤에 어떤 스님이 그 집 문 앞을 지나다가, 좌우에 두 등이 걸리고 이 두 구절이 나란히 쓰여 있는 것을 보고는, 기이하게 여겨 그 연유를 물어 보았다. 그러더니 나중에 과연 당고가 장원에 급제하여 천하에 명성을 떨쳤다.

28. 명나라 때 강음현(江陰縣)에 장외암(張畏巖)은 어느 날 저녁 기이한 꿈을 꾸었다. 높은 누각에 이르러 과거시험 급제자 명부(試錄) 한 권을 얻었가. 그 가운데 빠진 줄이 많은 걸 보고는, 옆 사람에게 왜 그런지 물어보았더니, 그 사람이 이렇게 대답하는 것이었다.

"이것은 이번 과거시험에 급제할 사람들 명부라오. 과거 급제는 3년마다 한 번씩 두루 견주어 살핀 뒤 결정하는데, 모름지기 공덕을 쌓고 허물이 없어야 바야흐로 그 이름이 올라가게 된다오. 그 안에 빠진 줄이 많은 것은 모두, 본래는 과거에 급제할 운명이었는데, 그 동안 덕행을 심사하여 새로 명부를 작성하면서 빼버린 놈들이라오."

그리고는 뒤쪽에 한 줄을 가리키면서, 이렇게 일러주었다.

"그대는 평생토록 사음을 한 번도 범한 적이 없으므로, 혹시 이 자리에 보궐 급제할 것도 같으니, 마땅히 자중 자애하시오."

이 과거에서 장외암은 과연 제105등으로 급제하였다.

(옮긴이 보충해설: 장외암에 고사는 원황(袁黃)이 쓴 료범사훈(了凡四訓: 필자가 "운명을 뛰어넘는 길"이란 제목으로 번역하여 불광출판사에서 발행하였음)에도 나온다. 본디 안하무인으로 기고만장했는데, 거기서는 어느 도인(道人)을 만나 교만심을 조복(調伏)받고 겸손한 덕성을 함양해 운명을 바꾼 실례로 소개하고 있다.)

29. 명나라 때 녕파부(寧波府: 지금 강소성 일부 지역)에 손씨(孫氏) 서생은, 집안이 가난하여 학관에서 아이들을 가르쳤다. 그러나 수입은 일년 내내 고작 황금 몇 량에 지나지 않았다.

나중에는 학관마저 잃어, 호수 서쪽에 장씨(張氏) 집에 식객(食客)으로 붙어살면서, 글 베껴주는 일을 맡았다. 어느 날 그 집에 한 하녀(여종)가 밤중에 손공에게 찾아 들었으나, 손공은 단호히 거절하였다. 그러자 그 하녀는 손공에 동료인 서석(西席)이라는 자와 눈이 맞아 야합하였다. 단오절에 서석이 학관을 그만두었는데, 그 이유는 심한 종기가 생겨 낫지 않기 때문이었다. 손공이 그 자리를 뒤이었다. 나중에 강어귀에서 자기 작은아버지를 만났는데, 작은아버지가 이런 말씀을 하시는 걸 들었다.

"내가 아들 병 때문에 성황당(城隍堂)에서 기도를 올렸네. 그런데 밤에 꿈속에서 성황님께서 높은 당상에 앉아, 담당 관리에게 굶어죽을 놈들 명부(餓籍)에서 빼줄 사람을 불러, 명부와 대조하도록 시키시더군. 차례로 여나믄 사람을 호명하더니, 바로 조카 자네 이름을 부르는 게 아닌가? 그래서 내가 담당 관리에게 '손아무개는 무슨 까닭에 굶어죽을 놈들 명부에서 빼주게 되었습니까?' 라고 물었지. 그러자 그 관리가 이렇게 대답하더군. '이 사람은 본디 46세에 외출하였다가 굶어죽을 운명이었소. 그런데 올해 4월 18일 저녁, 하녀 아무개가 찾아 들어 음란을 꾀었음에도, 단호히 거절하였소. 그래서 특별히 수명을 24년(二紀)이나 늘려주고, 굶어죽을 명부에서 록봉(祿俸) 받을 명부(祿籍)로 옮겨 싣는 것이오.' 내가 꿈속에서 이런 상서로운 조짐을 보았기에, 조카에게 크게 축하하는 걸세."

그 뒤 손공 학관에는 수업 받는 학생들이 날로 늘어가서, 매년 수업료가 황금 백여 량(兩)에 이르렀다. 손공이 46세 때는 만력(萬曆: 明神宗 년호) 36년(1608)이었다. 그때 쌀값이 폭등하여 굶어죽는 사람이 매우 많았지만, 손공은 넉넉하게 여유가 있었다. 나중에는 자식들에게 가산(家産)을 나누어줄 정도로 거부가 되었다. 그리고 나이가 70세 고희(古稀)에 이르도록, 질병 없이 건강하게 장수하였다.

30. 문희공(文僖公) 도대림(陶大臨)은 나이 17세 때 준수한 용모로 향시(鄕試)에 응시하였다. 그런데 묵던 집에 이웃 처녀가 밤에 몰래 찾아 들었다. 세 번이나 찾아와 꾀는 것을 세 번 모두 물리치다가, 마침내 다른 집으로 거처를 옮겼다. 헌데 새 거처에 주인은 전날 밤 꿈에 한 신선을 보았는데, 그 신선이 이렇게 일러주시는 것이었다.

"내일 한 준수한 선비가 올 텐데, 바로 장원감이다. 그가 세운 뜻이 어찌나 단정하고 굳세던지, 몰래 찾아 들어 유혹하는 녀자에게도 흔들리지 않아, 상제(上帝)께서 특별히 뽑으시었느니라."

이튿날 주인이 자기 집에 찾아온 도(陶)선비에게 자기 꿈 이야기를 해주었다. 도공(陶公)은 더욱 스스로 분발하고 연마하여, 나중에 과연 과거에 장원 급제하고, 관직이 대종백(大宗伯)에까지 이르렀다.

31. 시방미(時方美)네 아버지는 정주(鄭州: 지금 河南省 일부 지역)에 아장(牙將: 고대 중하급 군관)이었는데, 나이가 60이 되도록 자식이 없었다. 한번은 조운(漕運: 세미稅米나 공물貢物 등 나라 주요 물자를 강이나 운하를 통해 배로 운반하는 일)을 감독하여 성도(成都: 지금 四川省 수도)에 가게 되었는데, 그 아내가 첩을 하나 구해 오도록 당부하였다.

그래서 매우 아름다운 녀자 하나를 얻었다. 그 녀자는 흰 천으로 머리를 단정히 땋이 묶은 모습이었다. 시공(時公)이 그 녀자를 가만히 살펴보고 물었더니, 울면서 이렇게 대답하는 것이었다.

"저희 아버지는 본디 성도 아래 시골 사람으로, 주(州)에 하급 병졸이셨습니다. 그런데 관목(棺木: 보통 梧桐 나무로 썼음)을 구하려고 여기까지 왔다가, 끝내 집에 되돌아갈 수 없게 되었습니다. 그래서 제 몸을 팔아 장례(葬禮)를 치르려고 한 것입니다."

이 말을 들은 방미네 아버지는 매우 측은한 생각이 들었다. 그래서 자금을 주어, 그 어머니로 하여금 그 아버지 장례를 잘 치르도록 도와주고, 첩으로 샀던 녀자(딸)도 그냥 되돌려 보냈다. 또 두 모녀가 고

향집으로 되돌아갈 수 있는 방도까지 마련해주었다. 그리고 자기는 집으로 돌아온 뒤, 그 동안에 일어난 일을 자초지종 아내에게 말하였다. 아내도 매우 기뻐하며 호응하였다.

"남에 위급한 일을 구제해줌은 몹시 큰 공덕이니, 잘 하셨습니다. 제가 당신을 위해 어떻게 다시 한 번 마련해 보지요."

얼마 되지 않아, 그 아내가 임신을 하였다. 그런데 하루 저녁에는 꿈에 황금보랏빛(紫金: 道敎에서 옥황상제玉皇上帝가 거처하는 천상 궁궐에 빛깔로, 부처님 자비광명을 상징하는 색이기도 함)이 나는 사람이 웅장한 법당(法堂) 한가운데 단정히 앉아 있는 모습을 보더니, 바로 그날 새벽 방미를 낳았다. 그렇게 태어난 방미가 나중에 회시(會試)에 장원 급제하여, 관직이 리부상서(吏部尙書)에 이르렀다.

32. 명나라 신종(神宗) 만력(萬歷) 26년(戊戌: 1598) 과거시험에 장원 급제한 조병충(趙秉忠)은, 아버지가 읍(邑)에 아전이었다. 한번은 조상 관음(官蔭)을 물려받은 지휘(指揮: 거리 治安을 담당하는 하급 군관)가, 억울한 누명으로 감옥에 갇힌 일이 있었다. 병충 아버지는 이를 알고, 온갖 노력을 다해 그를 구해내었다. 지휘는 너무 감격하면서도, 마땅히 보답할 게 없어 안타깝게 여겼다. 그러다가 자기 딸을 병충 아버지에게, 키질하고 청소하는 첩으로나 삼으라고 바쳤다. 그러자 병충 아버지는 손을 내저으며, "부릴 수가 없습니다.(使不得)"는 답변만 반복한 채, 지휘가 바친 간청을 끝내 받아주지 않았다.

나중에 그 아들 병충이 과거에 응시하기 위해, 마차를 타고 서울로 향했다. 그런데 도중에 어떤 사람이 수레를 손으로 가볍게 두드리며, "부릴 수 없는 사람이 장원에 적중할 것이다.(使不得的中狀元)"라고, 두 번이나 되풀이해 소리치는 것이었다. 병충이 그 과거시험에서 장원에 급제한 뒤, 집에 돌아와 아버지께 그 일을 말씀드렸다. 그러자 아버지는 크게 탄식하며, 이렇게 말하였다.

"이는 20년 전에 있었던 일로, 내가 일찍이 누구한테도 말한 적이 없는데, 어떤 신명(神明)께서 너한테 일러주시더냐?"

33. 려공(呂公)은 일찍이 아무개 집에 연 학관에서 밤늦게 공부하곤 하였다. 한번은 이웃집에 살던 청상과부가 갑자기 달밤에 려공을 찾아왔다. 려공은 단호히 거절해 되돌려 보냈다. 그런데 이튿날은 다시 자기 하녀를 시켜, 옥으로 만든 물고기 한 쌍을 예물로 바치는 것이었다. 이에 려공이 옥 물고기를 산산조각으로 깨뜨려버렸다. 심부름 왔던 하녀가 몹시 무안하여 부끄러워하며 물러날 정도였다.

그 후 려공은 관직이 궁보(宮保: 궁궐에서 太子를 보필하고 가르치는 직책)에 이르렀는데, 이 사건을 일찍이 누구한테도 말한 적이 없었다. 다만 자제들을 가르치다가 우연히, 그것도 넌지시 언급한 경우는 있었지만, 끝내 그 성씨나 신분은 드러내지 않았다.

34. 송(宋)나라 때 황정국(黃靖國)이 의주(義州)에서 판관(判官)을 지낼 적이었다. 하룻밤에는 그 혼식(魂識)이 명부(冥府)에 이끌려갔다. 명부

에 고위 관리가 이렇게 물었다.

"의주에 아름다운 일이 한 가지 있는데, 그대도 아는가?"

그리고 담당 관리에게 기록부를 꺼내 보여주도록 분부하였다.

"의사인 넙종지(聶從志)는 몇 년 몇 월 며칟날 화정현(華亭縣: 지금 上海 옆 松江에 해당) 아무개 집에서 의술로 환자를 치료하는데, 집 주인네 아내 아무개가 몰래 찾아와 꾀는 것을 강력히 거절하였다. 이에 상제(上帝)께서 종지 수명을 24년(二紀)간 늘려주고, 그 자손은 량대(兩代)에 걸쳐 과거에 급제하도록 특별히 칙명하셨다."

황정국이 명부에서 돌아와 종지에게 이 사실을 말해주자, 종지는 이렇게 말했다.

"이 일은 일찍이 안사람한테도 말한 적이 결코 없는데, 뜻밖에도 명부에 그 기록이 이미 올라간 모양이군요!"

그 뒤 종지는 과연 늙도록 건강히 장수하였으며, 자손들도 모두 과거에 급제하였다.

35. 명나라 때 모록문(茅鹿門)은 약관(弱冠)인 스무 살 즈음, 여요현(餘姚縣: 지금 절강성 동부 姚江 유역)에 유학(遊學)하면서 마을 사당 앞 전씨(錢氏) 집에 묵었다. 그런데 그 집에 한 예쁜 하녀가 모록문이 건장한 모습을 보고 흠모한 나머지, 하루 저녁에는 모록문 서재 앞에 와서, '마오 마오' 하고 고양이(貓) 부르는 소리를 흉내 냈다. (고양이 貓(묘)는 옛날 음이나 지금 발음이나 茅(모)와 같아, 소리가 같고 뜻만 다른 동음이의同音

異義 글자로, 중의重義적 비유를 통한 상징적인 유희를 꾀한 것임. 옮긴이 해설)

그래서 모록문이 물었다.

"그대는 어찌하여 혼자 와서 스스로 '마오 마오' 하고 고양이를 부르느뇨?"

그러자 하녀는 기다렸다는 듯이 웃으며 대답하였다.

"저는 작은 고양이(小貓)를 부르는 것이 아니라, 큰 띠풀(大茅)을 좋아하고 있습니다."

이에 모록문이 정색을 하며 말했다.

"우리 아버지께서 나를 글공부 시키려고 멀리 유학 보내셨소. 그런데 만약 례절에 어긋나게 그대를 가까이한다면, 나중에 내가 아버지를 어떻게 뵈오며, 또 무슨 낯으로 집주인 어른을 대한단 말인고?"

이 말을 들은 하녀는 부끄러워하며 물러갔다. 모록문은 나중에 세종(世宗) 가정(嘉靖) 17년 무술년(戊戌年: 1538) 과거시험에 급제하여, 관직이 부사(副使)에 이르렀고, 90세까지 장수하였다.

36. 항주(杭州)에 한 관리인 고(顧) 아무개가 상부 명령을 받들어 강남(江南)으로 출장가게 되었다. 밤에 소주(蘇州)에 강가 어느 곳에 배를 정박시키고 묵었다. 그런데 별안간 한 젊은 아낙이 강물에 뛰어들려는 모습이 눈에 띄었다. 그래서 황급히 그를 저지한 뒤, 사연을 캐물었다. 그랬더니 그 아낙은 이렇게 답변하는 것이었다.

"지아비가 양곡을 결손(缺損)시킨 죄로, 감옥에 갇혀 목숨이 오늘내일 하는지라, 지아비가 먼저 죽는 것을 차마 볼 수 없어 자살하려고 했습니다."

이러한 딱한 사정을 들은 고씨는, 봇짐을 풀어 황금 50량을 꺼내더니 아낙에게 선뜻 주었다. 아낙은 이를 받아 감사드리고 돌아갔다.

출장을 마치고 되돌아가는 길에, 배가 다시 그곳을 지나게 되어, 어떤 주막집에 앉았다. 그런데 마침 맞은 편 대문이, 지난번 목숨을 구해주고 황금까지 건네준 아낙네 집이었다. 아낙이 고씨를 알아보고, 들어가 지아비에게 이 사실을 알렸다. 마침내 부부가 함께 나와 고씨를 집안에 초청하여 술상을 차리고 환대하였다. 그리고 지아비가 아내에게 가만히 속삭였다.

"목숨을 살려주신 은혜가 막중한데도, 집안이 몹시 가난하여 보답할 길이 없소. 그러니 당신이 오늘 밤 저 분을 모셔 답례하는 게 좋겠소."

그래서 고씨한테 그날 밤 자기 집에서 머물도록 청한 뒤, 한밤중에 그 아낙이 고씨 침실에 찾아 들어갔다. 이에 고씨는 깜짝 놀라며, 그들 간청을 결연히 거절하였다. 그리고는 옷을 주워 입은 뒤, 황급히 도망쳐 배 안으로 되돌아왔다.

그 시간에 고씨네 고향인 항주에는, 성(城) 안에서 실화(失火)로 가옥 수십 채가 연달아 불타올랐다. 그런데 사람들이 불을 피해 나와 바라보니, 거센 불길 속에 황금 갑옷(金甲)을 입은 한 거대한 신장(神將)이 붉은 깃발을 들었는데, 손으로 그 깃발을 펼쳐 어떤 집을 둘러 감싸자, 불길이 그 집만 피해 돌아 번지는 것이었다. 불길이 잡힌 뒤 가서 보니, 그 집은 바로 고씨네 집이었다. 그래서 모두들 고씨가 큰 음덕(陰德)을 지어 천지신명이 보우(保祐)하사, 고씨네 집만 화재를 무사히 모면하였다고 이구동성(異口同聲)으로 치하하였다.

37. 명나라 때 라륜(羅倫: 나중에 문의공文毅公이란 시호를 받음)이 회시(會試)를 보러 가던 도중에, 배가 소주(蘇州)에 머물렀다. 그날 밤 꿈에 범문정공(范文正公: 989~1052. 북송北宋 때 개혁 정치를 실시한 범중엄范仲淹으로, 소주蘇州 오현吳縣 출신임)이 자기를 찾아와, "내년 장원은 그대 것이오."라고 말해주는 것을 들었다. 라륜이 감당하기 어렵다고 겸손히 사양하자, 범문정공이 다시 이렇게 일러주었다.

"그대가 몇 년 전 어떤 루각(樓閣)에서 처신한 일이 진실로 하늘을 감동시켜, 이렇게 보답하는 거라오."

라륜은 몇 년 전 그 루각에서 자신을 찾아와 꾀던 녀자를 단호히 물리쳤던 일을 기억하고는, 이 꿈이 헛되지 않을 줄로 생각하였다. 그러더니 이듬해 전시(殿試)에서 그는 과연 제1등을 차지하였다.

38. 명나라 때 운간(雲間: 강소성江蘇省 송강부松江府 별칭)에 사는 막문통(莫文通)은 본디 선행을 즐겨하였다. 성(城)에서 2리(里)쯤 떨어진 물가에서, 대대로 농사를 지으며 살아왔다. 하루는 금 20량을 가지고 성 안으로 볍씨를 사러 가다가, 황포(黃浦)에 잠시 정박하였다. 그런데 순

간 두 사람이 한 처녀를 결박한 채 물 속에 집에 넣으려고 하는 모습이 눈에 띄었다. 막문통이 급히 다가가 사연을 물었더니, 그 사람이 이렇게 대답하였다.

"이 녀자는 우리 주인집 딸입니다. 자기 딸이 다른 남자와 사통(私通)한 걸 알아차린 주인이, 우리에게 이렇게 묶어 급류 속에 던져 죽이라고 명령했습니다."

이 말을 듣고 막문통이 말문을 열었다.

"어린 녀자가 무얼 알겠소? 또 사통한 걸 직접 목격한 것도 아닌 듯한데, 만약 사실이 아니라면 또 어찌하겠소? 천만다행으로 그대들이 이 소녀를 풀어준다면, 내가 금 20량을 사례로 드리겠소."

그래서 녀자는 풀려났다. 그 녀자는 너무도 감사한 나머지, 막문통 앞에서 머리를 땅에 조아리고, 그를 위해 키질하며 청소나 하겠다고 자청하였다. 그러나 막문통은 이렇게 대답하였다.

"내가 어찌 그대에 자태나 용모를 탐내겠소? 단지 그대가 꽃다운 젊은 나이에 애매한 누명을 쓰고 죽는 것이 몹시 안쓰러워 구해주었을 뿐이오. 지금 날이 이미 어두워졌는데, 내 배는 작아 그대가 함께 타고서 묵기가 어렵구려. 그러니 그대는 얼른 강둑 위로 올라가, 등불이 켜진 인가를 찾아 투숙하는 게 좋겠소."

이날 밤 꿈에 한 신선이 나타나 그에게 이렇게 일러주었다.

"그대가 사람 목숨을 구해준 음덕이 매우 커서, 하늘이 현명한 자손을 보답으로 내려줄 것이다."

그 뒤 아들 승(勝)이 명경과(明經科)로 처음 벼슬길을 열고 나가더니, 손자 호(昊)는 향시에서 제2등으로 합격했고, 또 호(昊)에 아들 우(愚)도 향시에 합격했다. 우(愚)에 아들 여충(如忠)도 향시에서 제2등을 한 뒤, 가정(嘉靖) 무술년(戊戌年: 1538) 과거에서 진사가 되고, 벼슬이 방백(方伯)까지 이르렀다. 한편 목숨을 건진 녀자는 멀리 도망갔는데, 한 문인이 그를 맞이해 여섯 아들을 낳았다.

하삼외(何三畏)라는 사람이 일찍이 『선인전(善人傳)』을 지었는데, 거기에 이 일을 상세히 기록하였다.

39. 항주(杭州)에 서생이던 류(柳) 아무개는 친족을 방문하러 가던 길에 비를 만나, 부근에 황폐한 빈집에 들어가 하룻밤 묵으려고 하였다. 그런데 그곳에는 이미 한 젊은 부녀자가 먼저 들어와 비를 피하고 있었다. 류씨 서생은 밤이 다 새도록 딴 생각을 조금도 품지 않고, 처마 밑에 단정히 앉아 있다가, 새벽이 밝아오자 곧 갈 길을 떠났다.

그 부녀자는 마침 같은 학교에서 공부하던 동료 서생인 왕(王) 아무개 아내였는데, 류씨 서생이 보인 덕행에 감동하여 그 일을 자기 지아비한테 말하였다. 그러나 그 지아비는 도리어 아내를 의심하고는 마침내 내쫓고 말았다.

나중에 류씨 서생이 향시에 응시하였다. 그때 그 답안지는 이미 등외로 밀려났는데, 잠시 뒤에 갑자기 시험관 책상 위에 저절로 놓여졌다. 깜짝 놀란 시험관은 기이하게 여기며, 다시 답안 문장을 자세히 살펴보았다. 그러나 별로 훌륭한 글이 아니라 다시 내팽개쳤다.

그런데 나중에 시험관이 급제자 답안지를 상관에게 최종 보고하려고 점검하는데, 어찌된 까닭인지 류씨 서생 답안지도 그 안에 함께 들어있는 게 아닌가? 그래서 시험관은 이 사람이 반드시 무슨 음덕이 있는 모양이라고 생각하며, 그 답안지도 급제자 명단에 함께 포함시켜 올렸는데, 결국 제71등으로 급제가 확정되었다.

그때 마침 왕씨 서생도 같은 방에 있었다. 나중에 급제자 면담 시에, 왕씨 서생이 한 자리에 있는 가운데, 시험관이 류씨 서생 답안지를 평가 선발 과정에서 일어난 일을 언급하면서, 그 사연을 본인에게 캐물었다. 그러자 류씨 서생은 가만히 생각하더니, 별다른 중요한 일은 없었고, 다만 비를 피하러 황폐한 빈집에 들어가 묵었던 일만 기억난다고 대답하였다.

옆에서 그 말을 듣던 왕씨 서생이 크게 감탄하고서, 자기가 아내를 의심하고 내쫓았던 일을 반성했다. 그리고는 아내를 다시 맞이해 와 화합하고, 자기 누이동생을 류씨 서생한테 후처(後妻)로 주었다.

40. 명나라 때 태창주(太倉州)에 아전이던 고좌(顧佐)는, 떡 파는 강씨(江氏)가 억울한 루명(陋名)으로 죄수가 된 사실을 알고, 그를 위해 대신 소청(訴請)을 올려, 마침내 풀려나도록 도와주었다. 강씨는 풀려난 뒤, 자기 딸을 데리고 고좌 집에 찾아가 이렇게 청했다.

"은혜에 달리 보답할 길이 없으니, 제 딸을 첩으로 거두어주시기 바랍니다."

고좌는 한사코 그 청을 물리쳤다. 그는 아전 임기가 다한 뒤, 시랑 아문(侍郎衙門)으로 전근가게 되었다. 하루는 한 상관 사택에 가서 대기하고 있는데, 그 집 부인이 그를 알아보고는 깜짝 반색하며 말문을 열었다.

"당신은 태창주에서 아전을 하시던 고 선생님이 아니십니까? 저를 알아보시겠어요?"

고좌가 깜짝 놀라자, 부인이 계속 말을 이었다.

"저는 떡 팔던 강씨네 딸입니다. 나중에 한 상인에게 팔린 몸이 되었는데, 그 상인이 딸처럼 키우다가, 충상공(充相公)한테 후실로 시집 보내 주었답니다. 그 뒤 얼마 안 되어 정실(正室) 자리를 뒤이었는데, 항상 고 선생님 은덕에 보답할 길이 없어 안타까워하고 있었습니다. 이제 상공께 말씀드리겠습니다."

그래서 시랑(侍郎)이 그 일을 상세히 적어 상소 올리자, 효종(孝宗: 1487~1505 재위. 년호는 홍치弘治)이 그를 가상히 여겨, 특별히 발탁하여 리부주사(吏部主事)에 임명하였다.

41. 청나라 세조(世祖) 순치(順治) 16년(己亥: 1659), 곤산(崑山)에 서립재(徐立齋)가 전시(殿試)에 장원으로 막 급제한 무렵에 일이었다. 어떤 사람이 성황묘(城隍廟)에서 기도하면서, 그곳에 머물러 잠자게 되었다. 그러다가 한밤중에 신(神)이 휘황찬란한 모습으로 자리에 올라앉아,

자기를 불러 이렇게 분부하는 광경을 보았다.

"그대는 서씨가 장원에 급제한 까닭을 아는가? 서씨 집안은 대대로 사음(邪淫)을 저지르지 않고, 오랫동안 덕행을 쌓아 왔기 때문에, 위로 천심(天心)을 크게 감동시켰느니라. 지금 장원에 급제한 것은, 단지 그 공덕이 이제 막 피어나기 시작한 서막일 따름이니라. 공명(功名)이 비록 신비스럽기는 하지만, 원인에 대한 과보(果報)는 지극히 명백하다. 이러한 도리를 그대에게 모두 말해주노니, 세상에 어리석은 생각으로 온갖 사악을 저지르는 놈들을 일깨워주기 바란다."

말을 끝마치자, 신(神)은 자리에서 일어나 행차를 떠나갔다. 그 사람은 이 사실을 삼가 그대로 적어 널리 류포(流布)시켰다. 그 뒤 서립재 아우인 건암(健庵)은 성조(聖祖) 경술년(庚戌年: 康熙 9년, 1670) 과거에, 언화(彦和)는 계축년(癸丑年: 강희 12년, 1673) 과거에 각각 급제하여, 한 집안 삼형제가 정갑(鼎甲)[1]에 뽑히는 진기한 기록을 세웠다. 그들에 자손들도 줄지어 급제하여 집안이 크게 일어났다.

42. 명나라 때 전당(錢塘)에 사는 륙좌척(陸左墄)은 행실이 효성스럽고 우애하며 박학다식할 뿐만 아니라, 착한 일을 이루 다 헤아릴 수 없이 행하였다. 그런데 무엇보다도, 자기 덕행을 남이 모르게 숨기는 일은, 다른 사람이 도저히 따라가기 어려울 정도였다.

---

1) 정갑(鼎甲): 과거시험에서 장원(狀元) · 방안(榜眼) · 탐화(探花)로 합격한 최고 상위 셋을 함께 일컫는 말. 솥에 세 발이 있듯이, 최고 갑과(甲科)에 세 명을 뽑는다는 뜻에서 붙여진 이름.

일찍이 한 친구네 별장에 몸을 의탁해 묵고 있었는데, 밤중에 한 미녀가 살며시 찾아와 꾀었다. 그러나 좌척은 단호히 거절하고 받아들이지 않았다. 그러자 그 녀자는 몹시 부끄러워하며 참회하고 물러갔다. 이튿날 그는 딴 핑계를 대고 그 집을 떠났는데, 아무도 그 까닭을 몰랐다.

좌척은 비록 안개 속에 표범처럼 밖으로 드러나지 않았지만, 그 아들과 손자들은 모두 효렴(孝廉)과 명경(明經)으로 조정에까지 명성이 높았다. 증손자 종해(宗楷)는 향시에 급제한 뒤, 남경(南京)에 조정(朝廷)까지 진출하였다. 석문(石門) 출신인 오청단(吳青壇) 시어(侍御)가 바로 좌척 문하에서 공부한 제자인데, 일찍이 그 일을 들은 대로 기록해 두었다. 지금도 『태상감응편도설(太上感應篇圖說)』에 실려 전해오고 있다.

43. 멍니리 때 모기종(冒起宗)은 어려서부터 『태상감응편』을 경건히 독송하였다. 무오(戊午)년에 과거시험을 보러 들어갔는데, 마치 꿈을 꾸는 것처럼 정신이 혼미한 가운데, 신(神)이 도와주어 글을 쓴다고 느꼈다. 향시에서는 급제하였으나, 회시(會試)에서 락방(落榜)하였다. 그래서 집에 돌아온 뒤, 『태상감응편』에 주석을 증보하기로 발원하였다. 녀색을 좋아하면 공덕을 특별히 크게 훼손하는 데 초점을 맞춰, '남에 아름다운 녀색을 보고(見他色美)' 한 구절에, 그로 인한 과보와 감응을 상세히 열거하였다. 이때 그를 도와 글을 쓴 사람이 남창(南昌)에 라헌악(羅憲嶽)이었는데, 그는 신유(辛酉)년에 학교에 들어

갔다.

그 뒤 무진(戊辰)년 정월 초하루에 라군이 꿈에 세 신선을 보았다. 그런데 한 분은 푸른 얼굴에 노란 옷을 입은 로인(老人)이었고, 둘은 보랏빛 옷을 입은 소년으로 로인 좌우에서 시중을 들고 있었다. 로인이 한 책을 꺼내 왼쪽 동자를 돌아보고, '니가 읽어보아라.' 고 말하자, 왼쪽에 선 동자가 한참 낭송하였다. 라군이 가만히 들어보니, 바로 모기종이 '남에 아름다운 녀색을 보고(見他色美)' 구절에 달은 주석 내용 그대로였다. 읽기를 마치자, 로인은 '마땅히 급제할 것이로다.'고 말했다. 그런 뒤 이번에는 오른쪽에 서 있는 동자를 돌아보고, '니가 시 한 수를 읊어 보거라.'고 분부하였다. 오른쪽에 선 동자가 읊은 시는 이러하였다.

"탐욕은 장차 달 속에 계수나무조차 꺾어 내리니,
貪將折桂廣寒宮
삼천대천세계에 색이 다 텅 빈 줄 마땅히 믿을지라.
須信三千色是空
세간에 미혹된 눈 속 헛된 모습을 꿰뚫어 보면,
看破世間迷眼相
급제자 명단(桊) 한번 펴질 때 온 성안이 붉게 물들리."
榜花一到滿城紅

라군은 번쩍 잠에서 깨어나, 꿈속에서 본 일을 상세히 기록하였다.

그리고 그 내용을 모기종 아들에게 보내면서 이렇게 덧붙였다.

"그대 아버님께서 남경 조정에서 열릴 과거에 반드시 급제하실 것입니다. 다만 '방화(榜花)' 두 글자 뜻을 이해하기 어렵습니다."

과거 급제자 명단(榜)이 내걸렸을 때, 모기종은 과연 높은 성적으로 급제하였다.

나중에 모기종이 진종구재두(陳宗九齋頭)에서 한 자전류(字典類) 책을 찾아보니, 그 안에 '방화(榜花)' 두 글자에 대한 주석이 나와 있었다. 즉, "당(唐)나라 때 례부(禮部)에서 과거 급제자 명단(榜)을 발표하면서, 희귀한 성씨를 '방화'라고 일컬었다."는 것이었다. 바로 '모(冒)'씨 성이 거기에 꼭 들어맞는 사례였다.

제5장 음욕은 패가망신하는 천벌(天罰)

1. 리등(李登)은 나이 18세에 향시(鄕試)를 수석으로 통과했으나, 그 뒤 50세가 되도록 중앙 조정에 과거는 급제하지 못하였다. 그래서 섭법사(葉法師)를 찾아갔다. 법사는 그가 찾아온 까닭을 물은 뒤, 문창제군(文昌帝君)께 예배드리고 여쭈었다. 문창제군이 담당 관리에게 장부(功名과 祿位를 기록한 책)를 가져오도록 분부하여 보여준 내용은 이러하였다.

"리등은 태어날 때, 상제(上帝)께서 본디 옥인(玉印)을 하사하시면서, 18세에 향시를 통과하고 19세에 본 과거에 장원 급제한 뒤, 52세에는 관직이 우승상(右丞相)까지 이르도록 예정하셨다. 그런데 그가 향시를 통과한 뒤, 이웃집 녀자를 몰래 엿본 짓이 징벌(懲罰)에 화근이 되었다. 그 일은 비록 남녀 결합으로까지 이루어지지는 않았지만, 그로 말미암아 그 아버지가 감옥에 갇히게 되었다. 이 일 때문에 그는 과거 급제가 10년이나 늦춰지면서, 등수도 장원에서 2갑(二甲: 甲科에 두 번째로 榜眼에 해당)으로 한 등급 낮춰졌다. 그 뒤 그는 또 자기 형님 집터를 침범하여 소송까지 몰고 갔다. 그래서 다시 10년이 늦춰지면서, 3갑(三甲: 甲科에 세 번째로 探花에 해당)으로 한 등급 더 낮춰졌다. 그런데 그 뒤에 또 장안(長安)에 한 저택 안에서 한 량가(良家) 부녀자를 간음하여, 다시 10년이 더 늦어지게 되었다. 게다가 최근 또 이웃집 녀자를 도둑질하였다. 이렇듯 죄악을 회개할 줄 모르고 계속 반복하므로, 마침내 그 과거 운수는 천상에 공명을 기록한 장부(祿籍)에서 완전히 지워졌고, 죽을 날도 머지않아 곧 닥칠 것이다."

법사가 그 내용을 사실대로 일러주자, 그는 마침내 부끄러움과 회한(悔恨)을 품은 채 죽고 말았다.

評: 리등(李登)이야말로 이른바 질곡(桎梏: 옛날 죄인 몸에 채우던 형구刑具)을 반복한 자다. 가령 그가 조금만 일찍 회한에 마음을 내고 공덕을 닦아 허물을 속죄하였더라면, 장원하여 재상이 되는 부귀공명에 관운(官運)은 조금도 흠집 내지 않고 온전히 되찾았을 것이다. 설사 그렇게까지는 못했다 할지라도, 한번 잘못으로 이미 막심한 죄악인 줄 알아 그 다음 죄업만 짓지 않았더라면, 갑과에 급제하여 현저히 영달하는 운명을 그래도 절반 정도는 건질 수 있지 않았겠는가? 어찌하여 천지신명께서 그토록 아끼고 길러주신 사랑과 조상 대대로 쌓아 온 공덕을, 한 사람이 깡그리 깎아 없애버리고, 천상과 인간에 크나큰 기대를 끝없이 저버린단 말인가?

또 사음(邪淫) 행위는 갑과 급제에 비하면, 만분에 일에도 미치지 못한다. 그런데도 종신토록 누릴 부귀영화를, 단지 한 순간 달콤한 쾌락과 맞바꾸다니, 너무나도 어리석지 않은가? 오호라! 장원 급제하여 재상까지 되는 이는, 수백 년에 겨우 한둘이나 나올까 말까 한데, 이렇듯 사음한 죄업 하나로 통째로 남김없이 날려 버리다니….

하물며, 다른 보통 사람에 운명이야, 리등에 만분에 일도 안 될 텐데, 그 같은 죄업을 수없이 짓고 있으니, 어찌할 것인가? 아마도 복록(福祿)을 담당한 신명이, 단지 과거 등수만 낮추거나 급제 시기만 늦추면서, 회개하기만 기다리지는 않을 것 같다. 위태롭고도 위태롭도다! 지금도 재주가 빼어나고 박학다식하면서도, 늙도록 생계를 잇지 못할 정도로 가난하고 어려운 사람들은, 자신도 일찍이 이러한 죄악을 저지른 적은 없는지, 스스로 한평생을 반성해야 마땅하리다.

2. 고관(高官)에 후손인 서(徐)씨 서생은 어려서부터 자못 재주가 있다는 명성을 얻었다. 그런데 이웃집 처녀가 몹시 예쁜 것을 엿보고는, 아내를 꾀어 그에게 선물을 주고 수를 놓아 달라고(刺繡) 부탁하도록 시켰다. 그렇게 하여 그 처녀가 자기 집을 자주 드나들도록 만든 것이다. 하루는 서씨가 침대 뒤에 숨어 있다가, 자기 처가 짐짓 부엌에 일 보러 나간 사이를 틈 타, 그 처녀를 강간하였다. 일이 드러나자, 처녀 부모는 딸에게 자살하라고 강제로 핍박하였다. 서생은 그 후 매번 과거 시험장에 들어갈 때마다, 문득 그 처녀가 피범벅이 된 옷을 뒤집어쓰고 나오는 모습을 보았다. 그러더니 끝내 과거에 급제하지 못하고, 나중에는 란리(亂離) 통에 병사에게 살해당했다.

3. 장명삼(張明三)은 아버지 벼슬길을 따라 경애(瓊崖: 海南島)에 갔다가, 이웃집 지휘(指揮: 중하급 군관)에 둘째 딸을 간음하였다. 나중에 그 녀자를 몰래 데리고 바다를 건너 나오려는데, 녀자 아버지가 알고 부랴부랴 추격해 왔다. 그러자 장명삼은 궁지에 몰린 나머지, 둘째 딸을 물속에 밀어 넣어 죽게 하고, 자기 혼자만 도망쳤다. 그 뒤 10년이 지나, 장명삼은 심한 허리 질병을 앓았다. 손(孫)의사를 불러다 치료하여 제법 차도가 있었다. 근데 그날 밤 손의사는 기이한 꿈을 꾸었다. 바로 물에 빠져 죽은 지휘에 둘째 딸이, 자기를 이끌고 물속에 들어가 탄원하는 것이었다.

"소녀는 본디 경애(해남도) 사람으로, 이제 장씨한테 찾아와 목숨을 달라고 요구하는 판입니다. 헌데 당신은 어찌하여 내 보복을 가로막습니까?"

손의사는 깜짝 놀라 꿈에서 깨어난 뒤, 꿈 내용을 장명삼에게 알려주었다. 장명삼은 주먹으로 자기 가슴을 치면서, "업장(業障)이 왔구나. 내가 갈 때가 된 모양이로다." 하고 탄식하더니, 한 달쯤 지나 죽고 말았다.

4. 룡서(龍舒)에 사는 류요거(劉堯擧)가 배를 빌려 타고 과거시험을 보러 가는데, 뱃사공 딸이 배 안에 함께 있었다. 류요거는 그 딸에게 자주 수작을 걸었으나, 어떻게 해볼 틈을 얻지 못하였다. 두 번째 시험에서 답안을 아주 일찍 제출하고 시험장을 나왔는데, 때마침 뱃사

공이 물건을 사고팔려고 시장에 가고 없었다. 그 틈을 타서 류씨는 그 딸을 간음하였다. 그런데 그날 밤 류씨 부모 꿈에 신(神)이 나타나 이렇게 말해주었다.

"당신 아들은 본디 이번 시험에서 수석 합격을 할 판인데, 의롭지 못한 짓을 행하여, 하늘에 급제자 명단(天榜)에서 지워졌소."

급제자 명단(榜)을 발표하는데, 시험관이 과연 그를 장원으로 뽑았으나, 답안이 규칙에 어긋나 탈락하고 말았다. 류요거는 크게 후회하였으나, 나중에도 끝내 평생토록 과거에 급제하지 못하였다.

5. 상숙현(常熟縣: 江蘇省 남부에 있음)에 전외랑(錢外郎)이란 자가 있었는데, 집안에서 아주 거칠게 자기 주장만 앞세웠다. 그 동네에 미색은 빼어나고 집안은 가난한 아낙이 하나 있었다. 이에 전씨는 그 아낙 지아비한테 은(銀: 돈)을 빌려주어, 림칭(臨淸: 山東省 서북부에 교통 중심지)에 가서 포목 장사를 하도록 유도하였다. 그리고 지아비가 없는 틈을 타서, 그 아낙과 간통하였다.

하루는 그 지아비가 집 문을 나섰으나, 물이 빠져 배가 떠날 수 없어서 다시 집에 되돌아왔다. 그때 마침 전외랑이 자기 아내를 껴안고 술 마시며 기뻐하는 장면을 목격하고 말았다. 이에 그 남자는 부끄러움과 함께 분노를 느끼면서, 곧바로 발길을 돌려 배 안으로 돌아갔다. 그러자 전씨는 그 아낙과 은밀히 음모를 꾸며, 한밤중에 사람을 보내 그 남자를 죽이고, 마치 도적(강도살인)을 당한 것처럼 위장했다.

그러나 친족들이 알고 관청에 가서 떠들어대, 전씨는 결국 죄가 탄로(綻露)하게 되었다. 전씨는 이에 굽히지 않고, 다시 돈을 뿌리며 상부에 소송을 남발하여 요행히 빠져나올 수 있었다. 그런데 그가 막 성문을 나서자, 갑작스레 번개가 치고 폭우가 쏟아지더니, 두 사람이 함께 벼락 맞아 죽고 말았다.

評: 아내를 간음하고 그 지아비까지 살해하였으니, 천리(天理)가 용납하기 어렵고, 그 원혼(冤魂)을 달래줄 길조차 없다. 그래서 사람이 제아무리 교묘히 모의(謀議)할지라도, 하늘(자연)에 인과응보는 더욱더 신기롭다. 이러한 놈들을 한번 살펴보시라. 마땅한 과보를 받지 아니하고 평안히 제 수명을 마치는 놈은, 백에 하나도 없을 것이다. 그러니 칼날을 들어 자신을 스스로 찔러 죽이는 것과 무엇이 다른가?

(중국 속담에 "사람 계산이 하늘 계산만큼 정교하지 못하다.(人算不如天算巧)"는 말씀이 있다. 인과응보가 언제 어디서 어떻게 닥칠지, 사람 지혜로는 도대체 헤아리기 어려우며, 오직 하늘(天地神明)만이 안다. 옮긴이)

6. 명나라 때 륙중석(陸仲錫)은 태어나면서부터 특이한 재능을 돋보였다. 나이 17세에 서울에 가서 구(邱) 아무개를 스승으로 모시고 공부했다. 그 집 대문 맞은편에 몹시 아름다운 녀자가 하나 있었다. 그런데 스승과 제자 두 사람 모두, 자주 그 녀자를 엿보는 마음이 꿈틀거렸다. 하루는 스승이 제자한테 말했다.

"수도에 성황(都城隍)은 가장 영험하니, 니가 한번 가서 기도를 올려

봐라. 혹시 결합할 인연이 있는지 반응을 보자."

그래서 성황에 가서 기도를 드렸다. 그런데 그날 밤 꿈에, 자기가 스승과 함께 성황한테 추궁을 당하며, 호되게 책망 받는 모습을 보았다. 성황이 장부를 펼쳐 벼슬 지위를 살펴보도록 지시하였다. 륙(陸) 아무개 자기 이름 아래에는 갑술년 장원(甲戌狀元)이라 적혀 있고, 스승인 구(邱) 아무개 이름 아래에는 아무 것도 적혀 있지 않았다. 그런데 성황신이 이렇게 호령하였다.

"륙 아무개는 마땅히 상제(上帝)께 보고 드려, 벼슬 명부에서 모두 지워버리고, 구 아무개는 창자를 뽑아내도록 주청(奏請)해야겠다."

그 말을 듣고 깜짝 놀라 꿈에서 깨어났다. 그때 마침 학관 시동(侍童)이 와서 문을 두드리고 알리기를, 구 선생님이 곽란병(霍亂病: 콜레라) 증세로 급사하였다는 전갈이었다. 그 뒤 륙중석도 과연 평생토록 매우 가난하였다고 한다.

7. 청나라 때 숙송현(宿松縣: 안휘성 서남부에 있음)에 현감이던 주유고(朱維高)가, 기유(己酉)년에 강남 지역 과거 시험관으로 참석하여, 어떤 훌륭한 답안 한 권을 뽑았다. 그런데 그날 밤 꿈에 어떤 사람이 나타나더니, "이 놈은 숨은 죄악이 있으므로 급제시킬 수 없다."고 말하면서, 손가락으로 '음(淫)'이라는 한 글자를 써서 자기에게 보여주는 것이었다. 자세한 연유를 물으니, 더 이상은 대답하지 않았다.

이튿날 아침, 주유고는 전날 밤 꿈은 금방 잊어버린 채, 자기가 뽑은 답안을 그대로 상부에 올렸다. 과거시험 위원장(主試)도 그 문장을 보고 탁월함을 감탄하며 아주 칭송하였다. 그러더니 갑자기 그 답안 안에 있는 문장 가운데서, '험난한 장애(險阻)'라는 두 글자를 붓으로 지워버리는 것이었다. 그래서 주 현감이 여쭈었다.

"시험 답안 중에 이와 비슷한 글자가 적지 않은데, 지우지 않아야 좋을 듯합니다."

이에 시험 위원장도 자기 행동을 후회하면서, 주 현감에게 자기가 방금 지운 부분을 물로 얼른 씻어내라고 분부하였다. 그래서 급히 씻었으나, 먹물이 번져 여러 줄이 그만 엉망진창으로 변했다. 때마침 전날 밤 꿈이 불현듯 생각나서, 주현감은 마침내 그 답안을 등외로 밀쳐내고 말았다. 그렇지만 주 현감은 끝내 그 문장을 아껴, 특별히 그 답안 원고를 보존하였는데, 응시자 성명은 알 수가 없었다. 이 사실은, 주 현감이 그 대신 뽑아 추천한 답안을 쓴 오리성(吳履聲)이 전한 이야기다.

8. 장보(張寶)가 성도부(成都府: 四川省 수도)에 지사일 적이었다. 화양(華陽)에 리위(李尉)라는 사람이 있었는데, 그 아내가 제법 아름다웠다. 장보는 그 아내와 사통(私通)하고 싶었다. 그런데 때마침 리위가 장물죄(贓物罪)를 범하자, 장보가 그 사실을 들추어내 탄핵하였다. 그래서 리위는 변방으로 쫓겨나 유배 가는 도중에 죽었다. 이에 장보는 리위 어머니한테 뇌물을 주고, 리위 아내를 맞이하여 몹시 기뻐하였

다. 그런데 어찌된 까닭인지, 그 녀자는 얼마 되지 않아 시름시름 앓더니, 본래 지아비인 리위가 옆에 있는 게 보인다고 하면서 그만 죽고 말았다. 장보도 곧 병이 들었는데, 하루는 꿈에 그 녀자가 나타나 이렇게 일러주는 것이었다.

“리위가 이미 상제(上帝)께 하소연하여, 오늘내일 사이로 곧 그대 목숨을 거두려고 하니, 얼른 피해 깊숙이 숨어야 할 듯합니다.”

장보는 꿈에서 깨어나 그 내용을 기록해 두었다. 하루는 장보가 저녁 때 혼자 앉아 있는데, 멀찌감치 뜰아래서 누가 붉은 옷소매를 저으며 자기를 부르는 모습이 보였다. 그는 리위 아내라고 생각하고 부리나케 달려갔다. 헌데 중간에 리위가 나타나 장보를 붙잡고 심하게 두들겨 패서, 장보는 코피를 흘리며 그 자리서 죽고 말았다.

9. 청나라 때 봉양(鳳陽)에 사는 서생 왕(汪) 아무개는, 집에 조그만 연못이 있어 연꽃을 심었는데, 아직 꽃이 피는 것은 보지 못하였다. 강희(康熙) 7년 기유(己酉: 1669)년에, 향시에 응시할 자격을 부여하는 보충 선발 시험이 있었다. 이 시험에 참가하려고 준비하는데, 연못에 갑자기 한 쌍에 연꽃 봉오리가 피어오르는 것이 보였다. 이를 본 부모는 몹시 기뻐하였다. 그런데 저녁에 왕 서생이 술을 마시고 자기 집 하녀에게 희롱을 건넸다가, 하녀가 거절하지 아니하므로 마침내 사통(私通)하고 말았다.

이튿날 새벽 일어나 보니, 연꽃은 이미 꺾여 있었고, 부모에 애석

함과 비통은 이만저만이 아니었다. 그리고 왕 서생은 새벽꿈에 문창제군(文昌帝君)을 알현하였는데, 하늘에 과거 급제자 명단(天榜)에 올라 있던 자기 이름을, 문창제군이 갑자기 지워버리는 것이었다. 이에 그는 울먹이며 제군께 절하면서 간청하기를 세 번이나 되풀이하다가 꿈에서 깨어났다. 마음속으로 결코 상서롭지 못한 조짐인 줄 알면서도, 찜찜한 기분으로 보충 시험 길에 올랐다.

당시 시험관은 선발 기준이 몹시 공정하기로 정평이 났었다. 봉양부에 서생 보충 선발 인원은 본디 세 명이었으며, 그때 보충 시험에 응시한 사람도 겨우 꼭 세 사람뿐이었다. 그런데 셋 중에 유독 왕 서생만 선발에서 제외되었다. 그것도 세 차례나 재심을 반복한 끝에, 결국 탈락한 것이었다. 그래서 왕 서생은 하릴없이 혼자 눈물을 떨구며 귀가하였다.

10. 명나라 때 옥산현(玉山縣: 강서성 동부에 있음)에 사는 서생 왕(王) 아무개는, 어머니 상(喪)을 당하여 아내를 맞이하게 되었다. 그래서 칠칠(七七) 49재(齋)가 끝나면 혼례를 올리기로 기약하고, 왕 서생은 어머니 관 옆에서 잠자며, 신부는 방안에서 잠자기로 별거 중이었다. 하룻밤에는 방 문 두드리는 소리가 들리더니, 하녀가 신랑이 당도했다고 여쭈었다. 이에 신부가 방문을 열고 맞이하여, 마침내 동침하였다. 북소리 다섯 번 울리는 오경(五更)이 되어서는, 신랑이 서둘러 달아나듯 떠나가면서, "바깥사람들이 알면 나를 불효죄로 꾸짖을까 두

렵다."고 말하곤 했다.

그렇게 며칠을 계속하더니, 하루는 혼수에 대해 물어왔다. 그래서 신부는 옷값으로 은(銀) 80량과 금비녀・옥 귀걸이가 모두 조그만 상자 안에 들어있다고 대답하였다. 그러자 5경에 방을 나가면서, 그 상자를 통째로 가지고 간 뒤, 다시는 오지 않았다.

칠칠(七七) 49재일이 모두 지나자, 왕 서생은 술자리를 벌이고 혼례를 올리려고 준비하였다. 그러면서 신부는 신랑과 주고받은 말을 통해, 비로소 자기가 도적에게 속아 롱간(弄奸七七)당한 줄 알게 되었다. 그리고는 땅바닥에 털썩 주저앉아 머리를 바닥에 대고 통곡하면서, 더 이상 살지 않겠다고 맹세하였다. 이윽고 친정에 되돌아가 부모께 자초지종을 아뢴 뒤 스스로 목매어 죽었다.

신부 주검을 장례 지낼 때, 왕 서생이 관을 앞에서 이끌고 묘 자리까지 이르렀다. 그러자 하늘에서 갑자기 천둥과 번개가 번갈아 일어나더니, 난데없이 어디선가 한 사람이 이끌려 와 관 앞에 꿇어 앉혀졌다. 모두들 바라보니, 바로 왕 서생 집안에 형님(堂兄)이었다. 그런데 손에 금비녀와 옥 귀걸이・은을 받쳐 든 채, 꿇어앉은 모습으로 벼락 맞아 죽었다. 그 시체는 금세 썩어 문드러졌고, 이를 본 온 고을 사람들이 모두 경악을 금치 못하였다. 이는 무종(武宗) 정덕(正德) 9년(1514)에 일어난 일이다.

11. 청(淸)나라 세조(世祖) 순치(順治: 1643~61 재위) 년간에, 가흥부(嘉興

府: 지금 절강성 일부에 해당)에 전(錢) 아무개가 있었다. 그는 과거에 급제하기 전에, 같은 고을 주민 아무개 집에 학관을 열었다. 그 집에 열일곱 살 딸이 있었는데, 때마침 청명절(清明節)을 맞이하여, 온 집안 식구가 산에 성묘하러 가고, 딸 혼자만 집을 지키게 되었다. 이 틈을 타서 전씨가 그 딸을 간음하였다.

나중에 딸에 배가 점점 불러오자, 부모가 까닭을 캐물었다. 딸이 사실대로 대답하자, 그 부모는 전씨가 아직 장가들지 않았으므로, 딸을 그에게 시집보내 추문을 덮어 감추려고 생각하였다. 그래서 전씨를 찾아가 상황과 의향을 모두 털어놓았다. 그랬더니 전씨는 일부러 낯빛을 크게 바꾸면서 퉁명스럽게 소리쳤다.

"그래, 당신네 보잘것없는 딸을 가지고 내 인생을 망치려고 하시오?"

이 말을 들은 처녀 아버지는 격분하여, 집에 돌아온 뒤 딸에게 욕을 퍼부어댔다. 마침내 딸은 스스로 목매어 죽었다. 그 뒤 전씨는 그 처녀가 아이를 품에 안고 자기 앞에 와 서 있는 꿈을 자주 꾸었다.

전씨는 과거에 급제한 뒤, 강녕부(江寧府: 지금 강소성 南京을 중심으로 한 일대)에 사리(司理: 사리참군(司理參軍)에 준말로, 소송과 형옥(刑獄)을 담당하던 관직)에 임명되었다. 때마침 진강부(鎮江府: 강소성 진강시를 중심으로 한 일대)에 변란이 일어났는데, 반역에 가담한 죄인들을 심문하는 직책이 전씨에게 내려졌다. 그러나 전씨는 심문하는 과정에서 뇌물을 받은 죄로 교수형(絞首刑)을 심판 받게 되었다. 사형 집행 명령이 내려지던 날, 전씨는 다시 그 처녀가 빨간 수건으로 자기 목을 묶어 끌어당기는 꿈을 꾸었다. 그리고 이튿날 곧바로 교수형에 처해졌다.

12. 산동(山東)에 서생 모(某)씨는, 과거시험 보기 전날 저녁 갑자기 집안 머슴이 죽자, 우선 시신을 어느 방 안에 잠시 넣어 두고 시험 보러 갔다. 그런데 첫날 시험을 마치고 돌아오자, 죽은 머슴이 되살아나 이렇게 말하는 것이었다.

"어제 내가 정신을 잃은 뒤, 주인을 따라 과거 시험장에 들어갔는데, 주인이 이미 몇 등에 급제했다는 말을 들었습니다. 또 급제자들에게는 모두 붉은 깃발이 한 개씩 있었는데, 주인에게도 있는 것을 보았습니다."

그러자 주인인 모 서생은 매우 기뻐하였다. 이때다 싶어, 머슴은 집주인한테, 급제한 뒤 자기에게 마누라를 하나 얻어 달라고 청했다. 이에 주인이 "우리 대문 맞은편 집 딸을 얻으면 어떻겠느냐?"고 물었다. 머슴이 너무 과분하여 감당하기 어렵다고 겸손히 사양하자, 주인은 이렇게 큰소리쳤다.

"내가 과거에 급제하고 나면, 어찌 그가 딸을 시집보내지 않을까 두렵겠느냐?"

그런데 두 번째 시험 볼 때도, 머슴이 또 죽었다가 다시 되살아났다. 하지만 이번에는 화난 기색을 띠고서는, "주인어른이 급제하지 못했습니다."고 말했다. 주인이 깜짝 놀라 그 까닭을 캐묻자, 머슴은 이렇게 대답했다.

"관청에 시험관이 급제자 명단을 점검하다가, 주인 이름에 이르러서 갑자기, '아무개는 아직 급제가 확정되기도 전에 김칫국부터 마시고, 벌써 나쁜 짓 할 마음을 품었도다.'고 말하였습니다. 그리고 담당 관리에게 조(趙) 아무개로 바꿔 적어 넣으라고 명령하는 것이었습니다. 이에 주인어른이 앞에서 울부짖는데, 주인 앞에 있던 붉은 깃발도 더 이상 보이지 않았습니다."

주인 모 서생은 이 말을 듣고 반신반의하면서, 급제자 명단이 발표되기만 기다렸다. 그런데 원래 자기가 급제할 것이라던 몇 등 자리에, 정말로 조 아무개가 적혀 있었다. 나중에 사연을 알아본 즉, 자기 시험답안을 보고 평가한 담당 시험관이, 본디 자기 시험답안 7편에 모두 동그란 점(훌륭한 문장 옆에 우수하다는 평가를 강조하는 부호)을 가득 찍어, 시험 위원장에게 추천 보고하려고 했다. 헌데 뜻밖에 세 번째 시험답안이 등잔 그을음에 절반쯤 타 버려, 결국 상관에게 올리지 못하고, 락제(落第) 답안 중에 가장 나은 것을 하나 가려 대신 보충했다는 것이다. 이 소식을 들은 모 서생은 한없이 후회하고 괴로워했다.

이 이야기는 래양현(萊陽縣: 山東省 동부에 있음)에 송려상(宋荔裳) 선생이 친히 구술(口述)한 내용으로, 모 서생과 같은 고향 사람인 관계로, 그 성명은 밝히지 않았다.

13. 명(明)나라 때 의흥현(宜興縣: 강소성 남부에 있음)에 한 직물 염색

공장에 매우 예쁜 청상과부가 있었다. 어떤 목재상이 과부를 보고 몹시 마음에 든 나머지, 온갖 수단방법을 동원하여 꾀어내려고 애를 썼으나, 끝내 가까이할 수가 없었다. 그래서 마침내 흉악한 간계(奸計)를 꾸며대기에 이르렀다. 즉, 한밤중에 자기 목재 몇 그루를 과부 집 마당에 던져 넣고는, 이튿날 과부가 훔쳐 갔다고 관가에 고발한 것이다. 그리고 관청 관리들에게 뇌물을 건네주었다. 과부를 극도로 곤궁하게 핍박하고 모욕하여, 결국 자기 뜻에 따르도록 굴복시키려고 한 것이다.

이에 과부 집에서는 절망한 나머지, 조현단(趙玄壇)[1])한테 기도를 올리며 통곡으로 하소연하였다. 그날 밤 과부 꿈에 한 신이 나타나더니, "이미 검은 호랑이(黑虎)에게 명령을 내렸다."고 과부를 위로하였다. 며칠이 안 되어, 목재상은 목재를 사들이려 산에 들어갔다. 그런데, 울창한 수풀 속에서 갑자기 검은 호랑이가 나타나더니, 목재상에 목을 물어뜯어 가지고 사라졌다.

---

1) 조현단(趙玄壇): 일명 조공원수(趙公元帥)라고도 일컫는데, 도교(道教)에서 재물을 관장하는 신(財神)임. 형상은 검은 얼굴에 덥수룩한 수염이 나고, 머리에는 쇠로 만든 모자(鐵冠)를 썼으며, 손에는 쇠로 만든 채찍을 들고, 검은 호랑이(黑虎)에 올라탄 모습으로 표현하기 때문에, '흑호현단(黑虎玄壇)'으로 부르기도 함. 성(姓)은 조(趙)씨고 이름은 공명(公明)인데, 진(秦)나라 때 종남산(終南山: 섬서성 西安市 남쪽에 있는 산으로 南山, 太一山, 周南山 등으로도 불림. 도교에 유명한 신선인 려동빈(呂洞賓), 류해섬(劉海蟾) 등이 수도한 곳으로 널리 알려짐)에서 득도(得道)하였다고 전해지는데, 도교에서는 '정일현단원수(正一玄壇元帥)로 받들어 모심. 천둥과 번개를 거느리고 질병과 재난을 제거할 수 있으며, 공평무사한 정도(正道)를 시행하고, 재물을 구하는 대로 얻게 해준다고 함.

14. 청(淸)나라 때 가선현(嘉善縣)에 서생인 지(支) 아무개는, 강희(康熙) 8년 기유(己酉: 1669)년 가을 향시(鄕試)를 치르고 귀가하여, 친구 고(顧) 아무개에게 이렇게 말했다.

"시험을 치르면서부터, 내 정신령혼(神魂)은 마치 무슨 귀신이 농간을 부리는 것처럼, 몹시 황홀하여 흐리멍덩하네. 그래서 아무개 스님께 귀의하여, 전생에 묵은 원한과 죄업을 참회하고 싶네."

친구 고 아무개가 좋다고 화답하여, 이내 스님을 모시고 함께 지(支)서생을 보러 갔다. 그런데 지 서생은 갑자기 미친 기가 발작하여 이렇게 외쳤다.

"내가 전생에 삼세(三世) 동안 원한을 품어 오다가, 이제야 비로소 너를 만났다."

스님이 무슨 원한이 맺혔는지 묻자, 지(支) 서생은 다음과 같이 대답하였다.

"나는 삼세 전생에 그에 부하 장수였는데, 그는 주장(主將: 총사령관)이자 훈척(勳戚)이며, 성은 요(姚)씨였습니다. 그런데 그는 내 아내가 젊고 아리따운 모습을 엿보고는, 나한테 병졸을 거느리고 전쟁에 나가도록 명령했습니다. 나를 죽을 곳에 처 밀어 넣은 뒤, 내 아내를 차지하려고 꾀한 것입니다. 이에 저항하여 내 아내는 스스로 칼로 자결하였고, 결국 우리 집안 식구는 전부 골육이 산산조각 흩어지고 말았습니다. 그런데 그는 나중에 '충성과 정의(忠義)'라는 명예를 안고 죽어, 내가 보복할 수가 없었습니다. 그 다음 생에는 그가 고승(高

僧)이었기 때문에 또 보복할 수가 없었습니다. 그 다음 삼세에는 그가 재상이 되었는데, 훌륭한 정치 업적을 쌓아 복록(福祿)에 신명이 늘 그를 수호하였기에, 역시 복수할 수가 없었습니다. 금생에도 그는 과거시험에 급제할 명예가 있어서, 내가 30년이나 기다렸습니다. 그런데 최근에 그가 간음에 죄업을 저질러, 문창제군(文昌帝君)에 벼슬 장부에서 지워졌습니다. 그래서 내가 비로소 손을 쓸 수 있습니다."

이 말을 하는 동안, 그는 원한과 분노가 그치지 않았다. 이에 고 아무개가, "원한은 마땅히 풀어야지, 맺혀서는 안 된다네."라고 타일렀다. 그러나 그는 "내 원한은 풀리기도 어렵고, 또 용서해줄 수도 없습니다."고 대답했다. 지 서생은 마침내 미쳐 날뛰다가 죽고 말았다.

15. 귀주(貴州)에 아무개 서생은 여러 차례(屢次) 과거시험을 치렀으나, 번번이 락방(落榜)하였다. 그러자 장진인(張眞人)을 찾아가, 천상에 과거 급제자 명단(天榜)을 한번 확인(조회)해 달라고 애걸했다. 그래서 조회한 결과, 신명이 내린 계시는 이러했다.

"이 사람 운수에는 본디 과거시험에 명예가 있어야 마땅한데, 숙모를 훔친 죄로 삭제되었다."

장진인이 이러한 회답을 전해주자, 아무개 서생은 '그런 일이 없다'고 말하였다. 그리고 스스로 자아 변론서를 작성하여, 신명께 하소연을 올렸다. 그랬더니 신이 다시 답변하는 계시를 내렸다.

"비록 구체로 그러한 일(행동)은 없었지만, 그런 마음이 있었던 것은 사실이다."

이에 그 서생은 후회했으나, 이미 때는 늦었다. 그가 소년 시절에 숙모에 아름다운 모습을 보고는, 우연히 사(邪)된 마음을 한번 일으킨 적이 있었던 것이다.

16. 엄무(嚴武)는 어렸을 적부터 한 군관(軍官)과 이웃하고 살았다. 그는 군관에 딸이 예쁜 걸 보고, 온갖 계략을 동원하여 그 딸을 꾀어낸 뒤, 데리고 도망가 버렸다. 군관은 궁궐에 나아가 진정서를 바쳤고, 마침내 황제가 엄무를 잡아들이라는 조서(詔書)를 내렸다. 이 사실을 안 엄무는 자기 죄가 두려워, 그 딸을 목 졸라 죽인 뒤, 흔적을 감쪽같이 없애버렸다. 그 뒤 그는 파촉(巴蜀) 지방에 숨어 지내면서 병을 얻었는데, 그 녀자가 나타나 자기 목숨을 요구하는 모습을 보았다.

"소녀가 비록 성숙한 행실을 잃기는 하였지만, 그대에게 잘못한 일은 하나도 없습니다. 그런데도 그대는 나를 살해했으니, 참으로 잔인한 사람입니다. 소녀가 상제(上帝)께 이미 하소연하여, 과보(果報)에 기일이 내일로 정해졌습니다."

그러더니 엄무는 정말 이튿날 새벽 무렵 죽고 말았다.

17. 강녕(江寧)에 류(劉) 아무개라는 아전이 있었다. 한번은 어떤 범인에 죄를 신문하여 구금하였다. 그 범죄는 황금 10여 량을 벌금으로 바치면, 속죄(贖罪)하고 풀려날 수 있는 종류였다. 그래서 범인은 류 아전

한테 자기 집에 가서 자기 딸을 팔아다가 벌금을 내고, 자기를 속죄시켜 달라고 청탁하였다. 류 아전은 곧장 범인 집에 달려가서, 그 아내와 사정을 상의하였다. 그런데 그 아내에 자태가 자못 아름다우므로 간음하려고 생각하였다. 범인 아내는 지아비 목숨이 아전 도움에 전적으로 달렸다는 사실을 알고, 아전에 뜻에 따라 주었다.

그리고는 딸을 팔아 황금 20량을 받은 뒤, 모두 지아비를 속죄하는 벌금으로 내달라고 아전에게 건네주었다. 류 아전은 황금 20량을 받아 모두 스스로 써버리고, 관청에 벌금으로 납부하지 않았다. 범인 아내는 벌금을 이미 관가에 납부했다고 생각하고, 지아비가 얼른 풀려나 귀가하기만 손꼽아 기다렸다. 그러나 여러 날을 기다려도 아무 소식도 없으므로, 이상하게 여겨 친족 한 사람에게 찾아가 사정을 좀 알아봐 달라고 부탁하였다. 그래서 그 친족이 범인을 찾아가 저간에 사정을 말하니, 범인은 그 소식을 듣고 크게 분통을 터뜨리더니 그만 죽고 말았다.

그 뒤 열흘쯤 지나, 류 아전은 갑자기 오한과 고열이 교대로 엄습하는 병마에 걸려, 귀신에게 홀린 듯 혼잣말로 중얼거렸다.

"아무개가 동쪽 감옥(東獄)에서 나에게 즉각 신문할 것이라고 분부한다."

그리고는 자리에 엎드려 슬프게 울부짖으면서, 스스로 '죽어 마땅한 놈'이라고 지껄였다. 그리고 그는 이어 "나는 거짓말을 습관으로 일삼아, 쇠갈고리로 내 혀를 꿰어 끄집어내려고 한다."고 말하였다.

그러더니 곧 스스로 혀를 입 밖으로 몇 치나 길게 늘어뜨리는 것이었다. 그리고는 자기 혀를 스스로 깨물어 산산조각 내더니, 피와 살점이 뒤범벅된 채로 죽고 말았다.

18. 숙송(宿松)에 양(楊) 아무개는 학교에서 유명한 서생이었다. 관성제군(關聖帝君)[2])을 지극한 정성과 공경으로 받들어 섬겼다. 하룻밤에는 관성제군이 자기에게 사각 인감(方印)을 내려주시는 모습을 꿈꾸었다. 그래서 내심 기뻐하며, 과거에 반드시 급제하리라고 스스로 생각하였다. 그런데 그 뒤 어느 루각(樓閣) 아래서 한 량가(良家) 규수를 간음하였다. 그리고 과거시험을 치르고 집에 돌아온 날 밤에, 다시 관성제군이 꿈에 나타나더니, 이번에는 지난번 주었던 사각인감을 내놓으라고 요구하는 것이었다. 그래서 양 서생이, "인감은 저에게 내려주셔 놓고, 또 어찌하여 내놓으라고 요구하십니까?" 라고 항변하였다. 그러자 관성제군은 이렇게 답변하였다.

"단지 인감만 내놓을 게 아니라, 아울러 니 목숨까지 내놓아야겠다. 지난 몇 월 어느 루각 아래서 저지른 짓이, 너는 마음 편안하단 말이냐?"

그 뒤 한 달이 채 못 되어, 부자(父子)가 함께 죽고 말았다.

---

2) 관성제군(關聖帝君): 삼국시대 촉(蜀)나라 대장군이었던 관우(關羽: ?~219)가 죽은 뒤, 그 정의로운 정신기개가 승화하여 천상에 신이 되었다고 전해지는데, 도교(道教)와 민간신앙에서 그를 관공(關公)이나 관제(關帝), 또는 관성제군(關聖帝君)으로 존칭함.

19. 명(明)나라 무종(武宗: 1505~21 재위) 정덕(正德) 년간에 사명부(四明府)[3]에서 있었던 일이다. 어떤 수재(秀才)[4]가 죽은 뒤, 아들 꿈에 나타나 이렇게 말하였다.

"생전에 간음죄를 범하여, 내일 남성(南城)에 사오랑(謝五郎) 집에 있는 개한테 강아지로 태어나게 되었다. 한시 바삐 착한 일을 많이 해서, 나를 위해 참회하고 공덕을 쌓아주기 바란다."

그 말을 마치자마자, 한 귀졸(鬼卒)이 그 목을 끌어 잡아당기고, 다른 귀졸 하나는 흰 가죽을 그 머리에 덮어씌웠다. 그러자 그는 구슬피 울면서 머뭇거리다가 떠나갔다. 그 아들이 깜짝 놀라 꿈에서 깨어났다. 이튿날 사씨 집에 찾아갔다. 과연 개가 새끼를 낳았는데, 온 몸이 여린 흰색이었다. 그 아들은 흰 강아지를 사 가지고 집에 돌아와, 그를 위해 좋은 일을 널리 베풀었다. 오륙 년이 지난 뒤, 개는 밥을 먹지 않다가 죽었다. 그런데 그 뒤 다시 한 달쯤 지나자, 집안에 어린 하녀 하나가 쪼그려 앉더니만, 마치 생전에 수재(집주인) 모습처럼 큰

---

3) 사명부(四明府): 절강성에 옛 행정 구역인 녕파부(寧波府)를 일컫는 별칭. 관할 지역 안에 사명산(四明山)이 있어 붙은 별칭인데, 사명산(四明山) 위에 사면으로 창이 뚫린 듯하여, 그 안에 해와 달·별들에 빛이 통하는 네모난 바위가 있다고 전해짐.

4) 수재(秀才): 무재(茂才)라고도 일컫는데, 한대(漢代)에 인재를 천거 등용하는 한 과목으로 설치하였음. 그 뒤 남북조 시대에 가장 중시했으며, 당나라 때도 설치했으나 점차 유명무실해지면서, 일반 글공부하는 선비나 서생을 일컫는 명사로 변함. 명나라 태조 때 천거 등용법을 다시 채택하여, 수재 수십 명을 뽑아 지부(知府) 등 관직에 임명하였음. 그러나 나중에는 부(府)나 주(州)나 현(縣)에 학교에서 공부하는 생원을 주로 일컫는 말이 되었음.

소리로 집안사람들을 모두 불러 모아 이렇게 말하였다.

"나는 실제로는 일찍이 간음을 범한 적이 없다. 다만 18세 때 형수님 방 앞을 지나는데, 형수님이 마침 침대를 씻다가 반지를 땅에 떨어뜨린 뒤, 내게 주워달라고 부탁하였다. 그때 내가 반지를 주워 드리면서 감정이 움직인 적이 있을 따름이다. 그 뒤로도 형수님이 때때로 나한테 웃으면서 말을 건네 왔다. 그래서 하마터면 인륜을 깨뜨릴 뻔한 위험도 있었으나, 형수님이 마침내 병으로 죽고 말았다. 그 뒤로는 나도 정신이 어지럽고 심사가 산만해졌는데, 그러다가 그 이듬해 나도 죽은 것이다. 죽은 뒤 귀졸이 나를 결박시켜 한 관청 뜨락으로 끌고 갔는데, 그때 나는 이미 두 손을 땅바닥에 갖다 대고, 마치 개 모습처럼 변해 있었다. 이제 너희가 착한 일로 공덕을 쌓아, 나를 위해 회향기도해준 까닭에, 내 전생 죄업이 소멸할 수 있었다. 앞으로 나는 곧 산동(山東)에 조의사(趙醫士) 집안에 다섯째 아들로 태어날 것이다."

그리고 나서 온 집안 식구에게 작별하였다. 그 말을 마치자, 어린 하녀는 땅바닥에 쓰러졌다가 이내 깨어났다.

20. 운간(雲間: 옛날 강소성 松江府에 별칭)에 려(呂) 아무개는 세도 있는 명문 집안(世家)에 아들이었다. 음욕을 제멋대로 자행하더니, 그 딸과 하녀 · 집안 식구들이 항상 더럽고 지저분한 질병을 앓았다. 나중에는 그 자녀가 다 죽어 버렸다. 그리고 관청에 소송으로 집안이 산산이 부서지고, 자신은 루차(屢次) 형벌을 받았다.

중년쯤부터는 지극히 가난하고 곤궁하여, 추워도 입을 옷이 없고, 배고파도 먹을 음식마저 없었다. 집은 지붕에 기와도 없어지고, 질병에 걸려 신음해도 돌봐주는 사람조차 없었다. 죽는 날에는 시체를 덮어줄 수의(襚衣)와 관(棺)도 없었고, 고자리(구더기)와 벌레가 온 몸에 득실거려, 보는 사람들이 처참한 광경을 차마 눈뜨고 볼 수 없었다.

21. 청(清)나라 강희(康熙) 32년 계유(癸酉: 1693)년 과거시험 때였다. 송강(松江)에 한 서생이 첫 번째 시험장에서 답안을 받아 들자마자, 갑자기 한 귀신이 자기를 따라 자기 호방(號房: 과거 시험장에 칸막이로 구분한 수험생 개인별 공간)에 들어오는 것을 보고는, 깜짝 놀라 밤새도록 울어댔다. 이로 말미암아 모든 호방에 수험생이 불안해 떨었다. 다음날 저녁에 세 번째 원고가 매듭지어질 때가 되자, 마침내 귀신이 다가와 그 목을 붙잡고 조르기 시작하였다. 이에 그는 급히 큰 소리로 비명을 질렀고, 바로 옆 호방 수험생이 구해주자, 울면서 이렇게 말했다.

"몇 년 전 초(楚) 지방에 갔다가, 한 녀자한테 반하였습니다. 그래서 아내로 맞이하겠다고 거짓말로 꾀었더니, 그 녀자가 좋아하여 서로 간통하였지요. 그리고 그 녀자는 나한테 황금까지 주었습니다. 그런데 그 녀자를 데리고 집에 돌아오자, 안사람이 도대체 그 녀자를 받아들이지 않아, 결국 죽고 말았습니다. 이제 그 녀자 귀신이 찾아 왔으니, 나는 더 이상 살 수 없을 것 같습니다."

이 말을 들은 옆 호방 서생이 좋은 말로 위로해주고 돌아갔다. 그런데 조금 지난 뒤, 다시 그 서생이 자기 호방 안에서 목숨을 살려 달라고 애걸하는 소리가 들리더니, 소리가 멈추고 잠잠해졌다. 이에 이상하게 여긴 옆 호방 서생이, 호위 군사를 불러 촛불을 켜고 살펴 보았다. 그랬더니 붓에 매달린 빨간 끈으로 스스로 자기 목을 묶어 졸랐는데, 이미 숨이 끊어져 죽어 있었다.

評: 남릉현(南陵縣: 안휘성(安徽省) 동남부)에 과거 급제자 명부(丹桂籍)는, 이 사건에 대해 이렇게 적고 있다.

"이 사안은 한 녀자를 간음한 놈으로 하여금, 반드시 과거 시험장에 들어가서 죽게 만들고, 게다가 반드시 스스로 그 까닭(인과응보)을 말하게 한 뒤 죽게 만들며, 더욱이 함께 과거시험에 참가한 모든 서생들이 그 연유를 알게 한 뒤 죽게 만들었다. 그러니 하늘이 사음(邪淫)에 과보를 분명하게 드러내어, 죄인을 징벌하고 사람들에게 경종(警鐘)을 울리는 의도가 너무도 깊고 간절하도다."

22. 명나라 때 형계(荊溪: 강소성 남부에 있는 강물)에, 아주 사이가 좋은 두 사람이 살고 있었다. 한 사람은 부유하고, 다른 한 사람은 가난하였다. 그런데 가난한 사람 아내가 몹시 예뻐, 부유한 사람이 몹시 탐낸 나머지 모략을 꾸몄다. 즉, 어떤 부잣집에 가면 의탁해서 생계를 꾸려갈 수 있다고 권한 뒤, 자기가 배를 마련하여 그와 그 아내를 함께 실어다 주겠다고 자청한 것이다. 그렇게 하여 부유한 사람은 가난

한 사람 부부를 배에 싣고 가다가, 산기슭에 배를 정박하고 이렇게 말했다.

"자네 아내더러 배를 지키라고 남겨 놓고, 나와 자네 둘이 먼저 찾아가 보세."

그렇게 가난한 사람을 꾀어내어 숲 속으로 끌고 간 뒤, 갑자기 허리 틈에서 도끼를 꺼내어 그를 찍어 죽였다. 그리고는 거짓으로 우는 체하면서 산을 내려와, 배를 지키고 있던 친구 아내에게 거짓말을 하였다.

"당신 부군(夫君)이 그만 호랑이에게 물려 죽고 말았소."

이에 아내가 큰 소리로 통곡하면서, 그 남자와 함께 지아비 시체라도 찾겠다고 산으로 올라갔다. 숲 속 깊숙한 곳에 이르자, 그 남자는 본색을 드러내어 친구 아내를 껴안고 간음하려 하였다. 녀자가 저항하여 뿌리치는데, 갑자기 호랑이가 나타나 부유한 남자를 물어가 버렸다.

녀자는 깜짝 놀라 경황없이 도망가면서, 자기 지아비도 호랑이한테 물려 죽었다고 생각하니, 몹시 비통하고 살맛이 없어 실컷 울었다. 그런데 멀리서 한 사람이 울면서 다가오는데, 가까이 다가와 보니 바로 자기 지아비였다. 그래서 서로 그간에 상황을 주고받으며, 금세 슬픔이 기쁨으로 바뀌어, 둘이 얼싸안고 집에 돌아왔다.

23. 여항현(餘杭縣: 절강성 杭州市 북부 지역)에 장(張) 아무개는 금릉(金陵:

南京에 별칭)에 가서 상업에 종사하면서 한 여관에 묵었다. 그런데 한 부녀자가 바로 이웃집에 산다고 자칭하면서, 장씨와 사통(私通)했다. 그러한 관계가 한참이나 이어지면서, 장씨가 주위를 살펴보니 이웃집에 도무지 이 부녀자가 살고 있지 않은 것 같았다. 하도 의심스러워 캐물었더니, 그 녀자는 이렇게 말했다.

"잠시 사람 몸을 빌려 의탁한 것이지, 소첩(小妾)은 이미 사람이 아닙니다. 양추(楊樞)라는 놈이 당신 동네 사람이 아닙니까?"

장씨가 '그렇다'고 답하자, 그 녀자는 발로 땅바닥을 치고 이를 부득부득 갈면서 말했다.

"그 놈은 천하에 신의를 저버린 사람입니다. 첩은 본디 기생으로, 젊어서 그 양씨와 어울려 즐겼습니다. 그는 제 비위를 맞추고 환심을 사기 위해서 갖은 아양을 떨었습니다. 그는 정말이지 하지 않은 짓이 없었습니다. 나를 아내로 맞이해 데리고 가서, 평생 생사고락을 함께 하겠다고 맹세까지 했습니다.

"그래서 첩은 옷장 등 혼수를 장만하여 그에게 시집가려고, 굳은 마음으로 약속을 지키며 기다리고 있었습니다. 그러나 오래도록 아무 기별이 없어 알아보았더니, 벌써 다른 녀자에게 장가들었다는 소문이 들렸습니다. 그래서 제가 결국 원한을 품은 채 죽었습니다. 이 점포(客舍)는 첩이 살아생전에 거처하던 곳입니다. 이제 당신 뒤를 따라 배를 타고 가서, 양씨네 신부가 어떻게 생겼는지 한번 살펴보고 싶습니다."

장씨가 그렇게 하라고 하자, 그 녀자는 장씨를 따라 그 고향 동네까지 이른 뒤, 장씨와 작별하고 양씨 집으로 들어갔다. 양씨 집은 마침 생일날을 맞이하여, 잔치 상을 벌이고 풍악을 울리며 손님들을 접대하고 있었다. 그런데 갑자기 양씨가 급사(急死)하였다. 그러더니 그 신부도 급작스런 질병이 발작하여 거의 죽어 나자빠졌다. 이 소식을 전해들은 장씨는 정말 크게 놀랐다.

24. 장안국(張安國)은 문학에 빼어난 재능이 있었으나, 행실이 단정하지 못하였다. 한번은 이웃집 녀자를 간음하여, 제 명대로 살지 못하고 그만 자살하게 만들었다. 나중에 과거에 응시했을 적에, 시험 위원장(主試)이 그 문장을 기특히 여겨 장원으로 뽑으려고 하였다. 그런데 갑자기 공중에서 크게 꾸짖는 소리가 들려 왔다.

"어찌 남을 간음하고 해친 놈을 장원으로 급제시킨단 말인가?"

이에 시험 위원장은 너무도 놀라 정신을 잃고 땅에 쓰러졌다. 한참 뒤 깨어나 그 답안지를 다시 보았더니, 이미 조각조각 찢겨져 있었다. 급제자 명단을 내건 뒤, 시험 위원장이 장안국을 불러 자초지종 경과를 일러주었다. 그러자 장안국은 몹시 부끄러워하더니, 얼마 안 되어 그만 죽고 말았다.

25. 건창(建昌)에 라(羅) 아무개는 집안이 가난하여 아내를 맞이할 수 없었다. 그래서 그 어머니가 강(江)씨에게 개가(改嫁: 재혼)하면서 받은

돈으로 장(章)씨를 맞이하였다. 그러나 라씨는 어머니 때문에 차마 신부와 잠자리를 같이할 수가 없었다.

신랑이 자기와 동침하지 못하는 이유를 캐물어 알게 된 신부 장씨는, 자기 비녀와 귀고리·옷가지 등을 내어주며, 신랑에게 가지고 가서 어머니를 다시 모셔 오도록 당부하였다. 이 말을 들은 신랑 라씨는 뛸 듯이 기뻐하며, 곧장 어머니에게 달려가 이 사실을 알렸다. 그러나 날이 저물어 그곳에서 하루 저녁을 묵게 되었다.

그런데 뜻밖에도 의붓아버지 강씨에 전처(前妻) 소생 아들인 강실(江實)이 모자(母子) 간에 나눈 대화를 몰래 엿들었다. 강실은 그날 밤으로 라씨 집에 찾아가, 자기가 라씨인 것처럼 행세하며 문을 두드리고 안에 들어갔다. 그리고 신부가 내놓기로 한 패물들을 받아 챙기고, 게다가 신부와 동침하기까지 하였다.

장씨는 사기 행각인 줄 전혀 눈치 채지 못하였다. 그러다가 강실이 모든 패물을 가지고 떠나 간 뒤, 날이 밝아 신랑이 되돌아오자, 신부는 비로소 자기가 감쪽같이 속은 줄 알았다. 그리고 부끄러움과 분함(憤恨)을 이기지 못하여 스스로 목매어 죽었다.

이에 신랑이 슬픔을 머금은 채, 관을 마련하고 시신을 렴(殮)하였다. 장례를 치르려고 관을 메고 교외에 이르렀을 때, 갑자기 천둥 번개가 번갈아 내리치더니, 어떤 사람 하나가 벼락 맞아 죽는 것이었다. 그는 손에 비녀와 귀고리·옷가지 등을 받쳐 든 채, 관 앞에 꿇어앉은 모습으로 죽었다. 그 사람 등에는 '간적강실(奸賊江實)' 네 글자가 선명하게 쓰여 있었다.

그와 거의 동시에, 나무 관(木棺)이 부서지면서, 죽었던 신부 장씨가 살아났다. 그리고 길옆에 번듯 서더니, 신랑을 보고 그간에 일을 물었다. 그리고는 둘이 함께 대성통곡을 한 뒤, 서로 부축하며 집으로 돌아왔다. 의붓아버지(繼父)인 강조(江潮)도 감동하여 눈물을 흘리면서, 후처 아들인 라씨 부부를 데려다가 함께 화목하게 살았다.

26. 명(明)나라 때 진강(晋江: 福建省 남부에 있는 강. 縣에 이름이기도 함.)에 허조형(許兆馨)은 무오(戊午)년에 향시에 급제한 뒤, 자기 시험 답안을 심사하여 뽑아 준 과거시험 위원을 찾아뵈러 나섰다. 가던 길에 우연히 어떤 비구니(녀스님) 암자 앞을 지나다가, 한 젊은 비구니에 모습에 그만 반하여, 위세와 협박으로 강간하였다. 그런데 이튿날 갑자기 스스로 자기 혀를 깨물어 두 동강 내더니, 그만 죽고 말았다.

27. 연산(鉛山: 강서성 동북부에 있음) 사람 아무개는 이웃집 부녀자가 몹시 예쁜 모습을 보고 그만 마음이 홀려 버렸다. 그래서 틈만 있으면 구실을 붙여 자꾸 수작을 걸었으나, 그 부녀자가 좀처럼 따라주지 않았다. 그런데 그 녀자에 지아비가 병들어 누웠다. 그런 뒤 천둥 번개가 내리치며 큰비가 퍼붓는 어느 날, 그는 두 쪽 날개가 달린 화의(花衣: 淸나라 때 百官들이 경축일이나 명절 때 입던 구렁이 무늬 수가 놓아진 복장)를 입고 이웃집에 담 넘어 들어갔다. 그리고는 쇠몽둥이로 잽싸

게 그 녀자에 지아비를 때려죽이고, 다시 담 넘어 나왔다. 그래서 사람들은 모두 번개가 쳐서 죽은 줄로만 알았다.

나중에 그 남자는 매파를 보내, 과부가 된 이웃집 녀자에게 청혼을 하였다. 그 녀자는 집안이 너무 가난하여, 할 수 없이 그 남자에게 시집오게 되었다. 그래서 새로 부부가 된 두 사람은, 그런 대로 금슬이 좋고 애정도 제법 도타워졌다. 하루는 녀자가 옷상자를 뒤적이다가 화의(花衣)를 발견하였다. 하도 특이하게 만들어진 옷 모습이 괴상하여, 남자에게 무슨 옷인지 물었다. 그러자 남자는 빙그레 웃으면서 그 옷에 얽힌 사연을 다 말해주었다.

그 말을 들은 녀자는 내심 몹시 놀랐으나, 겉으로는 짐짓 웃는 척하면서 말대꾸를 해주었다. 그런 뒤 이내 그 옷을 껴안고 곧장 관가로 달려가 신고하였다. 마침내 관가에서 그를 잡아다 죄를 신문하여, 교수형(絞首刑)에 처하도록 심판하였다. 교수형에 치히는 날, 갑자기 커다란 천둥 번개가 내리쳤다. 그러더니 그 몸통과 머리가 잘라져 따로 나뒹굴고, 사지도 찢어져 죽었다.

28. 강녕부(江寧府: 지금 강소성 일대)에 서생인 곽형(郭亨)은 기묘(己卯)년 과거시험에 응시하였다. 그런데 급제자 명단이 발표되기 전에, 그에 친구인 양(楊)씨 서생이 이렇게 말하는 것이었다.

"내가 근래에 음부(陰府: 저승)에 재판관을 지냈네. 그래서 알게 된 사실일세. 자네가 본래는 이번 과거에 제57등으로 급제할 운수였네.

그러나 자네 집안에 한 하녀(여종)가 자네에게 억지로 몸을 내맡기고, 모욕과 분함을 이기지 못하여 비명(非命)에 죽은 뒤, 음부(저승) 재판관에게 여라 차례 찾아와 하소연하였네. 그런 까닭에 결국 자네 이름을 급제자 명단에서 삭제하게 되었다네."

곽형은 이 말을 듣고 처음에는 믿지 않았다. 그런데 나중에 급제자 명단이 발표되어, 락제(落第) 시험답안을 받아 들고 나와야 했다. 그리고 자기 답안을 심사한 시험 위원이, 본디 자신을 급제자로 추천했다는 사실을 알고서야, 몹시 후회하고 한탄하였다. 곽형은 평생 충실하고 후덕하였는데, 단지 그때 한번 조심하지 않은 일 때문에, 종신토록 실의(失意)에 잠겨 지내야 했다.

평: 공과격(功過格)에 따르면, 하녀(여종)를 첩으로 삼으면 30점 과실(過失)이 된다. 이는 단지 일반 원칙으로 말한 것일 따름이다. 만약 구체 정황과 형세를 참작한다면, 끝없는 과오가 존재할 수도 있다. 무릇 남녀 간에 결합이란, 제아무리 가난하고 미천한 신분계급이라 할지라도, 각자 스스로 원하는 대상을 맞이해야 한다. 따라서 자기 명령과 지시에 따르는 미천한 하녀라고 해서, 강제로 억압하여 첩을 삼는다면, 남녀 결합에 기본 원칙인 자원(自願)에 이미 어긋나게 된다.

게다가 가장 감당하고 참기 어려운 일은, 아리따운 젊은 처녀가 돈 때문에 늙은 남자를 모셔야 한다든지, 또는 연약하고 착한 녀자가 거칠고 사나운 녀자한테 질투를 당하여, 속마음 하소연할 곳도 없이 답답하게 억눌려 지내다가, 마침내 하늘까지 사무치는 막대한 원한(철천지원한: 徹天之怨恨)을 머금고 죽는 것이다. 이러한 독기(毒氣)를 당하면, 정말로 불쌍하고 가련하기 짝이 없다.

그러나 그 근본 원인을 따져 보면, 결국 한 사람이 자기 욕정을 통제하지 못해서 초래한 참극들이다. 본처와 첩(妾: 小室) 사이에, 서로 말 다투고 욕하며 싸우는 걸 보라. 두 방 살림 문제는 더럽고 볼썽사나운 꼴을 덮을 수도 없으며, 그로 말미암은 근심걱정이 한두 가지가 아니다.

예로부터 집안에 대를 잇기 위하여, 정말로 꼭 부득이한 경우에만 첩을 들이는 것이 인정되어 왔다. 하지만 그저 욕정을 채우기 위하여, 돈이나 권세로 이러한 짓을 하면, 끝없는 죄업을 짓는다. 이런 일은 결코 없도록, 삼가고 또 조심하여야 한다.

29. 저주(滁州: 안휘성 滁河 유역 일대)에 왕근정(王勤政)은 이웃집 아낙과 간통하고, 서로 함께 도망하기로 밀약까지 하였다. 그러나 이를 계기로 아낙이 자기 지아비를 살해했다. 이 소식을 들은 왕근정은 몹시 크게 놀라, 곧장 혼자서 도망하여 강산현(江山縣: 절강성 서부에 있음)에 숨었다. 거리가 70리 이상 떨어져, 화(禍)를 벗어날 수 있다고 생각한 것이다.

그런데 배가 고파 음식점에 들어가 식사를 시켰더니, 주인이 2인분을 차려 가지고 나왔다. 갑자기 어안이 벙벙한 왕근정이 그 까닭을 묻자, 음식점 주인이 도리어 이상하다는 듯이 반문하였다.

"아니, 그러면 머리카락을 뒤집어쓰고 당신 뒤를 따라온 이는 사람이 아니란 말이요?"

이 말을 들은 왕근정은 깜짝 놀랐다. 그는 대번에 원한 맺힌 귀신이 함께 따라 온 줄을 깨닫고, 곧장 관가에 나아가 자수하였다. 그리하여 두 남녀 모두 법에 따라 처형되었다.

30. 예장(豫章: 강서성에 별칭. 옛날 郡과 縣에 명칭이기도 하였음.)에 어떤 일란성 쌍둥이 형제가 있었는데, 생긴 모습과 목소리까지 완전히 똑같았다. 포대기(襁褓)에 싸인 갓난아기 적부터 서른 살이 될 때까지, 두 형제는 얻고 잃음(得失)을 서로 견주어 보아도 모두 같았다. 서른한 살 때, 두 형제가 나란히 향시(鄕試)를 통과하여, 성(省)에서 치르는 과거에 응시하러 갔다.

마침 그들이 묵던 숙소 바로 이웃집에, 몹시 예쁜 청상과부가 있었다. 그런데 그 과부가 형에게 수작을 걸어오자, 형은 정색을 하고 거절하였다. 그리고는 아우에게도 접근할까 념려(念慮)하여, 미리 아우에게 이 사실을 알려 주고, 단단히 경계하도록 타일렀다. 그러자 아우는 짐짓 '그러하마' 라고 대답한 뒤, 마침내 그 과부와 간통하였다.

그런데 이 과부는 처음에는 자기와 간통한 사람이 형인 줄만 알고, 아우라는 사실을 몰랐다. 피차간에 서로 정(情)이 무르익자, 아우는 과부에게 만약 자기가 과거에 급제하면 반드시 그를 아내로 맞이하겠다고 약속까지 하였다. 그러나 급제자 명단이 내걸린 결과, 형은 당당히 급제하였으나, 아우는 그만 락제(落第)하고 말았다. 그러자 아우는 다시 과부에게 한술 더 떠 거짓말을 하였다.

"내가 조정에서 치는 갑과(甲科)에 급제한 뒤, 그대를 데려가겠소."

그리고는 로자(路資: 려비)가 모자란다고 말하자, 과부는 주머니를 털어 그에게 건네주었다.

이듬해 봄, 형은 조정에서 친 갑과에 등제(登第)하였다. (아우는 조정 갑과에 응시할 자격도 얻지 못했음.) 과부는 아침저녁으로 기다렸으나, 감감 무소식으로 세월만 흐르자, 이내 답답함이 쌓여 그만 병에 걸려 눕고 말았다. 마침내 과부는 은밀히 편지를 써서 형에게 보낸 뒤 곧 죽었다.

형은 과부에 편지를 받아 보고는, 그제사 깜짝 놀라 아우를 질책하였다. 아우는 고개를 숙인 채 사정을 모두 털어놓았다. 그 이듬헤 아우가 낳은 아들은 곧 바로 요절하고 말았으나, 형에 아들은 정말 아무 탈도 없었다. 아우는 한없이 통곡하여 슬퍼하다가, 그만 두 눈이 갑자기 한꺼번에 멀어 버렸고, 얼마 안 되어 그만 죽었다. 그러나 형은 높은 관직에 올라 자손도 많이 두고, 그야말로 온전한 복(全福)이라고 일컬을 만큼 잘 살았다.

평(評): 보통 사람들은 환난과 재앙이 닥쳐오면, 대부분 운명이라고 내맡기고 만다. 그러나 그러지 말고 정신을 번쩍 차려, 자신이 평생 무슨 죄업을 지어 오늘날 환난과 재앙에 이르게 되었는지, 스스로 곰곰이 반성하고 자신을 책망하며, 개과천선하도록 힘써야 한다. 그러면 천지신명께서 분노와 견책도 거두어들일 수 있으며, 나아가 전화위복(轉禍爲福)하는 계기로 삼을 수 있다. 그렇지 못한다면, 그 또한 예장에 쌍둥이 형제 중 아우와 같게 된다.

31. 유양(維揚: 옛 揚州府에 별칭. 지금 강소성 양주시 부근)에 서생 아무개는 음서(淫書)를 한 권 썼다. 그런데 책을 다 완성하자, 꿈에 신이 나타나 호되게 꾸짖는 모습을 보았다. 잠에서 깨어나 스스로 참회한 뒤, 이내 그만 두었다. 그러나 나중에 자식이 요절하고 집안이 가난해지자, 전에 썼던 음서를 다시 꺼내 인쇄하였다. 그 뒤 얼마 안 되어, 눈이 멀고 손에 악성 종기가 생기더니, 다섯 손가락이 모두 오그라들며 그만 죽고 말았다.

32. 시내암(施耐庵)은 수호전(水滸傳)을 지으면서, 그 내용 가운데 간음하고 도적질하는 일을 그림처럼 생생하게 묘사하더니, 그 자손이 삼대(三代)에 걸쳐 벙어리가 나왔다.

33. 청나라 강희(康熙) 5년 병오(丙午: 1666)년, 연주(兗州: 산동성 운하 동쪽 일대)에 속한 어느 현에 정(鄭)씨 서생이 있었다. 그는 생김새도 준수하고 글도 잘 지었는데, 외삼촌에 딸이 예쁘고 정숙한 데에 반하

여, 결혼을 허락해 달라고 청했다. 외삼촌은 그 청혼을 받아주지 않고, 이웃 동네 소(蕭)씨네 구혼에 이미 허락한 상태였다. 그런데 사위될 사람이 병에 걸려, 약혼한 지 1년이 넘도록 시집을 가지 못했다. 그러자 정씨 서생은 딸에 딸린 하녀에게 뇌물을 주어, 외삼촌 딸이 잠자는 틈을 타서 신발과 향주머니를 몰래 훔쳐오게 하였다. 그리고 자기가 그걸 가지고 소(蕭)씨네 가까운 친척에게 내보이며, 그 딸이 이미 자기와 사통(私通)했다고 소문을 퍼뜨렸다.

제 딴에는, 소(蕭)씨가 그 소문을 들으면 틀림없이 파혼할 것이라고 생각했다. 일단 혼사가 깨뜨려지면, 마치 깨진 시루처럼 누구도 쳐다보지 않을 것이니, 그런 다음에는 자기가 구혼하여 쉽게 얻을 수 있다는 속셈이었다. 소씨가 이 헛소문을 듣고는 반신반의하면서, 사람을 보내 딸네 어머니에게 사실 여부를 캐물어 보도록 시켰다.

그런데 딸은 어머니를 통해 그 헛소문을 전해 듣자, 억울한 분통을 이기지 못하고, 그만 날카로운 칼을 찾아 스스로 한바탕 휘둘렀다. 그 결과 팔뚝에 핏줄이 끊기면서, 목숨마저 끊어지고 말았다. 딸네 아버지가 하도 원통하여 관가에 소송을 제기하였다. 그 읍에 수령이던 아무개 공(某公)은, 사안을 가만히 살피더니 심증(心證)을 굳히고서, 정씨 서생을 붙잡아다 신문하여 범죄 사실을 모두 자백 받았다. 그리하여 그는 극형을 심판 받고 곧 처형되었다.

평(評): 당나라 때 원진(元稹)에 이모 딸(이종 사촌 누이)인 최앵앵(崔鶯鶯)

이란 녀자는 절세가인(絶世佳人)이었다. 원진이 결혼하게 해달라고 집요하게 요청했으나, 최앵앵 어머니(원진에 이모)는 딸을 자기 조카인 정항(鄭恒)에게 시집보낼 생각으로, 그 청혼을 받아 주지 않았다. 이에 원진은 몹시 분통이 터져, 회진기(會眞記: 鶯鶯傳에 다른 이름)를 지어 최앵앵을 모욕하였다. 게다가 최앵앵을 대신하여 화답시(和答詩)까지 지어 후세에 전하였다.

그래서 마침내 흠 없이 결백한 보옥(寶玉)으로 하여금, 천추(千秋)에 길이길이 더러운 티끌을 뒤집어쓰도록 하였다. 그러니 이 사건에 정씨 서생에 비하면, 그 죄악이 더욱 막심하다. 그 뒤 원진은 번갯불에 시체가 불타버리는 과보를 받았으니, 그 또한 당연하지 않겠는가?

34. 강남(江南)에 한 서생은 문장에 문채(文彩)와 생각(思想)이 함께 갖추어져, 자못 재능이 많았다. 그러나 평소 다른 사람에 안방 일을 말하기 좋아하였다. 기유(己酉)년 과거시험에 참가하였는데, 세 번째 시험에 이르러 등불을 켜는 때가 되자, 갑자기 답안지 표면에 "안방 일 말하기를 좋아한다.(好談閨閫)"는 네 글자가 쓰인 게 보였다. 그래서 부랴부랴 서둘러 손으로 네 글자를 문질러 지워버렸다. 그러나 답안을 작성하고 보니, 글자를 지운 답안지 표면이 지나치게 문질러 파손된 상태였다.

나중에 시험 위원이 채점 평가한 내용을 보니, 일곱 편에 답안이 모두 칭찬하는 동그라미로 가득 차 장원으로 뽑으려고 했는데, 세 번째 시험 답안이 파손되어 그만 급제조차 못했다는 것이었다. 그 뒤로 평생토록 실의(失意)와 락담(落膽)에 빠져 지냈다.

35. 명나라 말엽 오하(吳下)에 진(秦)씨 서생이 있었다. 공부도 열심히 하고 재주도 많은 데다, 시사(詩詞)와 악부(樂府)를 특히 잘 지었다. 그러나 사람됨이 아주 경박하여 익살스런 말로 세상을 헐뜯고 풍자하기를 좋아했다. 더러 형체나 외모가 변변치 못한 사람을 보면, 얼굴을 처음 대하자마자 시 한 수가 금방 이루어지기도 하였다. 더러는 남들이 다소 우스꽝스러운 일을 행하면, 그 소식이 귀에 들어가는 즉시 노래 한 수가 벌써 불리기도 했다.

그에 동창 친구가 연줄을 타고 중앙에 있는 학교에 들어가게 되자, 유학시(遊學詩) 1백 운(韻)을 지어 축하하기도 했다. 또 이웃집 사람이 남녀 분별을 모르고 문란하게 생활하지, 꾀꼬리 새끼(黃鶯兒) 열 수를 지어 보내기도 했다. 그림자를 그리고 바람을 묘사하는 데도, 재주와 기교를 지극히 다하여, 사람 입을 오르내리며 사방으로 널리 퍼졌다. 그로 말미암아 자주 주먹질을 당하거나, 관가에 고소당하는 곤욕을 치렀다. 심지어는 여러 차례 옷과 이불을 빼앗기기조차 하였지만, 끝내 고칠 줄을 몰랐다.

만년에는 갑자기 학질(瘧疾)에 걸려 미친 기가 발작하더니, 스스로 자기 똥을 집어먹고 칼로 자기 혀를 자르려고 날뛰었다. 마침내 집안 식구들이 칼을 빼앗고 그를 빈방에 가두었다. 그는 방안에서 칼을 찾지 못하자, 이로 혀를 깨물어 잘게 부순 뒤 내뱉어 악취가 집 밖까지 진동하였다. 나중에 창틈으로 밖을 내다보다가, 마당 가운데 장작 패는 도끼가 놓여 있는 것을 보더니만, 갑자기 미친 듯이 창문을 뚫고 돌진해 나왔다. 그리고는 도끼를 들어 스스로 찍어 죽고 말았다.

평(評): 우각세(于覺世)가 이렇게 말하였다.

"진(秦)씨 서생과 같은 재주로, 풍속을 착하게 만들고 백성을 교화하는 데에 쓰기가 어찌 그리도 어려워, 이내 그처럼 자신을 살해하는 도구로 밖에 못쓴단 말인가? 이는 수후에 구슬(隨侯之珠)을 참새나 쏘아 맞히는 탄환으로 쓰고, 태아에 칼(太阿之劍)을 땔감이나 베는 낫으로 쓰는 것과 무엇이 다르겠는가?"

근래에 어떤 서생 하나는 특이한 재주만 뽐내고, 과거에 반드시 급제하리라고 스스로 믿어 의심치 않았다. 그는 경전(經典) 내용을 해학이나 익살 떠는 화제로 지껄이기 좋아하였다. 그런데 나중에 자주 천거를 받았음에도 불구하고, 마지막 시험에 뭔가 잘못 와전되어 번번이 탈락하고 말았다. 이는 성현 말씀을 모욕한 과보다.

세간에 재주 많은 선비들이 왕왕 이러한 죄과(罪過)를 범하면서도, 그것이 잘못된 것인 줄도 제대로 모르는 경우가 허다하다. 오호라! 그렇게 글공부한다면, 광대가 연극하는 것과 무엇이 다르겠는가? 이렇듯 성현 글(斯文)로 땅바닥을 쓸고 있는 것은, 모두가 그렇게 글공부하는 사람들이 초래한 결과다.

36. 리숙경(李叔卿)은 본디 청렴하고 근신하는 성품을 지닌 사람이었다. 그런데 그를 몹시 질투한 동료 손암(孫巖)이 군중 앞에서 이렇게 거짓말을 퍼뜨렸다.

"숙경이 홀로 헛된 명성을 얻고 있는데, 내가 보기에는 개돼지나 같습니다."

그래서 듣던 사람들이 왜 그러하냐고 이유를 물으면, 이렇게 덧붙였다.

"숙경은 누이동생을 아내로 삼았는데, 어떻게 사람이라고 할 수 있습니까?"

이렇게 해서, 가까운 데서부터 먼 곳에 이르기까지 삽시간에 헛소문이 퍼져 나갔다. 숙경이 이 소문을 듣고 해명을 하려고 했으나, 쉽게 입 밖에 내지도 못하였다. 그렇다고 해명하지 않고 가만히 있자니, 분노와 원통을 참기가 어려워, 끝내 답답하고 억울한 나머지 화병으로 죽고 말았다. 숙경에 여동생도 너무도 어처구니없는 소식을 전해들은 뒤, 경악과 원한을 금치 못하고, 그만 스스로 목매 죽었다.

그런 지 며칠 안 되어, 천둥 번개와 비바람이 갑자기 일었다. 그러더니 손암은 벼락을 맞아 죽었는데, 그 시체가 숙경이네 집 대문 앞에 널브러졌다. 그 시체를 거두어 매장을 하였는데, 다시 번개가 치더니 무덤까지 파헤쳤다.

평(評): 이 사안은 악심(惡心)을 품고 고의로 타인을 모욕하고 명예를 훼손한 중대한 죄악이다. 그러기 때문에, 이와 같이 혹심한 과보를 받은 것은 정말 당연하다. 그렇지만 별 악의 없이 무심코 지껄이는 롱담(弄談)이나 익살 등도, 결코 해서는 안 된다.

임자(壬子)년에 절강성에서 치른 과거시험에, 한 부인이 수험생 호방(號房)에 들어와 이리저리 다니면서, "동양현(東陽縣)에 왕이(王二: 왕씨 집안 둘째 아들)"를 큰 소리로 불러댔다. 이에 모든 호방 응시생들이 크게 놀라, 등불을 밝혀 찾는 소동이 벌어졌다. 그러나 그 부인은 이미 자취를 감추었다. 그 부인이 부른 '왕이(王二)'가 호방 안에 있는지 확인하자, 과연 왕씨 성을 가진 둘째 아들이 있었다. 그래서 그에게 방금 벌어진 소동을 알리고, 무슨 사연이 있었는지 캐물었다. 그러자 그는 한참을 가만히 생각하더니, 이렇게 입을 열었다.

"몇 년 전 친족들이 모여 우스갯소리를 주고받다가, 우연히 어떤 마을에 청상과부가 수절(守節)한다는 이야기가 나왔는데, 내가 믿기 어려운 일이라고 말한 적이 있었습니다. 그런데 그 과부가 어떻게 그 이야기를 전해 듣고, 분한 나머지 죽고 말았습니다. 아마 그 과부가 아닐까 여겨집니다."

말을 마치더니, 그는 두려움이 엄습하여 과거답안을 감히 작성할 엄두도 못 내고, 그만 짐을 챙겨 호방(號房)을 나갔다. 그런데 계단에서 발을 헛디뎠는지, 추락하여 이마가 크게 다쳤다. 사람들이 그를 부축해 집에까지 갔으나, 이튿날 새벽 죽고 말았다.

우스개로 롱담(弄談)하는 해악도 얼마나 큰지 짐작할 수 있지 않은가? 더구나 무릇 다른 사람에 명예나 절개와 관련한 내용은, 그냥 가벼이 입 밖에 내어서는 결코 안 된다.

37. 람윤옥(藍潤玉)은 스무 살 약관(弱冠)에 이미 재주가 몹시 빼어나고, 풍만한 자태에 훤칠하고 준수한 모습을 갖추었다. 그래서 동학들이 모두 그는 금마(金馬)[5]나 옥당(玉堂)[6]을 기약할 수재(秀才)라고 여겼다. 그런데 그에 집 바로 이웃에 아무개 상서(某尙書) 댁이 있었다. 그 상서에게는, 이미 혼인을 허락한 뒤 아직 시집가지 않은 딸이 하나 있었다. 그 딸은 재주와 미색 모두 당대에 손꼽힐 정도로 아주 빼어났다. 한번은 우연히 그 딸이 마차에 올라타는 모습을 람(藍) 서생이 바라본 적이 있었는데, 집에 돌아오자 애타게 생각나고 그리워지는 것이었다.

하루는 뒤뜰(後園)을 한가로이 거닐다가, 문득 담장 건너편에 녀자 목소리가 나는 것을 알아들었다. 이내 사다리를 타고 담장 너머를 엿보았더니, 바로 지난번 마차에 올라탔던 딸이 분명하였다. 그래서 몰래 담장 아랫부분에 벽돌 반절을 뚫어 빼낸 뒤, 매일같이 그 구멍으로 딸에 모습을 살며시 훔쳐보았다. 그렇게 반년쯤 지나면서, 그 딸

---

5) 금마(金馬): 본디 한대(漢代)에 궁궐문 이름인 금마문(金馬門)에 약칭으로, 문 옆에 구리로 만든 말(銅馬)이 있어 붙여짐. 한대에 인재를 뽑아 등용할 때, 모두 공거(公車)라는 관서(官署)에서 황제 조서(詔書)를 기다리도록 정해져 있었는데, 그중에 재능이 특출하게 우수한 인재는 예외로 금마문(金馬門)에서 조서(詔書)를 대기하였다고 함.

6) 옥당(玉堂): 한대(漢代)에 관서 명칭으로, 황제 조서(詔書)를 받드는 곳임. 당대(唐代)에는 한림원(翰林院)이 그 기능을 대신하면서, 옥당(玉堂)이라는 별칭을 얻었음.

은 마침내 출가(出嫁)해 버렸다. 그러자 람 서생은 다시는 담장 구멍을 엿볼 일이 없어졌다.

이에 몹시 서글프고 애달픈 마음으로 '길이 사모하는 시(長相思詞)'를 지었다. 그런데 그 시를 한 친구에게 내보여 주었더니, 그 친구는 보자마자 불 속에 집어 던져 태워버렸다. 그리고는 그러한 일이나 글은 덕행(德行)을 크게 훼손하므로, 다시는 딴 사람에게 말하지도 말라고 엄중히 경고하였다. 그러나 람 서생은 친구에 훈계를 듣고는, 공연한 소리한다며 피식 웃고 말았다.

그 뒤 과거 시험장에 들어갔다. 그런데 시험 전날 밤 꿈에, 한 신이 나타나 자기 눈을 찌르는 것이었다. 깨어나서도 눈이 어찌나 몹시 아프던지, 마치 누군가가 바늘로 두 눈동자를 계속 찌르는 것만 같았다. 눈꺼풀을 열어 눈을 뜰 수조차 없어서, 결국 텅 빈 하얀 답안지를 제출하고 나왔다. 집에 돌아와서도 통증이 그치지 않더니, 마침내 두 눈이 멀고 말았다. 그런데 과거 급제자 명단을 발표하고 보니, 사모하는 시를 적은 글을 불사른 친구는 수석으로 합격하였다.

38. 오(吳)지방에 아무개 공자(某公子)는 한 과부를 간음하려고, 자기에 계 친구(契友)와 함께 일을 꾸몄다. 그 친구가 계획을 모두 세워 며칠날에 함께 가기로 약속하였다. 기약한 날이 되었을 때, 그 아버지 꿈에 불그스레한 비단 옷을 입은 신(神)이 나타나 이렇게 일러주는 것이었다.

“그대 아들은 본디 갑과(甲科)에 급제할 운이었는데, 못된 심술(心術)을 부려, 과거 명단에서 완전히 지워버렸다. 그리고 아들 친구 아무개는 본디 가난하고 미천한데다가, 다시 남에게 착하지 못한 음모(陰謀)를 꾸몄으니, 그에 창자를 마디마디 잘라버려야 마땅하다.”

아버지는 깜짝 놀라 꿈에서 깨어난 즉시, 아들이 공부하는 학관(學館)으로 달려갔다. 과연 아들에 친구는 이미 배가 몹시 아파 울부짖더니 금세 죽어 버렸다. 그리고 자기 아들은 점점 미쳐 날뛰기 시작하더니, 마침내 머리를 풀어헤치고 저자 거리를 쏘다녔는데, 끝내 제 정신을 찾지 못하였다.

39. 절강성(浙江省)에 황보(皇甫) 아무개는 청(淸)나라 건륭(乾隆: 高宗에 년호 1735~95 재위) 년간에 진사(進士)가 되었다. 그런데 그 뒤 관직에서 파면 당해, 려택서원(麗澤書院)에서 주로 강의하였다. 나중에 늙은 부부 둘만이 쓸쓸히 힘들게 살다가 죽었는데, 생전에 사람들에게 이렇게 말하였다.

“내가 어떤 고을에 현감일 적이오. 아무개 서생이 재주는 있었으나 덕행이 없었소. 그는 향시(鄕試)에 급제한 뒤, 자기가 맞이한 아내가 가난한 것을 몹시 못마땅하게 여겼소. 때마침 그 아내는 배에 가스가 차서, 북처럼 팽창하는 병을 앓고 있었소. 그런데 이 서생은 팽창한 배를 가리키며, 시집오기 전에 이미 다른 남자에 아이를 임신했다며, 나에게 리혼(離婚) 판결을 해달라고 제소해 왔소. 그래서 나는 그 녀자를 가두고 신문하면서, 변론하는 것을 허용하지 않고 있었소.

"그런데 뜻밖에 그 녀자가 칼로 자기 배를 갈라 진실을 밝히고, 억울함을 호소하였다오. 그 사실이 마침내 상부에 알려지자, 그 서생은 바로 처형되었고, 나도 직무상 책임을 지고 파면 당하였소. 내게는 아들이 하나밖에 없었소. 아들은 이미 향시(鄕試)에 급제한 상태였는데, 아무 이유 없이 대낮에 어떤 녀자가 찾아온 것을 보더니만, 그만 죽고 말았소. 지금 우리 부부도 늙어서 의지할 곳도 없는데, 앞으로 죽으면 제사도 받지 못하고 타향을 떠도는 귀신이 될 테지요. 그러니 한번 잘못한 실수에 과보 치곤, 지나치게 가혹하게 느껴지오."

제6장 참회와 속죄는 천심(天心)도 움직인다!

1. 명나라 때 홍도(洪燾)는 어느 날 갑자기 죽었다. 꿈인 듯 생시인 듯 황홀한 가운데, 푸른 옷(綠衣)을 입은 어떤 사람이 자기를 이끌어 저승(陰府)에 데려가는 모습을 보았다. 홍도는 그 사람에게 자기가 평생 받아먹을 록봉(祿俸)을 물었다. 그러자 푸른 옷 입은 사람이 옷소매 속에서 장부를 꺼내 보여주었다. 자기 이름 아래에 모기만한 글자들이 이루 다 읽어볼 수 없을 정도로 적혀 있는데, 맨 뒤에 달린 주(註)에 이런 구절이 눈에 띄었다.

"침지정사(參知政事: 唐 초기에는 재상에 대한 호칭으로 쓰였으나, 宋 이후 副相으로 한 등급 낮아졌음.)가 되어야 마땅한데, 몇 년 몇 월 며칠날 집안에 아무개 녀자를 간음하였기 때문에, 비각수찬(秘閣修撰: 황실에 최고 귀중한 도서관 관원, 조선시대 집현전 학사에 해당) 겸(兼) 전운부사(轉運副使: 국가 곡식 · 재물을 운송하는 직무이나, 실제 지방행정을 담당하는 부책임관)로 강등한다."

이를 본 홍도가 두려운 마음에서 눈물을 흘리며, "어떡합니까?" 라고 물었다. 그러자 푸른 옷을 입은 사람이 "오직 착한 일을 힘써 행하기만 하면 된다."고 대답해주었다. 그러는 사이 갑자기 큰 강물 앞에 당도하였는데, 푸른 옷을 입은 사람이 자기를 밀어 떨어뜨리자, 황홀한 상태에서 부스스 깨어났다. 죽은 지 이미 사흘이 지났는데, 심장이 아직도 따뜻하니 온기가 남아 있어, 시신을 손대지(殮) 않고 기다렸다는 것이었다.

이때부터 홍도는 자신에 과오를 통절(痛切)히 참회하고, 착한 일을 힘써 행하였다. 나중에 그가 비각수찬 겸 량절(兩浙)[1] 전운부사에 임명되자, 혹시 여기에서 끝나는 게 아닌가 몹시 두려워하였다. 그러나 결국 별다른 탈이 없이, 관직이 마침내 전학사(殿學士)까지 이르렀으며, 최고로 장수를 누렸다. 이는 과오를 회개하고 착한 일을 힘써 행한 보답이다.

평(評): 세상 사람들은 보통, 죄악을 범한 놈들이 여전히 부귀공명을 누리는 걸 보고는, 인과응보에 감응(感應)이 아무런 근거가 없다고 의심한다. 그러나 죄악을 범하고도 여전히 부귀공명을 누리는 것처럼 보이는 놈들이, 어찌 홍도와 같지 않다고 단정할 수 있겠는가? 예컨대, 본디 참지정사까지 이를 판인데, 비각수찬으로 낮춰진 것은 아닐까? 아니면 그들도 홍도처럼 나중에 진심으로 참회하고 착한 일로 공덕을 많이 쌓아, 타락할 운명을 묵묵히 바꾸어 올린 것은 아닐까?

---

1) 량절(兩浙): 절동(浙東)과 절서(浙西)를 합친 명칭으로, 지금에 절강(浙江)성 대부분과 강소(江蘇)성 및 안휘(安徽)성 일부를 포함하는 지역.

정말로 무형 중에 인과응보 법칙에 대해 공경스런 믿음을 내지 못한다면, 앞에 나온 리등(李登)처럼 장원 급제와 재상 직위를 송두리째 날려버릴 것이다. 아니면 과거에 겨우 급제하는 것을 천만 다행이라고 여겨, 오히려 큰소리 칠 것이 분명하다. 이런 어리석음은 범하지 않도록, 삼가고 조심할 일이다.

2. 청(淸)나라 때 한양(漢陽: 지금 武漢 지역에 해당)에 한 서생은 본래 재주가 제법 많았으나, 여러 차례 과거에 한 번도 급제하지 못했다. 그래서 한 친구를 통해, 부계(扶乩)[2] 점법(占法)으로 신(神)께 계시를 청하였다. 이에 신(神)이 내려준 답변은 이러했다.

그 서생은 본디 과거에 명예가 있어야 마땅하나, 젊었을 때 아무개 집에서 학관(學館)을 열어 학생들을 가르칠 때, 그 집 하녀와 사통(私通)하였기 때문에, 과기급제를 기대할 수 없다는 내용이었다.

이를 본 서생은 몹시 놀라며, 두려운 마음으로 반성 참회하였다.

---

2) 부계(扶乩): 도교 색채가 농후한 중국 민간신앙에 점치는 방법. 모래판 위에 丁자형 나무(木架)를 매달고, 이를 두 사람(보통은 어린애나 처녀처럼 세속적 욕정에 물들지 않은 사람이 맡으며, 흔히 계동(乩童)이라고 부름)이 함께 붙잡아, 신이 강림하여 계시하는 대로 자연스러운 떨림(진동)에 의해 모래판 위에 글씨를 쓰는 일종에 령계통신법(靈界通信法). 일명 부란(扶鸞)이라고도 부름. 단순한 미신에 그치는 민간습속에 점(占)이라고 하기보다는, 기독교에 방언(方言)과 비슷한 종교상 천인교통(天人交通) 수단으로 보는 게 더 정확할 듯하다. 지금도 대만에서는 공개로 널리 활용하고 있는데, 다만 잘못된 목적에 악용하거나, 절차 방법상으로 부적합한(정성과 공경이 없거나 계동이 자격 미달하는 등) 경우, 사(邪)된 미신으로 전락할 위험성도 있다.

그리고 사음(邪淫)을 경계하는 공과격(功過格: 공덕과 죄과를 매일 기록하여 자아 반성에 표본으로 삼는 도교에 수양 방법)을 편집하고, 전해오는 주해(註解)와 실제 사례를 널리 수집하였다. 그런 다음 자금을 모아 인쇄하고, 이를 인연 닿는 대로 법보시하였다. 그러더니 강희(康熙) 35년(1696) 병자(丙子)년 과거에 드디어 급제하였다. 사람들은 모두 그가 진실로 개과천선한 보답이라고 말하였다.

3. 명(明)나라 때 항희헌(項希憲)은 원래 이름이 덕분(德棻)이었다. 하루는 꿈에 자기가 젊은 하녀 둘을 욕보인 죄로, 계묘(癸卯)년 향시(鄕試)에 급제자 명단에서 빠지는 모습을 보았다. 그래서 앞으로 사음을 끊고 선행에 힘써, 지난날에 저지른 허물을 보속(補贖)하기로 서원을 세우고 실천하였다.

그 뒤 꿈에 자기가 어느 곳에 이르렀는데, 노란 종이에 쓰인 여덟번째 이름이 항(項)씨 성(姓)인 걸 보았다. 가운데 한 글자는 흐릿하니 잘 보이지 않고, 아래 글자는 원(原) 자인 것이 분명했다. 그때 옆에 있던 한 사람이 이렇게 일러주었다.

"이것이 그대에 천상 과거 급제 명단(天榜) 등수일세. 그대가 근래 행실을 착하게 고쳐, 다시 이러한 문운(文運)이 점지된 것이라오."

그래서 이름을 몽원(夢原: 꿈에 原자를 보았다는 뜻)으로 바꾸었다. 그런데 과연 임자(壬子)년 향시에서, 순천부(順天府: 북경 지역)에 제29등으로 급제하였다. 7년 뒤인 기미(己未)년 회시(會試)에서는 제2등으로 합격하였다. 그래서 자기가 전에 꿈에서 본 급제 등수가 어긋난 게 아닌가, 자못 의심하였다.

그런데 조정 전시(殿試)에서 이갑(二甲)에 제5등으로 급제하였다. 그 때사 바야흐로 이갑(二甲) 위에 있는 정갑(鼎甲)[3] 세 사람까지 합치면, 전시 성적이 총 서열로 꼭 제8등이 됨을 깨달았다. 향시와 회시에 급제자 명단은 흰색 종이로 방(榜)을 작성한다. 그런데 오직 전시에 급제자 명단만 노란 종이로 방을 내거는 사실도 꿈과 일치하였다.

평(評): 꿈속에 불길한 조짐으로 깜짝 놀라 깨닫고, 스스로 통절히 회개하는 사람은, 그래도 복덕이 모여들 기상(氣象)이 있다. 그렇지 않다면, 이미 명단에서 지워진 놈이 어떻게 다시 과거급제에 명예를 점지 받을 수 있겠는가? 그러니 하늘에 도(天道: 자연에 인과응보 원리)가 비록 시음에 죄악을 엄중히 처벌하긴 하지만, 자기 죄를 회개하는 사람까지 화(禍)를 내리지는 않음을 알 수 있다. 뜻이 있는 자는, 설령 한번 실수로 발을 헛디뎠다 할지라도, 그 과오를 끝내 되 돌이킬 수 없는 것이라고 자포자기하지는 않는 법이다.

4. 가인(賈仁)은 나이 오십이 되도록 자식이 없었다. 하룻밤에는 꿈에 어떤 큰 저택에 이르렀는데, 문 앞 현판에 '생육사(生育祠: 자식을 낳

---

3) 정갑(鼎甲): 일갑(一甲)이라고도 하며, 장원(狀元)·방안(傍眼)·탐화(探花)라는 세 사람을 뽑기에, 솥에 세 발로 비유하여 정갑(鼎甲)이라고 부름.

아 기르는 사당)'라고 쓰여 있었다. 그래서 가인이 후사(後嗣)로 아들 하나 얻게 해달라고 간청했다. 그랬더니 사당에 주신(主神)이 장부를 꺼내 보여주며, 이렇게 말하는 것이었다.

"그대는 일찍이 남에 아내를 간음했기 때문에, 자식을 구해도 얻을 수가 없다."

그래서 가인은 간절히 애걸하였다.

"어린 백성이 잘 몰라 저지른 죄이니, 보속(補贖)을 허용해 주시길 간청합니다."

그러자 신(神)이 이렇게 분부했다.

"그대가 정말 과오를 회개한다면, 열 사람을 사음하지 않도록 권장하여야, 비로소 속죄 받을 수 있다. 그리고 다시 더 많은 사람에게 선행을 권하여 교화시켜야, 바야흐로 아들이 있게 된다."

꿈에서 깨어난 가인은 스스로 통절(痛切)히 회개하고, 세상 사람들을 널리 권선징악 하였다. 그래서 감화 받은 자가 몹시 많았는데, 나중에 과연 두 아들을 두었다.

5. 신묘(辛卯)년에 절강(浙江) 지방에서 과거시험을 치르기 직전에, 어떤 사람이 이상한 꿈을 꾸었다. 여러 천지신명들이 모여, 이번 과거시험에 급제할 사람들을 비교 평가하여 선택하는 장면이었다.

맨 처음 수석(장원)으로 종랑(鍾朗)이란 이름이 불려졌다. 그런데 어떤 녀자가 앞에 나와 원한을 하소연하였다. 그러자 한 가운데 앉은 신(神)이, “이 사람은 (장원에) 급제시킬 수 없다.”고 거부해 버렸다. 그래서 그 자리를 대신할 후보를 물색하는데, 옆에 있던 한 신이 “유자(孺子: 어린애라는 뜻)로 대신하면 어떻겠소?”라고 제청하였다.

그 말까지 듣고 그 사람은 꿈에서 깨어났다. 그리고는 꿈에 내용을 종랑에게 일러주며, 도대체 무슨 곡절이 있었는지 자세히 캐물었다. 알고 보니, 종랑이 일찍이 묵고 있던 집안에 한 하녀와 정을 통해, 하녀가 임신하게 되었다. 그런데 주인집 마님이 그를 용서하지 않자, 그만 물에 뛰어들어 자살해버렸다는 것이었다.

그러지 않아도 종랑은 그 사건 때문에 늘 마음이 찜찜하니 불안하였는데, 그 사람이 전해주는 꿈 내용을 듣고는, 더욱 깜짝 놀라며 두려움이 심해졌다. 그 해 과거에 과연 종랑은 급제하지 못하고, 여순(余恂)이 장원으로 급제하였다. 꿈속에서 들었던 ‘유자(孺子)’는, 다름 아닌 여순에 자(字)였다. 그 뒤 얼마 안 되어 종랑에 아내가 병으로 죽자, 종랑은 더욱 두려워졌다. 그래서 잘못을 회개하고 선행을 힘써 부지런히 해나갔다. 그러더니 3년 뒤인 갑오(甲午)년 과거시험에는 다시 장원으로 당당히 급제하였다.

6. 화정(華亭: 上海市 松江縣 지역에 옛 명칭)에 장(張) 아무개는 젊어서 사음에 행실이 있었다. 그래서 나중에 아들 둘을 낳았으나, 모두 제대로 기르지 못하고 요절하였다. 게다가 자신도 심한 질병에 걸려, 한 해가 넘도록 낫지 못하였다. 그러던 중, 우연히 과거시험 급제자들이

겪은 체험기를 모아 놓은 책에서, 사음에 과보가 너무나 뚜렷하고 중대함을 알았다. 그래서 비로소 자신에 잘못을 한탄하며 크게 회개하였다. 마침내 신명 앞에 영원히 사음을 끊겠다고 서원을 세운 다음, 『음즐(질)문(陰騭文)』을 인쇄하여 널리 보시하였다. 그러더니 질병이 곧 낫고, 몇 년 사이 세 아들을 내리 낳았다.

7. 명(明)나라 때 전(田) 아무개는 풍채가 뛰어나고 용모가 준수하여, 마을 부녀자들이 수없이 그에게 치근덕거렸다. 그래서 그는 녀자들을 피하기 위해, 부근 남산에 있는 한 절에 들어가 글공부를 하였다. 그러나 절 옆에서도 그를 찾아오는 녀자들이 있었다. 그는 마음속으로는 잘못인 줄 알면서도, 차마 완전히 끊을 수는 없어 미련(迷戀)을 품고 있었다. 그런데 아주 키가 작은 신(神) 한 분이, 처음에는 꿈속에 자주 보이더니, 나중에는 대낮에도 모습을 나타내어 이렇게 일러주는 것이었다.

"그대는 원래 아주 큰 복덕이 있어서, 관직이 어사(御史)까지 이르러야 마땅할 운수라오. 그런데 화류계(花柳界)에 잔정이 많아, 그 공명(功名)이 깎여 나가 거의 사라지고 없소. 그래서 상제(上帝)께서 특별히 나에게 그대를 감시하도록 명령하셨소. 지금부터라도 과오를 회개하면, 원래 공명을 잃지 않고 회복할 수 있소."

그래서 그는 철저히 반성참회하고 행실을 고쳤는데, 나중에 과연 과거에 급제하였다.

8. 명(明)나라 숭정(崇禎: 마지막 황제인 思宗에 년호. 1627~44년 재위) 년간에 진사 조치도(曹穉韜)는 아직 글공부를 하던 선비였다. 당시 그는 이웃집 부녀자와 사통하고 있었다. 그 사실을 알아차린 녀자에 지아비가 그들을 죽이려고 작정하고, 자기 아내에게 거짓말을 냉큼 던졌다.

"나 내일 멀리 출장 나갔다가, 여러 날 뒤에나 돌아오겠소."

그 말을 들은 아내는 정말인 줄 알고 속으로 몹시 기뻐하였다. 그리고는 부리나케 정부(情夫)인 조치도에게 달려가, 자기를 찾아오라고 약속을 청했다. 그런데 마침 그날은 조치도가 친구들과 함께 공부하는 독서회(讀書會)에서 미리 약속한 모임 날이었다.

이른 새벽부터 친구들이 찾아와 함께 가자고 조치도를 끌어당겼으나, 치도는 한사코 사양하였다. 사양하는 까닭을 알게 된 친구들은, 그를 강제로 독서회 장소까지 끌고 가서, 독서회 주관책임자에게 이렇게 요청하였다.

"오늘 독서회 작문(作文)은 정식 과거시험 방식대로 실시한다. 그리고 끝난 뒤 저녁 회식자리에서는, 누구나 반드시 술에 취해야 집에 돌아가는 걸 허용한다. 이 약속을 어긴 자는 엄중히 처벌한다."

그리고는 주관책임자에게, 집 대문에 빗장을 단단히 걸어 잠근 뒤, 어떤 서생도 임의로 출입하지 못하도록 요구했다. 치도는 아주 난처한 궁지에 몰렸다. 하는 수 없이 모의 과거시험 답안을 한 편 한 편 차례대로 완성한 다음, 먼저 귀가하려고 나섰다. 그러자 여러 친구들이 큰소리로 외쳤다.

"아침에 공표한 약속이 있는데, 어찌 그리 서둘러 귀가하려 하는가?"

저녁에 술을 마실 때에도, 치도는 마음속에 일 때문에, 주량(酒量)을 채우지 않고 조금만 마시려 하였다. 그러나 여러 친구들이 그를 가만 놔두지 않고, 억지로 벌주(罰酒)를 엄청 마시게 하였다. 마침내 치도는 크게 만취하고 말았다. 밤늦게 친구들이 그를 부축하여 집에 데려다 주었으나, 치도는 이미 밀회를 약속한 곳 나갈 수 없었다.

이웃집 녀자는 오랫동안 대문에 기대서서, 치도가 오기만 눈 빠지게 기다렸다. 그때 그 녀자에 평소 행실을 알고 있던 한 무뢰한(無賴漢)이, 녀자가 문에 기대어 바깥을 오래 쳐다보고 있는 모습을 보았다. 틀림없이 약속해 놓고 오지 않는 사람을 그녀가 기다리는 것이라고 판단한 뒤, 그 무뢰한은 녀자에게 치근거렸다. 녀자도 별로 싫어하는 기색 없이 그를 받아들였다. 몰래 숨어 엿보고 있던 그 지아비는 단번에 도끼로 그 남자를 쳐 죽인 뒤, 아내까지 함께 죽여 버렸다.

이튿날 이 사건 소식을 들은 조치도는 깜짝 놀라며 크게 두려워하였다. 마침내 여러 친구들에게 증인 서 줄 것을 요청한 뒤, 천지신명께 맹세하였다. 앞으로 착한 일을 하여, 지금까지 잘못을 보속(補贖)하며, 다시는 사(邪)된 길을 결코 가지 않겠다고 서원을 한 것이다. 그 뒤 몇 년 만에 치도는 과거에 급제하여 진사가 되었다.

그 당시 치도가 삶에서 죽음으로 빠지느냐, 아니면 죽음에서 삶으로 나오느냐 갈림길에는, 터럭 끝 하나도 용납할 수 없는 좁은 틈밖에 없었다. 다행히 훌륭한 친구들 덕택에, 죽음에 화를 모면한 것이었다. 반면, 그 불쌍한 무뢰한은 욕심을 일으키는 상황을 보고 마음이 꿈틀 움직여, 코앞에 엄청난 재앙이 은밀히 잠복해 있는 줄도 알아차리지 못한 채, 끝내 도끼날에 찍혀 죽고 말았다. 속담에 "간음은 반드시 살인을 부른다(姦必殺)"고 하더니, 과연 정말이로다.

옮긴이 보충해설 : 명청률(明淸律 : 명나라 때 기본법인 明律은, 조선시대 경국대전에서 그대로 의용(依用)하였고, 청률도 거의 그대로 답습함) 형률(刑律) 인명(人命)편에는, '살사간부(殺死姦夫)'라는 전문조항을 두었다.

"무릇 처나 첩이 다른 남자와 간통하는 것을, (본 지아비가 발각하고) 간통하는 장소(현장)에서 간부(姦夫)와 간부(姦婦)를 직접 붙잡아 그 자리에서 즉시 죽인 경우에는, 죄를 묻지 아니한다. 만약 간통한 남자(姦夫)만을 죽인 데 그친 경우에는, 간통한 녀자(姦婦)는 률(律)에 따라 죄를 처벌하고, 지아비가 팔아넘기게 허용한다. 처나 첩이 간통으로 말미암아 (간통한 남자와 함께) 자기 지아비를 살해하려고 모의한 경우에는 릉지처사(陵遲處死)하고, 간통한 남자는 참형(斬刑)에 처한다. 만약 간통한 남자(姦夫)가 혼자 간통한 녀자에 본 지아비를 죽인 경우에는, 비록 간통한 녀자가 그 사정(내막)을 몰랐다고 하더라도 교수형(絞首刑)에 처한다."

9. 장녕(張寧)은 만년(晩年)까지 자식이 없었다. 하루는 가묘(家廟: 집안 조상들 위패를 모시고 제사 올리는 사당)에서 이렇게 기도 드렸다.

"녕(寧)이 무슨 큰 죄업을 지었기에, 조상님들에 후대(後代)를 이토록 무참히 끊어야 한단 말입니까?"

이때 옆에 있던 한 첩(妾)이 불쑥 말을 내뱉었다.

"우리들을 억지로 붙잡아 두고 괴롭히지만 않으면, 곧 큰 음덕이 될 것입니다."

이 말을 들은 장녕은 두려움이 들면서, 번득 깨달은 바가 있었다. 그래서 자기 곁에 머물고 싶지 않은 첩은, 이내 다른 사람에게 시집보내 주었다. 그러더니 이듬해 정말 아들 하나를 얻었다.

10. 상해(上海)에 사는 최서신(崔書紳)은 일찍이 화가에게 춘궁(春宮) 열댓 폭(幅)을 그려 달라고 부탁하였다. 그 그림은 농염(濃艶)하고 음탕하기 짝이 없는데다, 필치도 아주 빼어나고 정교하였다.

그런데 그 그림을 그려 받은 뒤로, 최서신은 학질에 걸려 낫지 않았다. 병이 발작하여 열이 몹시 높이 올라갈 때마다, 그에 눈에는 미남 미녀 열댓 명이 모두 벌거벗은 알몸으로, 두 귀졸(鬼卒)에게 하나씩 붙들려 곤욕을 치르는 모습이 보이곤 했다. 배를 가르고 창자를 꺼내, 피가 땅바닥에 흥건히 흐르는 것이었다. 그 다음에 자기 차례가 되어, 몹시 심한 고통으로 크게 울부짖었다.

그래서 자기가 보고 당한 모습을 스스로 처음부터 끝까지 자세히 말하여, 방안에 있던 사람이 모두 그 소리를 들었다. 그리고 최서신은 혼미 상태에서 깨어나자, 황급히 그림을 불태워 버렸다. 그 뒤로 질병이 거짓말처럼 깨끗이 나았다.

11. 조암사(趙巖士)는 젊었을 때, 일찍이 녀색을 좋아하여 사음(邪淫)

에 계률(戒律)을 범하였다. 그래서 육신과 정신 모두 몹시 쇠약해져, 몰골이 마치 뼈대만 세워놓은 듯하였다. 누가 보아도 다시 살아날 가망은 거의 없는 것 같았다.

그런데 때마침 우연히 사한운(謝漢雲)이 간행한 『불가록(不可錄)』(차마 기록할 수 없는 글)을 보고는, 자기도 모르게 등골이 오싹하며, 온몸에 식은땀이 주룩주룩 흘러 내렸다. 과거에 저지른 허물을 통절히 회개하면서, 그 책에 원판을 구하여 자비(自費)로 인쇄한 뒤 널리 법보시하였다. 그러더니 점차 기력을 회복하고 정신도 왕성해졌다. 나중에는 연달아 여섯 아들을 낳았다.

12. 명(明)나라 세종(世宗) 가정(嘉靖: 1521~1566년 재위) 년간에 일이다. 어떤 서생이 동쪽 이웃집 아낙이 몹시 요염한 자태에 반하여, 루차(屢次) 눈독을 들이고 군침을 흘리고 있었다. 하루는 자기 지아비기 멀리 외출한 틈을 타서, 그 아낙이 담장 틈새로 그 서생을 불렀다. 서생 또한 마음이 동(動)한지라, 어떻게 가면 좋을지 물었다. 그러자 아낙이 빙긋이 웃으며 말하였다.

"당신은 글공부한다는 선비라면서, 어찌 '동쪽 집 담장을 넘는다'는 시구도 기억하지 못한단 말이에요?"

그래서 서생은 사다리를 놓고 담장 위로 올라갔다. 그러다가 문득 생각을 돌렸다.

"사람은 속일 수 있지만, 하늘까지 속일 수는 없다."

그리고는 곧장 사다리에서 내려왔다. 그러자 이웃집 아낙이 다시 아까 담장 틈새로 와서 애교부리며 서생을 꾀었다. 서생은 다시 정념(情念)이 강하게 움직여, 아까처럼 사다리를 놓고 올라가 담장까지 걸터앉았다. 막 넘어 가려고 하는 순간, 또다시 문득 마음을 되 돌이켜 생각했다.

"하늘을 끝내 '눈 가리고 아웅' 하며 속일 수는 없지 않은가!"

그래서 황급히 사다리를 내려온 뒤, 대문을 걸어 잠그고 외출해 버렸다. 이듬해 서생은 향시를 치르러 북쪽으로 올라갔다. 그런데 시험을 주관하는 책임관이, 시험장에 들어가기 전날 밤 등불을 밝히고 홀로 고요히 앉아 있는데, 문득 귓가에 누군가 소곤거리는 소리가 맴도는 것을 들었다.

"이번 시험에 장원은 담장을 올라탄 사람이다."

급제자 명단(榜)을 발표한 뒤, 장원에게 그 사실을 말하고 연유를 캐물었다. 과연 전에 그러한 사정이 있었다는 것이었다.

13. 명(明)나라 신종(神宗) 만력(萬歷) 40(壬子: 1612)년, 무진현(武進縣: 강소성 남부 소재)에 장위(張瑋)는 아무개 서생과 함께 남경(南京)에 과거시험 보러 갔다. 그들이 묵을 숙소에 도착하던 날 밤, 그 집주인은 자기가 천상에 과거시험 급제자 명단(天榜)을 맞이하는 꿈을 꾸었다. 그런데 장원이 바로 자기 집에 묵는 아무개 서생이었다. 꿈 내용을 그 서생에게 일러주었더니, 서생도 득의양양하여 기분이 매우 좋았다.

마침 집주인에 두 딸은 위층 루각(樓閣)에 거주하고 있었는데, 이제 막 비녀를 꽂기 시작한 나이였다. 그 서생이 장원할 거라는 꿈 이야기를 전해 듣고서, 딸들은 마음이 솔깃 움직였다. 그래서 밤에 하녀를 보내 그 서생더러 올라오라고 불렀다. 그리고 베로 매듭을 지어 사다리를 만든 뒤, 루각 위에서 아래로 늘어뜨려 서생더러 타고 올라오게 했다. 서생은 좋아하며 장위한테도 함께 올라가자고 끌어들였다. 베로 만든 사다리를 절반쯤 타고 올라가다가, 장위는 문득 자신을 맹렬히 반성했다.

"내가 남경까지 올라온 것은, 과거시험을 보기 위해서다. 그런데 어찌하여 덕행을 망가뜨릴, 이런 한심한 짓을 하고 있단 말인가?"

그리고는 급작스레 자신을 아래로 떨어뜨렸다. 허나 서생은 끝내 사다리를 타고 루각 위에 올라갔다. 그날 밤 집주인이 다시 천상에 급제자 명단을 꿈꾸었다. 헌데 장원은 이미 장위 이름으로 바뀌어 있었다. 주인은 깜짝 놀라 이튿날 아침 그 서생에게 꿈 내용을 다시 일러준 뒤, 도대체 하루사이에 무슨 일을 하였는지 캐물었다. 서생은 겸연쩍어 얼굴만 붉히면서 아무 말도 대꾸할 수 없었다.

급제자 명단은 과연 꿈에 내용과 똑같았다. 그 서생은 몹시 부끄러워하며 후회했으나, 결국 가난과 답답함에 시달리다가 죽고 말았다.

평(評): 앞에서 담장을 걸터앉았던 사람과 여기에 장위는, 모두 그 당시 현장에서 즉각 깨닫고 회개하였다. 그러니 일단 잘못을 저지른 뒤 나중에 참회하고 고친 이보다는 훨씬 낫다. 그렇지만 바로 그때 즉각 맹렬히 스스로 반성하지 못했다면, 마땅히 누려야할 부귀공명을 한순간에 잃어버렸을 것이다. 뿐만 아니라, 끝없는 고통바다에 떨어져 가라앉았을 것이다. 그러니 어찌 두려워하지 않겠는가?

14. 송(宋)나라 때 황산곡(黃山谷)은 요염한 사(詞: 宋代를 대표하는 운문시체로, 주로 곡조에 실려 노랫말로 불리어짐)를 짓기 좋아했다. 한번은 원통(圓通) 수선사(秀禪師)를 찾아뵈었는데, 수선사가 그를 호되게 꾸짖었다.

"대장부가 미묘한 붓과 먹물을 가지고 소중한 종이 위에 어찌 그 따위 글을 쓴단 말인가?"

당시 수선사는 리백시(李伯時)가 말(馬) 그림 그리는 것을 막 금지시킨 때였다. 그래서 황산곡이 웃으며 대답했다.

"또다시 나까지 말(馬) 뱃속에 들어간다는 말씀 아니십니까?"

이에 수선사가 다시 꾸짖었다.

"리백시는 생각하는 게 말(馬)이므로, 타락시켜 봤자 자신 하나 뿐이오. 하지만 그대는 요염한 말과 글로, 천하 사람들에 음란한 마음(淫心)을 움직이지 않소? 그러니 그대 죄업이 어찌 말 뱃속으로 들어가는 데 그치겠소? 바로 대지옥에 떨어질까 저어하오."

이 말을 들은 황산곡은 두려움과 부끄러움을 심하게 느끼며 수선사께 감사드리고, 그 다음부터는 요염한 글 쓰는 걸 아예 뚝 끊었다.

15. 사천(四川)에 전대경(錢大經)은 풍모가 수려하고 정신 또한 특출하여, 한번 붓을 들면 천여 자를 단숨에 내리쓸 정도였다. 17세부터 유학하며 열심히 공부했으나, 번번이 과거시험 장벽에 부딪혀 곤혹스러웠다. 경자(庚子)년 향시를 치르기 전에는, 문제(文帝: 文昌帝君)께 기도를 올렸다. 그날 밤 꿈에 한 푸른 옷(靑衣) 입은 동자(童子)가 나타나, 자기를 데리고 문제(文帝) 앞에 나아갔다. 문제(文帝)께서 담당 관리에게 장부를 찾아보라고 명령하여 보여준 내용은 이러하였다.

"전대경은 27세에 향시에 제2등으로 급제하고, 이어 조정 시험에도 장원급제하여 명성이 천하에 떨치고, 관직은 2품(二品)까지 오르며 수명은 73세까지 누릴 운수였다. 허나 음란한 책(淫書) 3권을 지은 죄로, 벼슬장부(祿籍)에서 완전히 삭제되고 수명 또한 짧아졌다."

이어 문제(文帝)께서 전대경에게 다음과 같이 훈계하셨다.

"그대는 마음가짐이 본디 충실하고 후덕(厚德)하며, 또한 효성과 우애도 별로 어그러짐이 없거늘, 어찌하여 음란한 책(淫書)을 지어, 수많은 남녀들이 명예를 구기고 절개를 잃도록 이끈단 말인가? 만약 전생에 공덕을 크게 쌓지 않았더라면, 진작 대지옥에 떨어지도록 심판했을 것이다."

이에 전대경은 크게 뉘우치고, 중대한 결심으로 맹세를 하였다. 그런 뒤로는 만나는 사람마다 사음을 경계하도록 권고하며, 음란한 책을 보는 대로 즉각 불사르기 시작하였다. 그러더니 나중에 명경과(明經科)에 급제하고, 수명은 63세까지 누리다가 죽었다.

제7장 사음(邪淫)에 12해악

모기종(冒起宗)이 『태상감응편(太上感應篇)』에 주석을 달면서, "다른 사람에 예쁜 녀자를 보고 사통하려는 마음을 일으키다.(見他色美, 起心私之.)"는 구절에서 다음과 같이 적었다.

(『태상감응편(太上感應篇)』 본문은 필자가 원황(袁黃)에 『료범사훈(了凡四訓)』을 한글로 옮긴 『운명을 뛰어넘는 길』에 부록으로 실었으니 참고하기 바람.)

다른 사람 아내나 딸에 아름다운 모습을 보고, 간사(奸邪)한 사심(私心)을 일으킴을 말한다. 이러한 마음이 한번 일어나면, 비록 실제 그런 일까지는 없더라도, 이미 귀신에 징벌(懲罰)을 피하기 어렵다. 무릇 모든 죄악 가운데 사음이 으뜸이다. 그런데 어리석은 사람들은 그 리해득실을 잘 모르고서, 이러한 죄악을 저지르고 있다. 이제 사음에 각종 해악을 말하노니, 어리석은 미혹을 깨우치기 바란다.

1. 천륜(天倫)을 해친다.

남녀가 각자 배우자를 갖는 것은, 바로 하늘이 정한 인륜(천정배필天定配匹)이다. 따라서 남에 배우자를 범하면, 설사 그 부부간에 금슬과

정의(情義)가 이미 깨어진 상태라 할지라도, 그들에 천륜을 내가 어지럽히는 게 된다. 그러면 털을 뒤집어쓰고 꼬리를 달고 다니는 짐승과 다를 게 무엇인가? 옷을 입고 모자(갓)를 쓰는 인간이, 어찌 차마 이런 짓을 할 수 있단 말인가?

2. 인간에 정절(貞節)을 해친다.

부녀자에 한평생 가장 큰 덕성은, 오직 '절(節: 정절 · 절개)' 한 글자에 있다. 남에 녀자를 범하면, 그 여자는 곧 정절을 잃게 된다. 깨어진 기왓장을 어떻게 다시 완전하게 만들겠는가?

3. 명성(名聲: 명예 · 소문)을 해친다.

그대가 제 아무리 기밀(機密)을 유지할지라도, 추악한 소문은 금세 밀리 퍼저 나가, 모르는 사람이 없게 된다. (우리 속담에도, "낮 말은 새가 듣고, 밤 말은 쥐가 듣는다." 옮긴이) 남들에 비웃음거리가 될 것은 뻔하며, 녀자네 친척들조차 얼굴을 들고 다닐 수 없을 만큼 체통을 잃는다.

4. 집안 기풍(門風: 家風)을 해친다.

녀자네 친정부모와 시부모를 수치스럽게 만들고, 남편 · 형제자매 · 자손 · 며느리까지 부끄럽게 만든다. 집안 식구 모두 이맛살과 미간(眉間: 눈썹사이)에 '부끄러울 치(恥)'자를 달고 다니며, 통한(痛恨)이 마음과 뼛속까지 사무치게 된다. 실로 한 집안 3대(代)를 죽이는 거나 다름없다.

5. 성명(性命)을 해친다.

더러 간음당한 부녀자가 치욕을 심하게 당하여 죽기도 하고, 더러 그 지아비가 분통해서 죽기도 한다. 또 더러는 지아비가 간음당한 아내를 죽이기도 하고 (明나라와 淸나라 律에는, 지아비가 아내를 간음 현장에서 죽이면 무죄였고, 죽이지 않은 경우 남에게 팔 수 있는 권한이 주어졌다. 明律을 그대로 적용한 조선시대에도 법률상은 똑같이 그러하였다. 옮긴이), 더러는 아버지가 딸을 죽이기도 한다.

더러는 아내가 지아비를 살해하기도 한다. (요즘에야 바람피우는 지아비를 아내가 죽일 수도 있겠지만, 옛날에는 간음한 아내가 간부(奸夫)와 함께 모의해서 지아비를 죽이는 범죄가 적지 않았다. 옮긴이) 더러는 지아비가 간음한 남자(奸夫)를 죽이기도 한다. (지아비가 아내에 간음을 목격한 경우, 현장에서 아내뿐만 아니라 간음한 남자(奸夫)를 함께 죽여도 무죄였다. 옮긴이) 또 더러는 간음한 남자가 군중에게 몰매 맞아 죽기도 한다. (신약성서에는 군중이 간음한 녀인을 돌팔매질하는 장면이 나온다.) 더러는 주인에게 간음당한 하녀를 안주인(마님, 부인)이 질투로 죽음에 몰아넣기도 한다.(역사에는 황후와 왕비, 후궁 사이에 서로 질투하고 저주해 죽인 사례가 무수하다.)

(옮긴이 보충: 예로부터 '녀자 안 낀 범죄 없다.'고 말하고, 특히 '살인에는 으레 녀자가 낀다.'는 말이 전해오는데, 바로 이러한 간음죄를 둘러싼 인명 살상 범죄를 주로 가리키는 듯하다. 여기서 그냥 '생명(生命)'이라고 하지 않고, '성명(性命)'이라고 한 것은 무슨 까닭일까? 다른 일반 살인처럼 단지 육신에 생명(목숨)을 끊는 데서 그치지 않고, 그 전에 인간이 하늘로부터 타고난 성품(天性: 불교로 말하

면 佛性)을 잔인하게 철저히 유린하고 말살하기 때문이다. 그래서 간음을 모든 죄악에 으뜸이라고 말하는 것이다.)

6. 풍속(風俗: 사회 기강)을 해친다.

동네에 이처럼 렴치(廉恥)라곤 조금도 없고, 사람 탈을 쓴 짐승 마음(人面獸心)에 간음자가 버젓이 존재하면, 순진하고 어리석은 사람들이 그를 본받기 쉽다. 그들이 친구가 되어 떼 지어 나쁜 짓을 일삼으면, 미풍량속(美風良俗)을 크게 해치고, 사회혼란과 민심불안에 요인이 된다. 그래서 이러한 악습은 틀림없이 재앙을 초래한다.

이상 여섯 가지는 남을 해치는 것이다.

7. 심술(心術: 마음 씀, 用心)을 해친다.

음욕에 상념이 한번 일어나면, 온갖 나쁜 생각(惡念)이 꼬리를 물고 뒤따른다. 환상과 망상, 탐착(貪着)과 미련(迷戀), 요행을 바라고 기회를 엿보는 마음, 질투심 등이 잇따라 생긴다. 그래서 생각으로 일으키는(짓는) 죄악이 가장 무겁다.

8. 음즐(질)(陰騭: 陰德과 비슷함)을 해친다.

즐(질)(騭)은 보통 정(定)으로 해석하는데, 하늘이 무형 중에 은근히 사람들을 안정(安定)시키는 도리(道理)를 뜻한다. 즉 사람이 하늘로부터 타고난 본래 착한 성품이며, 사람이 된 태원(胎元)이다.

지금 간음을 저질러 항상 떳떳한 도리(常道: 인륜강상綱常에 도)를 어지럽히고 덕행을 망가뜨리면, 곧 천리(天理)를 해치고 량심(良心)을 죽이게 된다. 그래서 음즐(질)(陰騭)을 깎아 덜어내고, 결국 지옥·아귀·축생에 삼악도로 떨어지게 된다.

9. 명리(名利: 부귀영화)를 해친다.

『태상감응편(太上感應篇)』에도, 삼태성(三台星)과 북두성(北斗星), 그리고 몸 안에 삼시신(三尸神)과 부뚜막신(조왕신竈王神)이 우리 몸을 따라 다니며, 잘못을 관찰하여 기록한다고 나와 있다. 깜깜한 한밤중에 보는 사람도 없이 쥐 죽은 듯 고요하다고 해서, 과연 하늘(천지신명)도 모를 리가 있겠는가?

역대 인과응보에 사례만 한번 죽 살펴보라. 예컨대, 리등(李登)은 간음을 범하여, 장원급제하여 재상이 될 운명을 박탈당했다. 또 의흥(宜興)에 목재 장수 아무개는 간음을 범하려다, 검은 호랑이한테 그 목덜미가 물려가고 말았다. 부귀영화를 누려야 할 운명조차 완전히 삭제되고 말거늘, 하물며 얄팍한 복록(福祿)을 가진 운명이야 얼마나 낭패가 극심하겠는가?

10. 수명(壽命)을 해친다.

귀신들이 사람에 수명을 삭탈(削奪)함은, 간음에 죄악이 가장 심하다. 하물며 음욕이 불길이 치열히 타오르면, 정기신(精氣神)이 바닥나고 골수(骨髓)가 말라버리지 않는가?

또 더러는 깜짝 놀라거나 두려워 죽기도 하고, 너무 피로하여 기진맥진해 죽기도 하며, 악질 종기가 나서 죽기도 한다. 녀색을 좋아하면 반드시 수명을 단축시켜, 요절하거나 급사하기 쉽다.

11. 부모와 조상을 해친다.

조상과 부모께서 대대로 이어 오면서 우리에게 물려주신 혈통에 맥을, 도대체 어디에다 내버린단 말인가? 이거야말로 가장 불효막심하고 패역무도(悖逆無道)한 길이다. 자기 한평생 복록(福祿)을 완전히 삭탈(削奪) 당함은 물론, 집안에 명예도 땅바닥에 떨어진다. 그 결과 조상님 제사마저 끊기고, 저승에 조상들은 죄다 굶주린 귀신이 되고 말 것이다. 그 원통한 한은 얼마나 지극하겠는가?

12. 처자식을 해친다.

불경(佛經)에 보면, 자식이 없는 것은 남에 아내를 범했기 때문이라고 한다. 또 자기 아내나 딸이 음란한 것은, 남에 아내나 딸을 간음했기 때문이라고 한다. 그래서 자기 아내나 딸을 가지고 간음에 빚을 갚고, 게다가 후손까지 끊기는 것이다.

이는 단지 책 속에서나 볼 수 있는 인과응보가 아니다. 세상에 음란한 놈들을 한번 살펴보라. 이미 세상을 떠난 음란한 자들이 하나하나 모두 이 모양이다. 그래서 아직 세상을 뜨지 않은 음란한 놈들도, 모두 이 모양이 될 것임을 알 수 있다.

이상 여섯 가지는 자기를 해치는 것이다.

지금까지 밝힌 12해악은, 모두 사음을 경계하는 격언(格言)과 인과응보 실록에 나오고, 또 지금 우리가 직접 눈으로 보고 귀로 들을 수 있는 일들이다. 우리 동지(同志)들은 미리 사음에 해악과 과보를 분명히 인식하여, 유혹과 충동이 들이닥칠 때 흐리멍덩하게 미혹되지 말길 바란다.

옛 현인들은 이 녀색(음욕)에 관문을 **잘 참아야 하고, 단단히 참아야 하고, 아주 단단히 참아야 한다**고 강조하셨다. (옛말에 '참을 인(忍)자 셋이면 살인도 면한다'고 전하는데, 음욕도 바로 그러하다. 옮긴이) 또 늘상 병들었을 때나 죽을 날을 생각하면, 사(邪)된 욕정이 사라진다고 말씀하셨다. 그리고 아침저녁으로 향 한 가지 사르고 한 시간씩 정좌(靜坐: 참선·명상)하여, 원숭이 같은 마음과 야생마 같은 뜻(심원의마心猿意馬)을 점차 조복(調伏)시키라고 훈계하셨다.

이러한 세 가지 교훈 말씀을 따르고, 또 앞에 12해악을 날마다 보고 수시로 생각하면, 사음을 끊는 훌륭한 방법이 될 것이다.

당고(唐皐)、라륜(羅倫)、사천(謝遷)、왕화(王華) 등이 과거시험에 장원급제한 원인은, 모두 단지 바람나 찾아 든 녀자를 애써 물리쳤기 때문이다. 그리고 조병충(趙秉忠)、주선(周旋)、붕경(馮京)이 존귀하게 영달한 까닭은, 단지 그들 아버지가 (범할 수 있었던) 사음을 범하지 않았기 때문이다. 한 순간 의지와 결정이 초래하는 화복(禍福)과 상벌에 인과응보가 지극히 막대하지 않은가?

여기 『태상감응편』에 "다른 사람에 예쁜 녀자"에는, 하녀나 머슴에 아내도 당연히 포함한다. 예전에 문창제군(文昌帝君)께서 새로이 내려 보내신 『음즐(질)문(陰騭文)』에도 분명히 나와 있다.

"자기 하녀나 그만 둔 머슴을 간음해도, 모두 반드시 처벌하는 (하늘) 법률을 시행한다. 사람은 누구나 똑같은 생명이므로, 신분에 귀천을 막론하고 간음해서는 안 된다. 착한 사람(善人)은 종신토록 두 녀색을 가지지 않는 법이다." (명실상부한 일부일처주의!)

녀자를 대할 때, 나이 든 분은 어머니처럼 보고, 손위 녀자는 누나처럼 여기며, 손아래 녀자는 여동생처럼 보고, 어린 소녀는 딸처럼 여긴다. 녀자가 제 발로 찾아와 그대 품에 안긴다고 할지라도, 끝내 힘껏 물리쳐야 한다. 사음을 멀리하는 다음 10가지 방법을 확고부동하게 지켜라.

1. 마음 바탕을 맑게 한다. (清心地)
2. 규범과 법도를 지킨다. (守規矩)
3. 천지신명을 경외한다. (敬天神)
4. 정신을 함양한다. (養精神)

5. 사음을 눈으로 보지 않는다. (勿目看)
6. 음담패설을 말하지 않는다. (戒談穢)
7. 음란한 서적이나 그림은 불태운다. (燒淫書)
8. 방안 일(성교)을 줄인다. (省房事)
9. 늦게 일어나지 않는다. (勿晩起)
10. 함께 지키도록 널리 권장한다. (勸共戒)

옛 사람들은 사음을 끊겠다는 서원(誓願) 서식을 인쇄하여, 사람들에게 널리 나눠주며 권장했다. 거기에 보면, 각자 한 장씩 가지고 가서 열 사람씩 권장하여, 서원서에 서명 날인하고 천지신명(부처님、하느님)께 불살라 올리며, 함께 사음을 끊겠다고 발원했다. 이 방법이 가장 좋겠다. 서원서식(뒤에 나옴)은 쉽게 만들 수 있다.

제8장 음욕을 가라앉히는 사유 관찰

제1. 네 가지 각성(覺醒)하는 관찰법

보통 사람은 음욕에 대한 생각으로 늘상 생사륜회를 되풀이한다. 전생에 녀자일 적에는 남자만 보면 기뻐하더니, 금생에 남자가 되니까 또 녀인에 몸만 사랑하는구나. 수시로 도처에 오물임을 각성하면, 애욕이 어디에서 일어날까?

첫째, 잠자리에서 막 깨어난 생각(生覺)

새벽에 잠자리에서 막 깨어난 모습을 생각해 보라. 두 눈은 거슴츠레하니 몽롱하고, 아직 세수와 양치질도 하지 않아서, 입 속이 온통 점액으로 가득 찼으며, 혀 바닥에는 누런 이끼(설태舌苔)가 끼어 있다. 얼마나 지저분하고 더러운가?

설령 절세가인(絶世佳人)이 애교떠는 자태로 앵두같이 어여쁜 입을 벙긋거리더라도, 얼굴에 화장품을 쳐 바르기 전에는, 모두 이와 똑같은 모습일 뿐이라고 생각하라.

둘째, 술에 만취한 뒤에 생각

술을 지나치게 마셔 오장(五臟)이 뒤집히고, 한바탕 구토(嘔吐)로 뱃속에 소화되지 않은 음식물 찌꺼기를 온통 입 밖으로 쏟아낸 모습을 생각해 보라. 굶주린 개라도 냄새를 맡아보고는, 꼬리를 살래살래 흔들며 물러갈 것이다.

설령 옥같이 고운 미인이 사뿐히 술 따르고 아양 떨며 안주를 권하더라도, 술잔이 어지러이 흩어질 때가 되면, 그 뱃속도 이와 똑같이 될 것임을 생각하라.

셋째, 병들었을 때에 생각

병들어 누운 뒤, 얼굴은 거뭇거뭇 초췌하고 몰골은 삐쩍 마른데다가, 더러 종기라도 곪아 터져 피고름이 줄줄 흐르는 모습을 생각해 보라. 설령 제아무리 친근한 부모나 애인이나 자식이라도 가까이 하지 않으려고 피할 것이다.

제아무리 나라를 온통 떠들썩하게 만드는 미색(傾國之色)이거나, 또는 갓 피어나는 꽃봉오리처럼 앳된 소녀라도, 질병 고통에 시달리며 신음할 때는, 그 모습 또한 이와 똑같을 것임을 생각하라.

넷째, 측간(厠間: 똥통)을 들여다보는 생각

옛날 재래식 변소(측간) 안에 똥오줌이 가득 차 있고, 그 속에 흰 똥고자리(구더기)와 파란 쉬파리가 들끓는 모습을 생각해 보라.

온갖 애교와 아양을 떨며, 온 몸에 룡연향(龍涎香)과 사향(麝香) 같은 향수를 뿌려 향내를 물씬 풍기더라도, 음식을 먹고 나서 배설하는 뒤끝은, 모두 이와 똑같은 것임을 생각하라.

제2. 아홉 가지 더러움에 대한 관상(九不淨觀)

사람이 죽는 날을 생각하면, 욕정에 불길이 금세 말끔히 식는다. 어리석은 놈이라도 죽는 걸 듣는다면, 눈살 찌푸리며 한숨만 쉬리라. 길어야 고작 백년 뒤에는, 결국 다 함께 화장터로 들어갈 것을! 보살(菩薩)이 아홉 가지 더러움을 관상하는 수행법은 생사고해를 건너는 큰 다리일세.

1. 막 죽은 생각(新死想)

이제 막 죽은 사람이 아무 것도 알아차리지 못하고, 뼛속이 오싹하도록 싸늘하게 반듯이 누워 있는 모습을 고요히 생각해 보라.

지금 재물을 탐내고 녀색에 미련(迷戀)이 강한 이 몸도, 언젠가 틀림없이 이와 같이 되고 말 것임을 생각하라.

2. 푸르뎅뎅한 어혈 생각(青瘀想)

아직 렴(殮)하지 않은 시체가, 하루 이틀 지나면서 거뭇거뭇한 기색이 피어올라, 곧 푸르뎅뎅한 청자색(青紫色)으로 변하는 모습을 고요히 생각해 보라. 얼마나 소름 끼치게 무섭고 두려운가?

지금 꽃처럼 아름답고 생기발랄한 이 몸도, 앞으로 틀림없이 이와 같이 되고 말 것임을 생각하라.

3. 피고름 생각(膿血想)

죽은 시체가 막 문드러지기 시작하여, 살은 썩고 오장륙부(五臟六腑)는 문드러져, 왕창 쏟아져 내릴 듯한 모습을 고요히 생각해 보라.

지금 풍채 준수하고 건장한 이 몸도, 장래 틀림없이 이와 같이 되고 말 것임을 생각하라.

4. 벌건 물 흐르는 생각(絳汁想)

썩어 문드러진 시체가 오래 방치되어, 벌겋고 누런 물이 질질 흘러내려, 코를 찌를 듯한 악취가 진동하는 모습을 조용히 생각해 보라.

지금 풋풋하게 윤기 흐르고 향긋한 피부를 지닌 이 몸도, 장래 틀림없이 이와 같이 되고 말 것임을 생각하라.

5. 벌레가 뜯어먹는 생각(蟲噉想)

오래 방치된 채 썩어 문드러진 시체에 고자리(구더기)와 온갖 벌레가 생겨, 도처에서 살을 뜯어먹고 피고름을 빨아먹으며, 뼈 관절 안도 온통 벌집처럼 들끓는 모습을 고요히 생각해 보라.

지금 란(鸞)새처럼 어울리고 봉황(鳳凰)처럼 짝을 지은 이 몸도, 장래 틀림없이 이와 같이 되고 말 것임을 생각하라.

6. 힘줄만 얽혀 있는 생각(筋纏想)

썩어 문드러진 시체에, 살갗과 살은 모두 녹아 없어지고, 단지 힘줄만 앙상하게 남아, 마치 새끼줄로 땔감을 묶어 놓은 듯, 뼈에 달라붙어 있는 모습을 조용히 생각해 보라.

지금 옥을 훔치고 향을 빼돌리며(竊玉偸香) 은밀하게 애정을 통하는 이 몸도, 장래 틀림없이 이와 같이 되고 말 것임을 생각하라.

7. 해골이 흩어지는 생각(骨散想)

죽은 시체에서 힘줄마저 문드러져 없어지고, 해골이 마디마디 떨어져 사방으로 흩어져 있는 모습을 고요히 생각해 보라.

지금 온갖 부귀영화(富貴榮華)를 누리고 있는 이 몸도, 장래 틀림없이 이와 같이 되고 말 것임을 생각하라.

8. 불에 타 들어가는 생각(燒焦想)

시체가 불길에 휩싸여, 시커멓게 타 들어가는 모습을 조용히 생각해 보라. 더러 벌겋게 익은 듯하고, 더러 시커멓게 그을려 버려, 차마 눈뜨고 볼 수 없지 않은가?

지금 문장(文章)과 언설(言說)이 천하를 뒤덮을 정도로 빼어난 이 몸도, 장래 틀림없이 이와 같이 되고 말 것임을 생각하라.

9. 앙상한 해골 생각(枯骨想)

무덤이 부서져 내리고 앙상한 해골이 드러나, 오랫동안 햇볕에 그을리고 비바람에 씻겨, 하얗게 부스러지거나 누렇게 빛바랜 채, 짐승들 발길에 채여 사방에 나뒹구는 모습을 고요히 생각해 보라.

지금 황금 같은 청춘인 이 몸도, 점차 나이 들어 쇠약해지면서, 장래 틀림없이 이와 같이 되고 말 것임을 생각하라.

이상 아홉 가지 관상(觀想)이 무르익으면, 자신도 나중에 한없이 처량(凄凉)한 신세가 될 것임을 깨달아, 애욕을 끊을 수 있는 훌륭한 방편법문(方便法門)이 된다.

제3. 사음 금지를 권청(勸請)하는 10수칙(守則)

1. 처녀(處女)

처녀는 어찌 감히 욕보일 수 있나?
한평생 명예와 정절이 달린 걸.
모든 친족에 체면이 다 망가지고,
맺힌 원한 결코 풀리지 않으리.
설사 결혼이야 눈 가리고 한다지만,
마음속 숨긴 수치 편안할 리 있겠나?
태산 같은 원망, 골수에 사무치는 통한(痛恨),
천추(千秋)에 씻기지 못할 흠으로 얼룩지리.

2. 과부(孀婦)

사람이 누군들 부부 해로하고 싶지 않을꼬?
가련(可憐)타 홀로 빈 방 지키는 과부.
향긋한 연못가 두 원앙 흩어지니,
앞으로 함께 날을 희망 끊겼네.
죽은 이야 별다른 소원 없이,
미망인이 자기 위해 광명 보태기만 바라지.
잔꾀로 속이고 권세로 눌러 미친 짓 하면,
끝내 원한만 맺고 죄업만 크게 지으리.

3. 하녀(婢女)

녀자는 모두 자기 자리 얻길 기대하고,
정절 지키며 시집가길 고대하는 법.
단지 가난하고 곤궁해 서로 못 만나니,
골육 친족에 정은 물속처럼 깊기만 하네.
그저 뜰아래 풀처럼 여기지 말고,
돗자리 위에 술잔 욕심 이제 그만 멈추게.
옛 집안 대들보 백년을 지키기 어렵나니,
단지 후손들이 못날까 두려워하게나.

4. 머슴(하인)에 아내(僕婦)

머슴에 아내가 비록 비천한 신분이지만,
수줍고 부끄러워하기는 남과 매한가지.

가두고 강압하면 어쩔 수 없이 당하니,
그 죄악은 보통 간음보다 훨씬 크고 무겁네.
그들도 분명히 결혼한 부부이니,
내 마땅히 집안 기풍 엄숙히 지켜야 하네.
예로부터 의로운 머슴 특별한 공 세움은,
모두 주인 은혜에 감격한 보답일세.

5. 유모(乳母)
그녀가 나를 위해 자식을 키우는데,
내 어찌 자식 인연으로 간음한단 말인가?
인생 말년에 금슬이 화합하지 못함은,
다만 집안 가난해 지내기 어려운 탓일세.
하물며 그녀 랑군(郎君)이 집에서 기다리며,
아내가 정절 지키기를 얼마나 바랄까?
범하면 수치스럽고 원통한 한은 어찌할꼬?
일찌감치 색욕 좀 초탈(超脫)하게나!

6. 가난한 아낙(貧婦)
가난하고 곤궁해 모욕을 달게 참는 마음,
어진이여 모름지기 온전히 지켜 주게.
남 급한 틈에 재물을 미끼로 간음하면,
지은 죄업 종신토록 결코 작지 않으리.
가난과 부유는 본디 고정되지 않은 법,

재산 모였다 흩어짐은 연기와 같다네.
어느 누가 자손에 현명을 돈으로 산당가?
나중에 후손 가난 면하기 어려울 걸세.

7. 녀자 수행인(姑尼: 비구니 · 수녀 등)
이미 세상을 벗어나 수행하는 이를,
어떻게 꾀고 희롱할 수 있단 말인가?
불교 문중 청정한 기풍은 아랑곳없이,
계률(戒律)을 파괴하고 명예를 훼손할쏜가?
신명께서 번개처럼 두 눈 부릅뜨고,
사방에서 틈을 보아 서로 나서리.
관가 형벌과 저승 과보 가볍지 않으리니,
정말로 지옥 불길에 떨어지고 말리라.

8. 창녀 기생(娼妓)
유흥가 운집한 창녀와 기생들,
문가에 기대어 온갖 교태로 유혹하나니.
군자는 자신과 집안 애지중지하기를,
모름지기 보옥(寶玉) 간직하듯 두려워하는 법.
저들이야 주인 없이 스스로 떨어지는 꽃,
나만 결국 흰 보옥에 흠집 내고 말 걸.
재산만 날리고 인생까지 망치며,
독한 질병 감염되면 재앙은 더욱 크리.

9. 첩(姬妾: 소실 · 내연에 처)

첩은 본디 아들 대를 이으려 얻었는데,
어찌 앳된 녀자를 여럿씩 거느린담?
해골 위에 분 바르고 화장해 봤자,
결국 한 바탕 헛된 봄날 꿈인 것을.
부자 늙은이 젊은 첩들 거느릴 때면,
조강지처(糟糠之妻)는 안방서 홀로 쓸쓸하리.
수시로 풍악 울리며 음욕을 부리지만,
심성과 목숨 걸린 참 중요함은 아시는지?

10. 남색(男色: 鷄姦. 남자끼리 동성련애)

남자와 녀자에 집안 지위 엄정하거늘,
어찌 천지음양이 뒤바뀔 수 있당가?
그는 청렴결백 더럽혀 수치스럽고,
자신도 명예음덕 몽땅 잃어버리지.
재산 랑비(浪費)는 어떻게 헤아리며,
인생 망침은 어떻게 감당하리?
그대여 고개 돌려 자식과 사위 좀 보시게,
죄악에 과보는 틀림없이 분명하다네.

제9장 적어도 사음만은 하지 말세

제1. 권선징악에 모범

1. 운간(雲間: 강소성 松江府에 옛날 별칭)에 사한운(謝漢雲)은 어려서부터 만성 고질병을 껴안고 살았다. 그러다가 모든 악업(惡業) 가운데 녀색(女色)이 가장 범하기 쉬운 허물임을 생각하고, 마침내 번앙(繁陽) 붕태사(馮太史)가 편집한 『불가록(不可錄)』을 구해다가, 다시 출판하여 널리 전파하기로 마음먹었다. 그런데 목판 조각을 거의 다 완성할 무렵에 이르러, 고질병이 돌연히 깨끗하게 나아 버렸다. 그 뒤 그에 아들과 손자들도 모두 명망을 크게 드날렸다. 성문(星門) · 하헌(霞軒) · 체삼(體三) 등이 대를 이어 높이 등용되었으며, 집안에 책 향기(書香)가 끊이지 않고 길게 이어졌다.

2. 서신선(徐信善)은 양홍(楊宏)과 글공부를 같이 한 동창생이었다. 한번은 둘이 나란히 과거시험을 보러 가서, 같은 집에 묵게 되었다. 그런데 우연히 만난 한 고승(高僧)이 그들에 관상을 보더니, '양홍은 크게 존귀해지고, 서신선은 가난하겠다.'고 말해주었다. 그날 밤 양홍

은, 묵고 있던 숙소 안에서 몹시 아름다운 처녀를 우연히 보고는, 그만 마음이 움직였다. 그래서 막대한 뇌물을 써서 그녀를 간음하려고 계획하였다. 이를 안 서신선은 준엄한 말로 그를 꾸짖으며 힘써 막았다. 그런데 이튿날 그 고승이 서신선을 다시 만나더니, 크게 놀라면서 감탄하는 것이었다.

"하룻밤 사이에 어떻게 금방, 이렇게 강한 음덕(陰德)에 무늬가 크게 일어날 수 있단 말인가? 빈천한 운수가 부귀하게 뒤바뀌어, 앞으로 크게 영달하겠소."

그리고 이어 양홍에 관상도 다시 살피더니, 이렇게 말하였다.

"어찌 기색(氣色)이 어제만 훨씬 못하오. 서신선과 함께 높이 두드러지기는 하겠소만, 명망에 차례가 조금 뒤떨어지겠소."

과거시험 급제자 명단이 발표되자, 과연 스님이 한 예언과 같았다.

3. 송나라 때 간주(簡州)에 진사인 왕행암(王行庵)은, 행실이 방정(方正)하고 절도가 있었으며 대범하였다. 외사촌 아우인 심(沈)아무개와 바로 이웃 사이였는데, 심씨가 본디부터 사음을 좋아하는 줄 알고, 루차(屢次) 권고하였다. 심씨는 그 권고를 듣지 않을 뿐만 아니라, 오히려 한 머슴에 아내한테 왕공(王公)을 유혹하도록 은밀히 지시하였다. 왕공이 준엄하게 이를 물리치자, 이어 다시 한 예쁜 하녀를 골라 왕공을 로골(露骨)로 유혹하도록 시켰다. 그러나 왕공은 역시 단호하게 이를 물리쳤다. 심씨는 왕공에 절도 있는 계행(戒行)을 깨뜨린 뒤, 비

웃을 생각이었던 것이다.

하루는 왕공과 심씨가 함께 외출했다가 도적을 만났다. 그런데 심씨가 탄 배는 작다는 이유로 도적들이 표적에서 제외하였다. 그리고 왕공이 탄 배만 도적들에게 붙잡혔다. 그런데 삽시간에 천둥과 번개가 번갈아 크게 내려치더니, 도적들이 깜짝 놀라 두려움에 떨며 그만 슬그머니 도망치고 말았다. 그래서 왕공은 하나도 빼앗긴 물건 없이 평안히 되돌아왔다.

그 뒤 한번은 심씨가 외출했다가 집으로 돌아왔는데, 자기 아내가 다른 남자와 사통하고 있는 모습을 목격하였다. 그래서 연장을 들어 그들을 내리치려고 하였는데, 갑자기 손을 들어 올릴 수가 없었다. 그래서 멍하니 선 채, 노한 눈빛으로 그들을 째려보며, 발만 동동 굴렀다. 그러더니 크게 한숨을 내쉰 뒤 그만 죽어 버렸다.

한편, 왕공은 나이 50세 때 큰 병에 걸려, 도사(道士)를 초빙하여 재(齋)를 올렸다. 도사가 천지신명께 상소문(上疏文)을 고하고 불살라 올린 뒤, 한참 동안 엎드려 절하더니, 마침내 회답(回答)이 내려왔다.

왕공에 천수(天壽)는 본디 50세에 그쳐, 그만 세상을 하직해야 할 운수였다. 그런데 왕공이 두 차례나 사음에 유혹을 물리치고 진실한 마음으로 사람들을 권장하여, 천상 조정(天曹)에서 특별히 3기(三紀: 36년)에 수명을 더 늘려준다는 것이었다.

왕공은 이 말을 듣고 움찔 놀랐는데, 나중에 정말 86세까지 장수하였으며, 자손들이 누리는 부귀영화도 자기 눈으로 직접 보았다.

평(評): 여기에 왕행암과 앞에 서신선은, 모두 단정한 계률(戒律)로 자기를 지키면서, 나아가 올바른 덕행으로 남을 사랑한 모범들이다. 옳게 권고해서 들으면, 사람들이 그 덕택을 입을 것이다. 설사 듣지 않는다고 할지라도, 사람들을 교화하려는 권선징악에 열성만으로도, 이미 하늘을 감동시켜 복을 받기에 충분하다. 그러니 사람들이여! 또 무엇을 꺼려 행하지 않는단 말인가?

4. 가흥부(嘉興府)에 학교에 다니던 아무개 서생은, 본디 남에 죄악을 숨겨주고, 선행을 드러내어 칭찬해주는 천성이었다. 남에 집 자제나 친구들이 규방(閨房) 안에 녀자 이야기를 하는 걸 보면, 곧장 정색(正色)을 하고 호되게 꾸짖으며 경고하곤 하였다. 그러다가 「구얼계문(口孽戒文)」(입으로 짓는 죄악을 경계하는 글)을 지어, 후학들을 훈계하기에 이르렀다. 나중에 과거시험 보러 갔는데, 급제자 명단을 발표하기 하루 전날 밤 꿈에, 자기 아버지가 나타나 이렇게 일러주는 것이었다.

"너는 전생에 어린 나이에 진사가 되어, 그만 자기 재주만 믿고 남들에게 오만을 부렸다. 그래서 상제(上帝)께서 니가 계속 과거시험에 난관에 걸려, 끝내 입신출세하지 못하도록 벌을 내리셨다. 그런데 마침 지난달 어떤 선비 하나가, 본디 이번 과거시험에 향시(鄕試)와 전시(殿試)에서 연달아 급제할 운수였으나, 집안에 녀자를 간음한 죄로 그만 제명(除名)되는 사태가 일어났다.

"이에 문제(文帝: 文昌帝君)께서, 니가 「구얼계문(口孽戒文)」을 지어 사람들을 권선징악한 음덕이 몹시 크다고 아뢰면서, 니 이름을 그 자리에 대신 보충하자고 주청(奏請)하셨다. 그래서 니가 이번 과거시험에서 반드시 연달아 급제할 것이다. 그러니 앞으로 더욱 공덕을 닦아, 천지신명께서 베푸신 은혜에 보답해야 한다."

이에 그 서생은 깜짝 놀라면서도 몹시 기뻐하였다. 그리고 과거에 급제한 뒤에도, 평소보다 배나 더 조심하고 공덕 쌓기에 힘썼다. 나중에 벼슬은 어사(御史)까지 이르렀다.

5. 석광(席匡)은 어려서부터 특출하게 총명했다. 하루는 어떤 관상쟁이를 만났는데, 그가 이렇게 말하는 것이었다.

"그대 관상은, 세로 줄무늬가 입으로 들어간 것을 보니, 굶어죽을 상(相)이오. 그 시기는 마땅히 내년이 되겠소."

이 말을 들은 석광은 몹시 근심하였다. 그러던 중, 하루는 어떤 사람이 남에 명예와 정절(貞節)에 관련하여 규방(閨房) 일을 이야기하였다. 이걸 본 석광은 정색을 하고 그에게 불끈 성을 내었다. 그래서 이야기하던 사람이 내심 부끄러워하며 슬그머니 말꼬리를 감춰, 그 일이 잠잠히 가라앉았다. 그때부터 한 해가 넘도록 석광에게는 아무런 탈도 생기지 않고 평안하기만 했다. 나중에 그 관상쟁이를 다시 만났는데, 그가 이상하다는 듯이 고개를 갸우뚱거리며 물었다.

"그대는 어떻게 그토록 큰 음덕을 쌓게 되었소? 어찌하여 타고난 상(相)이 갑자기 확 달라질 수 있단 말이오?"

나중에 석광은 과거에 급제하여 높은 관직에까지 올랐다.

6. 남송(南宋) 말엽 단종(端宗: 1276~8재위) 때, 원(元)나라 군대가 대만(臺灣)을 공격하였다. 그때 해안에 살던 한 백성에 아내 왕씨(王氏)가 몹시 아름다운 자태를 지녔는지라, 원나라 군사가 그를 략탈(掠奪)하여 군대 안으로 끌어오게 되었다. 왕씨를 본 천부장(千夫長)은, 그에 시부모와 지아비를 모두 살해한 뒤, 왕씨를 첩으로 삼으려고 하였다. 왕씨는 죽어도 그 뜻을 따르지 않기로 맹서(盟誓)하고, 거짓으로 조건을 요청하였다.

"제가 시부모와 지아비를 위해 한 달간만 상복(喪服)을 입도록 말미를 주십시오. 그러신다면 그 뒤에 어르신을 모시겠나이다."

천부장은 그 청이 죽게 내버려두는 것보다는 어렵지 않다고 생각하여, 그 청을 들어주었다. 그러면서 그래도 혹시나 념려(念慮)스러워, 포로로 잡힌 다른 아낙한테 함께 지내면서 감시하라고 시켰다.

원나라 군사가 정벌을 마치고 되돌아가게 되자, 천부장은 왕씨를 데리고 갔다. 행진이 승현(嵊縣: 절강성 동부에 있음)에 청풍령(淸風嶺)을 지날 때, 왕씨는 마침내 하늘을 우러러 구슬피 탄식하며 부르짖었다.

"이제 제가 죽을 곳을 얻었나이다."

그리고는 곧장 손가락을 깨물어, 흐르는 피로 바위 위에 시구(詩句)를 쓰고 나서, 그대로 절벽 아래로 몸을 던져 죽고 말았다. 지금으로부터 이미 팔구십 년이 지난 옛날 일이다. 하지만 바위 위에 썼던 피 글씨는 무덤처럼 솟아올라, 모진 비바람에도 씻겨 지워지지 않은 채, 오히려 이제 막 흘린 것처럼 아직도 새롭기만 하다.

일찍이 어떤 선비 하나가 왕씨가 쓴 시를 보고, 이렇게 비아냥거리는 시를 지었다.

"손가락 깨물어 시를 쓴 건 애처로운 듯하지만,
嚙指題詩似可哀
얼룩덜룩 빛바랜 흔적에 푸른 이끼만 끼었네.
斑斑駁駁上青苔
애시당초 시구 중에 남긴 뜻이 정말 있었더라면,
當初若有詩中意
원나라 장군 따라 말 타고 여기까지 왔겠는가?"
肯逐將軍馬上來

그러더니 시를 지은 그 선비는, 나중에 내를 이을 자손이 끊어지고 말았다. 원(元)나라 때 양렴부(楊廉夫)도 역시 비아냥대는 시를 지었다.

"군대에 말과 노새·낙타 떼 백리 길 행진 따라,
甲馬駃馱百里程
청풍령에 이른 새벽 피 글씨가 이루어졌네.
清風後夜血書成
단지 류신(劉晨)과 원조(阮肇)[1]처럼 복사꽃 냇물에나 즐기지,

1) 류원(劉阮): 태평어람(太平御覽) 등이 인용하는 옛날 기록에 따르면, 동한(東漢: 後漢) 명제(明帝) 영평(永平: 57~75년 재위) 년간에, 섬현(剡縣) 사람인 류신(劉

只應劉阮桃花水

어찌 파릉(巴陵)[2]에 한수(漢水)처럼 맑기만 바랐던고?"

不似巴陵漢水清

이 시를 지은 양렴부도 나중에 자식을 두지 못하였다. 그런데 하룻밤에는 꿈에 한 부인이 나타나 이렇게 책망하는 것이었다.

"그대는 왕씨 절부(節婦)가 남긴 시를 기억하시오? 비록 절개를 지킨 부인에 명예까지 훼손하지는 않는다고 할지라도, 그 절개를 비방하는 글만으로도 그 죄가 몹시 중대하오. 그래서 하늘이 그대 후손을 끊는 것이라오."

꿈에서 깨어난 양렴부는 뒤늦게 깨닫고 참회한 뒤, 반대로 왕씨를 칭송하는 시를 다시 지었다.

"하늘은 땅을 따라 늙건만 첩은 군사를 따르나니,

天隨地老妾隨兵

하늘땅은 무정도 하건만 첩은 정한이 가득하네.

天地無情妾有情

晨)과 원조(阮肇)가 함께 천태산(天台山)에 들어가 약초를 캐다가, 두 녀자를 만나 그들 집에까지 따라갔는데, 그곳은 기후와 초목이 모두 항상 봄날 같이 온화하고 살기 좋아, 반년쯤 머물다가 집에 돌아와 보니, 그 자손들이 이미 7대(代)나 바뀌어 있었다는 민간전설이 내려온다.

2) 파릉(巴陵): 호남성(湖南省) 악양(岳陽) 지역을 가리킴.

손가락 깨물어 피 터지니 노을 낀 절벽 붉게 물들고,

指血嚙開霞嶠赤

이끼 낀 흔적 절로 변하여 눈 내린 강물 맑게 흐르네.

苔痕化作雪江清

차라리 상강(湘江: 호남) 거문고 소리에 춤추다 죽을지언정,

願隨湘瑟聲中死

결코 오랑캐 갈대피리 박자에 장단 맞추며 살지는 않으리.

不逐胡笳拍裏生

삼월에 두견새는 끊어진 피가 서러워 우짖으며,

三月子規啼斷血

눈물 없는 가을바람 애도하는 시가 구슬퍼 소슬하네."

秋風無淚寫哀銘

그러자 나중에 바로 그 부인이 다시 꿈에 나타나 감사하더니, 그 뒤 얼마 안 있어 양렴부는 아들 하나를 얻었다.

7. 예전에 주유(周裕)는 일찍이 좋은 벗들을 함께 모아, 사음을 끊겠다는 발원문 서식을 만들어 인쇄한 뒤, 동호인 모임에 놓아두었다. 그리고 매 회원은 한 사람이 한 장씩 가져가, 각각 열 사람씩에게 권장하도록 결의했다. 그리고 모든 사람이 각자 고향、본관、출생년월일을 적고, 서명 날인해 발원문을 작성한 뒤, 문제(文帝: 文昌帝君)와 무제(武帝: 武聖帝君. 關羽에 天上化神) 앞에 불살라 올려 서원을 표시했다.

그 뒤로는 말과 행동은 물론, 한 순간 생각까지 전전긍긍(戰戰兢兢)하며 삼가고 되살폈다. 그래서 감히 조금이라도 사음과 관련되는 일이 없도록 힘썼다. 혹시라도 불행히 이러한 사음에 계률(戒律)을 저지른 자가 있으면, 진실로 부끄러워하고 참회하는 마음을 간절히 일으키자고 다짐했다. 그러는 순간, 하늘을 가득 채우는 커다란 허물이라도 충분히 녹여 없앨 수 있기 때문이다. 그리고 다행히 이 계률(戒律)을 범한 적이 없는 사람은, 앞으로도 더욱 굳건히 지켜, 혹여 순결한 흰 옥에 조그마한 흠집이라도 내는 일이 없도록 하자고, 서로 다짐하고 채찍질하였다.

그렇게 시종일관 변함없이 계률(戒律)을 지키면서, 주위에도 널리 권장해 나가자! 그래서 세상 사람들이 죄악에 뿌리를 영원히 끊어버리고, 모두 올바른 길로 되돌아올 수 있도록 이끌어주자. 그런다면, 그 공덕이 얼마나 무성하고, 그 복록은 얼마나 크겠는가?

8. 락계화(駱季和)가 이렇게 말하였다.

예로부터 선현들이 전해오는 격언에, "만 가지 죄악 가운데 사음이 가장 우두머리고, 온갖 덕행 가운데 효도가 최고으뜸이다.(萬惡淫爲首, 百行孝爲先)"고 말씀하셨다.

나는 일찍부터 이 두 구절을 궁리하여, 그 뜻을 음미해 보았다. 그런데 상반된 두 구절이, 오히려 상호 보완하는 짝이 됨을 알았다. 여기서 그 리치(理致)를 간단히 따져보면 이러하다.

무릇 사음이 만 가지 죄악에 우두머리가 된다면, 사음하지 않음이 온갖 덕행에 밑바탕이자 전제조건이 될 것은, 미루어 짐작할 수 있다. 마찬가지로, 효도가 온갖 덕행에 최고으뜸이라면, 불효가 만 가지 죄악에 근본 원인이 될 것도, 미루어 짐작할 수 있다. 이렇듯 이 두 구절로 서로 뒤집어 대비해 보기만 해도 충분하거늘, 이 말을 더 분석하고 음미하는 것은 무슨 리유(理由)일까?

대저 사음을 좋아하면, 효도를 다할 수가 없다. 또 효도를 다하고자 한다면, 반드시 사음하지 않는 것부터 시작해야 한다.

옛날에 성인께서 혼례(婚禮) 법도를 세우면서, 매파로 다리를 놓고, 륙례(六禮: 혼인에 여섯 가지 절차)로 결합하도록 정하셨다. 작게는 집안에서 후손들이 대를 이어 조상 제사를 받들고, 인륜을 밝혀 화목한 덕행을 뒷받침하는 출발로 삼으며, 크게는 나라를 다스리고 천하를 대평스럽게 만드는 근본으로 삼기까지, 누구나 처음부터 끝까지 효도를 다하도록 바라신 것이다. 그래서 군자에 도는 부부관계에서부터 비롯한다고 말한다.

세상이 타락하고 도덕이 희미해지는데도, 성현이 더 이상 계속 나오지 않으시니, 옛날 혼인에 깃든 본래 정신은 모두 사라지고, 례법(禮法)은 그저 빈껍데기 규정으로 전락해버렸다. 그래서 부부관계는 단지 욕정과 쾌락에 탐닉하는 도구로 변하였다. 젊은이들이 학업과 덕행을 채 이루기도 전에 아리따운 처녀나 사모할 줄만 안다. 그런데도 부모님들까지 자식들에 비위나 맞추고 마음이나 붙잡아 두려고,

모르는 척 따르거나 그냥 내버려두기 일쑤다.

더 나아가, 녀색 좋아하는 것은 인생에서 지극히 정당한 일이라고 공공연히 옹호하기도 한다. “혈통을 잇고 제사를 받든다.”는 명분을 크게 내세운다. 그러나 실질상으로는, 차츰 부부 사이에 정이 더욱 도타워질수록, 부모에 대한 봉양이 더욱 소홀해지기 마련이다. 안사람에게만 잘 보이려고 정신 쓰다 보니, 부모를 멀리하고 크나큰 불효에 떨어지고 마는 것이다. 마침내는, 반드시 깨진 항아리로 창을 가리고 새끼줄로 문설주를 엮은 가난하고 비천한 사람들이 아니라도, 어머니를[3] 간음하고 고모를 릉욕(凌辱)하는 패륜이 마치 풍속처럼 유행한 지 이미 오래 되었다.

선행으로 옮겨가기는 어려워도, 죄악에 물들기는 쉬운 것이 인지상정이다. 한번 부부관계를 욕정과 쾌락에 도구로 여기게 되면, 필연코 남녀 사이 형상에 집착하는 편견이 더욱 깊어지고, 녀색을 사모하고 사음에 탐닉하는 마음이 더욱 치열해지기 마련이다. 그러다 보니, 새 사람을 만나면 옛 사람을 싫어하게 된다.

또, 부딪치는 곳마다 감정이 솟구쳐, 천하에 모든 남녀가 다 자신

3) 전통 례법상 자기를 낳아 준 친모(親母) 이외에, 적모(嫡母: 첩에 아들이 아버지에 본처를 일컫는 호칭), 계모(繼母: 아버지에 후처), 양모(養母: 어려서 입양 교육한 어머니), 자모(慈母: 생모가 죽어 자기를 키워준 아버지에 첩), 가모(嫁母: 아버지가 돌아가신 뒤 재가한 어머니), 출모(出母: 아버지에게 쫓겨난 생모), 서모(庶母: 아버지에 아들을 낳은 첩), 유모(乳母: 자기를 젖먹여준 아버지에 첩) 등, 이른바 여덟 어머니(八母)도 각기 다른 등급에 상복(喪服)을 입어야 하는 인륜도덕상 어머니로 포함함.

에 욕정과 쾌락을 채우는 도구가 될 수 있다고 여기게 된다. 그래서 사음 풍조가 크게 유행하여, 서로 질투하고 서로 살상(殺傷)하여, 자신을 다치고 부모까지 욕되게 한다. 이로 말미암아 만 가지 죄악이 다 발처럼 생겨나고, 온갖 덕행이 한순간에 사라진다. 그러니 불효죄가 이보다 막대한 게 또 어디 있겠는가? 그 유래를 헤아려 본다면, 이는 부부관계를 음욕에 도구로 여긴 한 생각(一念)으로부터 싹튼 조짐이 아니겠는가?

그래서 이 두 구절은 겉보기에는 서로 반대되는 듯하지만, 실질상 의미로는 상호보완 관계라고 말한 것이다. 잘 모르는 사람들은 이러한 리치를 헤아리지 못한다. 그래서 단지 '음(淫)' 한 글자를, 올바른 음욕(正淫: 부부간에 성관계)과 그릇된 음욕(邪淫: 외도. 부부 아닌 자와 성관계)으로 억지로 구분한다. 인간에 음욕을 합리화하고 정당화하려고 하는 것이다. 그리한 견해가 옛 성현들이 기르치신 온밀한 뜻을 깊이 이해했다고 할 수 있겠는가?

경전에 이르기를, "일체 중생이 모두 음욕으로 말미암아 목숨을 타고난다."고 하였다. 욕정은 사랑(愛着)으로부터 생기고, 목숨은 욕정으로 말미암아 있게 된다. 중생이 목숨을 사랑(愛着)하는 것도, 결국 욕정에 근본(뿌리)에 의지하는 것이다. 그래서 생사륜회(生死輪廻)는 사랑(愛着)이 그 근본(뿌리)임을 알아야 한다.

또 경전에 이르기를, "욕정이 이는 경계(欲境)에 부딪쳐, 어긋나거나 따르는 (심리) 반응이 일어난다."고 하였다. 부닥친 경계(주어진 상황)가 애착하는 마음과 상반되면, 미움(증오)과 질투를 일으켜 각종 악업을 짓고, 그로 말미암아 다시 지옥이나 아귀、축생에 삼악도(三惡道)로 떨어지게 된다.

그래서 음욕이야말로 우리 인생에 커다란 환난거리이며, 애시당초 그릇된 음욕과 올바른 음욕에 구분이 없음을 알 수 있다. 다만 우리들이 시작도 없는 먼 옛날부터 지금까지, 오래도록 애욕(愛欲)을 바탕으로 이 몸을 받아왔다. 그 때문에 집이라는 감옥(家獄)이 철옹성처럼 견고하게 이루어져, 업장에 뿌리를 뽑아 버리기가 매우 어려운 게 현실이다. 그래서 여래께서 우리 중생을 불쌍히 여기사, 특별히 방편법문(方便法門)을 열어주셨다. 그릇된 음욕만 저지르지 않도록 계률(戒律)을 지켜도, (극락정토) 련꽃(蓮華) 봉오리에 생겨날 수 있는 훌륭한 씨앗을 허락하신 것이다. (『계덕향경(戒德香經)』에 이르기를, "남에 아내를 범하지 않으면, 연꽃 봉오리에 생겨난다."고 하였다.)

물론 내가 이러한 말을 하는 것은, 반드시 엄격한 금욕주의를 주장하여, 인지상정으로 실행하기 어려운 계률(戒律)을 강요하기 위함이 결코 아니다. 다만 인륜과 대의(大義)는 돌보지 않은 채, 그저 안방에 욕정과 쾌락을 탐닉하는 짓 자체만으로도, 이미 천리(天理)에 어긋남을 밝히는 것일 따름이다. 모든 동지들이 깊이 생각하고 깨닫도록 바라는 마음 간절하고 진실하다. 하물며 감정 내키는 대로 밖으로 바람 피우고 다니면서, 외도(外道)를 보통처럼 생각하는 사람들이야 말할 나위가 있겠는가?

우리가 비록 그릇된 음욕(邪淫)에 계률(戒律)을 철저하게 힘써 지킨다고 할지라도, 이는 단지 인간 세계에 기본 오계 중 하나 밖에 지나지 않는다. 만약 제멋대로 녀색을 가까이하고 바람피운다면, 반드시 삼악도에 떨어지고 생사륜회에 고통을 벗어나기가 매우 어렵게 된다.

이러한 리치를 알아, 스스로 본성을 흔들어 일깨우고 정신을 진작하자! 안으론 집안을 꾸려나가는 근본을 바로잡고, 밖으론 다투거나 휩쓸리는 마음을 끊으며, 자신을 반성하고 근본 바탕자리를 찾아가자. 이러한 수행공부를 계속한다면, 머지않아 녈반(涅槃: nirvāṇa)도 바라볼 수 있고, 열 가지 죄악도 일시에 벗어날 수 있게 된다.

(부처님께서 설하신 『반녈반경(般涅槃經)』에 이르기를, "그릇된 음욕(邪淫)을 끊으면, 다섯 가지 큰 복(五增福)을 얻고, 녈반(涅槃: nirvāṇa)에 이르는 도에 들어간다."고 말씀하셨다. 또 『법원주림(法苑珠林)』에 이르기를, "사음은 열 가지 죄악을 범한다."고 하였다.)

부처님께서 설하신 진실한 말씀은 우리를 결코 속이지 않는다. 그러니 사음을 끊기로 맹서를 작정하고, 천지신명과 불보살님께 그 서원을 발하여, 자신에 청정한 성품을 지키고 밝혀나가야 할 것이다. 무릇 모든 불자(들과 다른 종교 신자)들은 똑같은 마음을 지니고 있으리라 믿는다.

이상 몇 마디 말을 서문에 갈음하니, 참고삼아 보시기 바란다.

제2. 서원문(誓願文) 서식

불기 (단기, 서기)　년　월　일, 사음(邪淫)을 끊기로 서원하는 제자 ○○○는, 몸과 마음을 청결히 재계하고 향을 사르며, 삼가 부처님(천지신명, 하느님)께 서원하옵니다.

온갖 선행 가운데 효도가 최고이고, 모든 죄악 가운데 사음이 으뜸이오니, 사람이 짐승과 다른 것은 그 마음가짐 때문입니다. 기러기는 연못 가운데 떼 지어 모여도, 오히려 무리 안에 짝을 뒤바꾸지 않는다고 하는데, 저희 불자(하느님에 자녀)들이 그런 짐승만도 못할 수 있겠습니까? 오늘부터 앞으로는 사음을 끊기로 맹세하오며, 이 목숨 다하도록 영원히 이 마음을 바꾸지 않겠습니다. 만약 이 서원을 어겨 사음을 범한다면, 제 자신이 그 화를 입을 것이며, 그래도 죄악이 남거든 재앙이 자손에게까지 미칠 것입니다.

위대한 가르침을 어기고 더럽히는 죄악은, 정말로 결코 가볍지 않으리니, 부디 불법(佛法)과 도(道)와 진리(복음)를 호위하는 신명(천사)께서 속히 강림하시어, 자비와 련민(憐憫)으로 제 조그만 정성을 굽어 살피시고, 청정한 계률(戒律)을 어기거나 깨뜨림 없이 영원히 굳세게 지킬 수 있도록, 항상 그윽한 가피력으로 보우(保祐)해 주시길 엎드려 바라옵니다.

서원 제자　○○○ 삼가 아뢰 (서명날인)

(단정한 글씨체로 작성하여, 부처님이나 천지신명, 또는 하느님께 낭독해 아뢰고 불살라, 자신에 정성과 공경을 밝힌다.)

첫째, 계률(戒律)을 굳게 지키는 힘

사람이 품는 마음은 선이 아니면 악이고, 그 결과 누리는 과보는 복이 아니면 화(禍: 재앙)이다. 하늘(님)에 도(道: 진리)는 사음을 응징하지만, 죄악을 뉘우치고 고치는 사람까지 처벌하지는 않는다. 처음에 멋모르고 미혹되어 잘못을 저질렀더라도, 나중에 깨닫고 진실로 뉘우친다면, 재앙이 저절로 물러가고 복이 점차 다가온다.

그러나 일단 참회하고 계률(戒律)을 받은 뒤에는, 반드시 깊은 연못에 림(臨)하거나 얇은 살얼음을 밟듯 전전긍긍(戰戰兢兢)하면서, 림종(臨終)에 손발을 펼치며 자연(극락, 천국)에 돌아갈 때까지 철저히 지켜야, 비로소 부처님(천지신명, 하느님)께 죄가 없다고 아뢸 수 있다.

만약 계률(戒律)을 받은 뒤 다시 사음을 저지른다면, 앞에서 맹세한 말을 뒤에서 신명이 감시하고 보호하면서 위엄을 부리실 것이니, 틀림없이 화를 당하게 되고 더 이상 구제할 약(방법)도 없다. 마치 감기 몸살이 조금 나아 우선해진 몸에다, 찬바람 쐬고 찬 음식과 혼탁한 음식을 먹어 버리면, 진정되던 증상이 다시 심하게 도져, 더 이상 손을 쓸 수조차 없게 되는 것과 비슷한 리치다.

바라건대, 뜻을 같이하는 사람들이여, 지극한 마음으로 귀의하여, 때때로 부처님(천지신명, 하느님)을 경외하고, 늘상 인과응보에 재앙을 두려워하자.

옛 사람들은 "한 번도 심하거늘, 어찌 두 번 다시 할 수 있느냐?"고 말했다. 하물며, 이미 스스로 서원을 해놓고, 어린애들 장난처럼 여길 수 있겠는가?

둘째, 믿음을 굳건히 북돋우는 마음

계률(戒律)을 받은 사람들은, 땅에 기름지고 메마른 토질이 있는 것처럼, 인간 목숨도 똑같지 않고 천차만별인 줄을 모름지기 알아야 한다. 하늘에서 내려주는 비와 이슬은 원래 차이 없이 고르다. 하지만, 농작물을 부지런히 재배하면 풍성한 수확을 얻고, 내팽개치고 거들떠보지도 않으면 소출이 형편없게 된다.

흉년과 풍년에 권한은 비록 하늘(자연)에 달려 있지만, 농작물을 잘 가꾸느냐 못 가꾸느냐, 재배할 책임은 실로 인간에게 있다.

더러 세상에 악인들이 비정상적인 복을 누리더라도, 그것이 반드시 진짜 복은 아니다. 어쩌면 하늘(신명)이 그 복을 빌어 더 큰 재앙을 내리기 위한 미끼에 불과할 것이다. 그렇지 않다면, 조상에 음덕이나 전생에 복덕이 몹시도 두텁기 때문이리라.

반대로, 세상에 착하디착한 사람이 까닭 없이 화를 당할지라도, 그것이 반드시 진짜 화는 아니다. 아마도 하늘(신명)이 그 화를 빌어 그 사람을 보옥(寶玉)으로 련마(煉磨)하는 시련일 것이다. 그렇지 않다면, 속세에 업장이나 과거 숙세에 지은 죄악으로 말미암는 과보이리라.

바라건대, 세상 사람들이여! 설령 순풍(順風)에 돛을 달더라도, 더욱 정진(精進)할지어다. 또 설령 뜻밖에 역경(逆境)을 당하더라도, 더욱 용맹스럽게 정진(精進)하여야 마땅하리라. 모든 것은 자신에게 달려 있다.

제10장 건강 장수를 위한 성욕에 절제와 금기

사음에 관한 인과응보에 리치와 사례는 이미 상세히 소개했다. 그런데 정당한 부부관계는 사람들이 소홀히 하기 쉽다. 1년 가운데 부부관계를 금하고 재계(齋戒)를 지켜야 할 특정한 날들이 있는 줄도 잘 모른다. 예컨대, 주(周)나라 례법 중 월령(月令)에 따르면, 천둥이 나오기(치기) 사흘 전(춘분 3일전)에, 해당 관청에서는 목탁(木鐸)을 치면서 백성들에게 이렇게 훈시했다.

"천둥이 장차 나와 치기 시작할 때가 되었는데, 용모나 행동을 단정히 지키지 않는 사는, 사식을 낳아도 불구가 되고, 틀림없이 나쁜 재앙이 따를 것이다."

무릇 사람 몸 안에 혈기(血氣) 순환은, 원래 천지자연에 절기(節氣)와 서로 호응하여 이루어진다. 가령 제때가 아닌데 움직여 쏟으면, 남녀간에 혈기가 서로 적절히 합칠 수 없게 된다. 그때는 정액(精)과 혈기(氣)가 다른 때보다 백배 이상 크게 손상된다.

그리고 신명(불보살님, 천사)께서 강림해 순시하고 감찰하는 시기에는, 부부관계를 가지면 신명을 모독한 죄로, 눈에 보이지 않지만 무형 중에 심한 견책(譴責)을 당하게 된다. 그래서 남들 보기에는 세상에 아주

착하고 조심스러운 사람이라도, 더러 음(陰)으로 복록이나 수명을 삭감 당하기도 하고, 심하면 양(陽)으로 심한 질병에 걸리거나 요절하는 재앙을 당하기도 한다. 그러한 화는 흔히 이러한 연유에서 비롯한다.

나중에 후회해도 돌이킬 수 없는 액운을 당하는 것보다는, 미리 이러한 금기를 잘 알고 지켜, 스스로 혁신해 나가는 것이 낫지 않겠는가? 이에 성욕(부부관계)을 절제해야 할 기일과, 천상、지상、인간에 세 가지 금기를 차례로 삼가 기록하노니, 자신을 사랑하는 현명한 군자 숙녀 모두 잘 준수하길 바란다.

1. 절제해야 할 기일

원본(原本)에는, 유불선(儒佛仙) 삼교(三教)가 융합된 전통 민간 종교 신앙 관점에서, 월별로 기피해야 할 구체 날짜들이 상세히 적혀 있는데, 종교 신앙에 자유평등이 보장되는 다원화한 현대 사회에 맞춰, 옮긴이가 간략하게 정리하여 일반론을 대신 언급하고자 한다. 각자 믿고 따르는 종교 신앙에서 거룩한 날로 지정한 각종 기념일에는 부부관계를 절제해야 한다.

예컨대, 불교 신자는 부처님이 태어나고 출가하고 성도(成道)하고 녈반(涅槃: nirvāṇa)하신 날(齋日) 및 매월 6재일(齋日)은 최소한도 부부관계를 삼가야 할 것이다. 기독교 신자는 예수님이 태어나고 악마에 시험을 받고 십자가에 못 박혀 돌아가신 날 및 여러 축일(祝日)에 별침(別寢)해야 하리라. 다른 종교 신앙도 마찬가지로 생각하면 된다.

이밖에 절기(節氣)상으로 누구나 절제해야 할 날은 다음과 같다.

춘분、추분、하지、동지 때는 최소한 당일을 포함하여 전후 3일씩 모두 7일간은 절제하는 것이 좋다고 한다. 또 입춘、입하、입추、입동、상원(上元: 음력 정월 15일)、중원(中元: 음력 7월 15일)、하원(下元: 음력 시월 15일)、초복、중복、말복과 조상기일(忌日)、부모 생신、자기와 배우자 생일 등도 부부관계를 가지면 안 좋다고 한다. 그밖에도 세세한 규정이 있으나 생략한다.

2. 천상(특별한 날씨、천문 현상)에 금기

몹시 덥거나 추운 날씨, 비바람이 거세고 천둥 치는 날, 일식、월식、무지개 뜬 날、지진、대낮、별빛이나 달빛 아래 등.

3. 지상(특별한 장소 환경)에 금기

사찰、교회、도량 등 종교 신앙에 거룩한 장소, 우물、부엌、화장실 부근、황무지(폐허)、무덤、시신(棺) 주위 등.

4. 인간(특별한 신체상황)에 금기

① 울컥 화 낸 뒤에는 간이 손상되어, 성관계를 가지면 틀림없이 병이 난다.

② 먼 길을 여행한 뒤에는 성관계를 금한다.

(옛날 걸어 다닐 때 이야기지만,) 성관계를 가진 뒤 백리 길을 가면 병나고, 백리 길 간 뒤 성관계를 가지면 죽는다고 한다.

③ 술에 취하거나 포식한 뒤에 성행위를 하면 오장이 뒤집힌다.

④ 빈속(허기)에는 원신(元神: 선천 정신)이 손상되고, 병이 나은 직후에는 재발한다.

⑤ 임신 후 성교를 하면 태(胎)가 손상되어, 심하면 류산(流産)하고, 출산 후 태독(胎毒) 후유증이 온갖 질병으로 나타난다. 건강하고 단정한 아이를 낳기 위해서, 반드시 임신 중 부부 별침을 엄수해야 한다.

⑥ 산후 10일 안에 성교하면 산모가 죽을 위험이 높고, 백일 안에 성교하면 산모가 병이 나기 십상이다.

⑦ 월경 기간 중에는, 남녀 모두 병을 얻기 쉽다.

⑧ 대자리(竹席) 같은 차가운 바닥이나, 얇은 이부자리, 문틈으로 들어오는 찬바람 등은 피해야 한다.

⑨ 성교 직후에는, 어린애가 옆에서 울더라도 젖을 주어서는 안 되며, 선풍기(에어컨) 같은 찬바람을 쐬거나 찬 음식을 먹어서는 안 된다. 성교 후 지나치게 찬 기운을 받으면 즉사할 수도 있다.

⑩ 하루 저녁에 두 차례 성교해서는 안 되고, 회춘(回春)시킨다는 사(邪)된 약(비아그라 같은 최음제)을 먹으면 안 된다.

⑪ 성교 시 일부러 사정(射精)을 억제하거나 참아서는 안 된다.

⑫ 질병에 걸렸거나 종기 등이 난 경우에는, 완전히 나은 뒤가 아니면, 절대 성관계를 가져서는 안 된다. 생명에 위험을 초래한다. 특히 눈병이 낫지 않았거나 막 나은 때 성교하면, 눈이 멀 위험이 아주 높다.

⑬ 무릇 몸이 허약(쇠약)하여 료양(療養)하는 사람은, 비록 원기를 회

복하여 강건해졌더라도, 1년간은 성욕을 끊어야 한다. 재발하면 죽을 위험이 높다.

⑭ 근육이나 뼈를 다친 경우에는, 다 나은 뒤에도 반년은 성욕을 금해야 한다. 백일이 지나기 전에 성관계를 가지면 죽을 위험이 높고, 백일이 지났더라도 반년 이내에는 불구가 될 수 있다.

⑮ 지나친 근심걱정、고통、공포、긴장 뒤에는 성행위를 피해야 한다.

이상 소개한 절제 기일이나 각종 금기를 엄격히 따져 보면, 아무런 금기나 탈이 없는 날은 매달 6~7일 정도가 된다. 자신에 건강과 수명을 잘 보전하는 현명한 사람 같으면, 한 달에 많아야 서너 차례 부부관계를 갖는 데 그친다. 그런 사람은 질병이 침범하지 못하고, 정신이 강건하다. 그리고 성욕이 적은 사람은 틀림없이 아들을 많이 낳고, 자손들은 신체도 반드시 강건하게 된다. 그런데 요즘 젊은이들은 막 결혼하여 성욕을 지나치게 부리기 때문에, 몸을 크게 망치고 부부백년가약(百年佳約)마저 위협하는 경우가 많다. 이 어찌 비통하고 안타깝지 않겠는가?

이상에 소개한 절제와 금기를 삼가 잘 지켜, 자신에 건강과 수명을 잘 보전한다면, 부부가 백년해로(百年偕老)하며, 자손들이 번성하는 경사가 절로 넘치리라.

제11장 부록(附錄)

제1. 『불가록(不可錄)』을 법보시한 령험담(靈驗談)

1. 내 친구 계방채(季邦采)는 오흥(吳興) 지방에 지명(知名) 인사로, 남심진(南潯鎮)에 살고 있다. 그런데 내가 처음 『불가록(不可錄)』을 초판 인쇄할 적에, 그는 때마침 진해(鎮海)에서 아이들을 가르치고 있었다. 그때 그는 내게 편지를 보내, 『불가록』을 2백 권 인수하여 학생들에게 나눠주겠다고 청했다. 그러나 그는 책을 받은 뒤, 곧바로 서신을 다시 보내, 내가 우둔하여 세상 물정을 너무도 모른다고 책망하면서, 그 책은 이미 높은 시렁 위에 얹어 버렸다고 말했다.

그런데 다시 이틀 뒤에 특별히 심부름꾼을 보내, 책을 5백 권 더 인쇄해 주기를 바란다고 요청했다. 그래서 내가 앞전에 서신 내용을 들먹이며, 그에 요청을 거절했다. 그랬더니, 그는 또다시 특별한 심부름꾼을 보내, 꼭 책을 인쇄해 달라고 간절히 요청하였다. 알고 보니, 그에 아버지가 꿈에 나타나 이렇게 신신당부했단다.

"니가 『불가록(不可錄)』을 인쇄해 법보시하지 않으면, 니 아들이 어떻게 학궁(學宮: 요즘 국립대학에 해당)에 들어가겠느냐?"

그래서 부친이 당부한 꿈으로 말미암아, 1천 권을 인쇄하여 널리 법보시했다. 그런데 나중에 다시 보내온 소식에 따르면, 그 아들 채근(采芹)이 합격했다는 통지(서신)를 받은 때가, 바로 『불가록』을 인쇄하여 법보시하겠다고 발원한 날이었단다.

이토록 령험한 일이 있었다.

2. 항주(杭州) 신교(新橋)에 적취암(積翠庵)에 거주하는 정연(靜緣) 스님은, 본디 선행 베풀기를 좋아하였다. 하루는 큰 눈이 내렸는데, 그 스님이 우리 집 대문을 두드렸다. 나는 스님이 불사(佛事)에 동참하라고 시주를 권하는(募緣) 줄 알고, "저희 집안은 빈한(貧寒)하여 도와드릴 만한 힘이 없습니다." 라고 말씀드렸다. 그랬더니 스님은 뜻밖에도 이렇게 말씀하시는 것이었다.

"『불가록(不可錄)』에 원판을 빌려, 책을 몇 천 권 인쇄하여 법보시하고 싶습니다."

이에 내가 흔쾌히 승락(承諾)하면서, 도대체 무슨 까닭으로 그런 마음을 갑자기 내어, 이렇게 큰 눈 속을 헤치고 찾아오셨는지 여쭈었다. 그랬더니 스님은 다음과 같이 답변하셨다.

"어젯밤 꿈에 토지신(土地神)께서 나타나시어, '『불가록(不可錄)』을 인쇄하여 법보시하면, 큰 재앙을 면할 수 있다.'고 내게 일러주셨습니다. 그래서 오늘 아침에 여러 시주(施主)들을 두루 찾아다니며 수소문한 결과, 원판이 선생님 댁에 보관되어 있다고 들었습니다. 그래서 이렇게 특별히 찾아와, 원판을 빌려갈까 합니다."

그렇게 해서 스님은 책을 인쇄해 법보시하셨다. 그 이듬해 암자 부근에서 실화(失火)로 큰 불이 났다. 그래서 암자 앞뒤 좌우까지 온통 불길에 휩싸여 타버렸는데, 오직 스님에 암자만은 아무 탈 없이 화마(火魔)를 모면했다. 그래서 천지신명께서 선행을 권하심이 그윽한 무형(無形) 중에 조금도 어긋남 없이 령험함을 더욱 굳게 믿게 되었다.

3. 경오(庚午: 1810)년 초여름 어느 날 밤 꿈에 두 동자(童子)가 나타나서, 나한테 "문창제군(文昌帝君)께서 하실 말씀이 계시다고 당신을 부르십니다."라고 알려주었다. 그래서 동자들을 따라갔더니, 중취정(中翠亭)에 한 건물로 안내하는데, '대동각(大洞閣)'이라고 쓰인 커다란 현판이 보였다. 동자들을 따라 큰 전각(殿閣) 안에 들어섰더니, 문창제군께서 가운데 옥좌(玉座)에 앉아 계셨다. 내가 고개를 조아려 절을 올리고 일어나 분부를 기다렸더니, 문창제군께서 이윽고 말씀하셨다.

"세간에 선서(善書: 선행을 권하는 좋은 책)를 인쇄하여 법보시하는 게 참 많소. 그런데 오직 『불가록(不可錄)』만은 류통(流通)하지 않은지 이미 오래 되었소. 그러니 그대가 나를 위해 널리 류포(流布)시켜 주시오."

그리고는 두 동자한테 안에서 책 상자 하나를 꺼내 오도록 명하셨는데, 상자 안에는 좀 먹고 파손된 책이 있었다. 그래서 펼쳐 보니 바로 『불가록』 파본이었다. 그래서 내가 꿈속에서, '도대체 이 책은 여태껏 본 적이 없으니, 어디서부터 손대고 어떻게 처리해야 할까?' 라고 고민스럽게 생각하는데, 문창제군께서 다시 분부하셨다.

"향시(鄕試)가 얼마 남지 않았으니, 하루 빨리 곧장 행하시오."

그리고는 다시 두 동자에게 나를 전송하라고 명하시어, 내가 나오면서 꿈에서 깨어났다.

이튿날 다방면으로 수소문하고 찾아보았으나, 모두 다 한결같이 모른다고 대답하는 것이었다. 그래서 로심초사(勞心焦思)하며, 한 달 남짓 지났다. 그런데 어느 날 홀연히 어떤 사람이 나타나, 『불가록(不可錄)』 책에 원판을 팔겠다고 말했다. 그래서 살펴보니, 서문과 첫 장은 이미 떨어져 나갔고, 맨 뒷장을 펼쳐 보니, 만구사(萬九沙) 선생이 각인(刻印)한 원판이었다.

그래서 내가 몹시 기뻐하며 즉시 사들인 뒤, 곧바로 3천 권을 인쇄하였다. 그리고 음력 7월 초하루 아침에, 경건한 마음으로 책을 사원(寺院)에 싣고 갔다. 사원 대문 앞에 이르자, 한 스님이 바로 문을 열어주며, 이렇게 묻는 것이었다.

"진거사(陳居士)께서 『불가록』을 법보시하시는 것이지요?"

나는 단지 "예, 예" 라고 답했지만, 속으로는 너무도 깜짝 놀랐다. 곧장 대웅전에 나아가 향을 살라 올린 뒤, 문창제군께 절을 올리고 아뢰었다. 그리고 나서 스님께서 나를 응접실로 안내하더니 차를 끓여주셨다. 절을 올리며 법명(法名)을 여쭙자, 원본(元本)이라고 말했다. 그리고 어떻게 내가 책을 법보시하러 오는 줄 알고, 책 이름까지 아셨느냐고 여쭙자, 스님은 이렇게 대답하셨다.

"어젯밤 꿈을 꾸었는데, 문창제군께서 나타나시어, 제게 아침 일찍 문 앞에 나가 법보시하러 싣고 오는 책을 영접하라고 분부하셨습니다. 그래서 아침 일찍부터 기다렸습니다."

이에 나는 몹시 숙연해졌다. 정말로 선서(善書)가 세상에 류통(流通)되는 일은, 위로 천상(신명) 세계까지 직접 연결되어 있음을 알 수 있다. 그러니 자신이 몸소 힘써 실행하는 자는, 그 공덕이 참으로 한없이 크다.

소원이 있다면, 문창제군께서 세상 중생들을 구제하시려는 자비(慈悲)와 고충(苦衷)을, 우리 모두 함께 리해하고 공감하여, 피안(彼岸)에 이르는 보배로운 뗏목(가르침)에 올라타기를 바란다. 또 이 책을 널리 류포(流布)、전파시켜, 세상에 모든 사람들이 해서는 안 되는(不可한) 일은 응징하고, 해야 할(可한) 일은 힘써 실행하여, 천지신명께서 내리신 당부와 인도를 저버리지 않기만 바랄 뿐이다.

청(淸) 인종(仁宗) 가경(嘉慶) 15년(1810) 경오(庚午)년 6월 고염관(古鹽官)
진해서(陳海曙) 몸소 기록함 (이상 3사례)

4. 병술(1886)년 내 누이동생이 시집간 뒤, 갑자기 담(痰)에 걸려 간질병 증세가 나타났다. 늘상 훌쩍거리며 울고, 음식을 먹지 않았다. 어떤 사람이 화분살(花粉煞: 화분은 꽃가루, 살은 흉악한 귀신)을 범해 그렇

다고 말하기에, 유명한 무당이나 도사를 초청하여 백방으로 굿을 하고 액땜을 기원해도, 전혀 효험이 없었다. 게다가 누이가 한사코 약을 먹지 않으려고 발버둥 쳐서, 몇 사람이 함께 온 힘을 다해도, 한 방울조차 입에 넣기가 어려웠다.

그러니 반년이 지난 뒤에는, 마치 꼬챙이처럼 말라 비틀어졌다. 부모님께서는 로심초사(勞心焦思)하여, 근심걱정이 이만저만이 아니셨다. 그래서 내가 풍도제(酆都帝: 풍도는 도교에 저승 지옥)와 성황신(城隍神)께 상소문을 적어 불사라 올리며,『불가록』5천 권을 인쇄해 법보시하겠다고 발원했다.

그런데 그렇게 발원 기도한 뒤, 곧장 증세가 호전되는 낌새를 보였다. 누이가 약을 먹으려고 순순히 나섰고, 담(痰)을 제거하는 약도 복용하였다. 그래서 한 달 뒤에는 평소에 정상을 회복하였고, 지금은 완전히 나은 지 1년 가까이 되는데, 신체는 오히려 전보다 더욱 건강해졌다.

그래서 곧장 활자판으로 발원한 숫자만큼 인쇄하여 법보시하였다. 신명께서 보살펴주신 자비로운 은혜에 감사하고 보답하는 마음에서, 이렇게 령험담(靈驗談)을 사실대로 적어 세상에 널리 알린다.

청(淸) 광서(光緖) 14년 무자(戊子: 1888)년 3월 루동하군(婁東下郡)

잘못을 참회하는 사람(悔過生) 삼가 적음

제2. 글자를 애지중지하라고 일깨우는 간증(看證)

글자는 고대에 간독(簡牘: 나무나 대나무를 깎아 칼로 새기던 글자판)에서 시작하여, 종이와 먹물로 바뀌었다. 다시 인쇄 기술이 발명되어 갈수록 정교해지면서, 문자가 더욱 널리 보급、전파되었다. 인쇄하는 방법은, 처음에 종이에 글씨를 써서 뒤집어 판에 붙인 다음, 종이 뒷면을 잘 문질러 글씨가 판에 박히게 하고, 종이를 떼어낸다. 그 판을 새겨 인쇄하는 것인데, 이때 문지른 다음 떼어낸 종이에도 아직 글자에 흔적이 남아 있으므로, 함부로 더럽히거나 내버리면 안 된다.

청(淸)나라 가경(嘉慶) 을축(乙丑: 1805)년 가을에, 항주(杭州) 보우교(保佑橋)에 사는 인쇄공 김(金)씨가 병이 들었는데, 꿈에 두 귀졸(鬼卒)이 자기를 끌고 가는 모습을 보았다. 큰 집에 끌려가 절을 하고 무릎을 꿇었는데, 위에 보이는 신(神)은 고관대작과 같은 모습이었다. 그 신이 바로 자기에게 이렇게 호통 치는 것이었다.

"너는 글자와 종이를 함부로 더럽히고 내버리므로, 법에 따라 엄한 형벌에 처해야 마땅하다."

이에 김씨는 인쇄라는 직업상 어쩔 수 없다고 항변했으나, 신은 다시 이렇게 꾸짖었다.

"그렇지 않다. 너는 종이를 판에 거꾸로 붙여 문지르고 난 다음, 떼어 낸 종이를 마땅히 깨끗한 곳에 모다 두었다가, 수시로 불살라 버려야 한다. 그런데 너는 계단이나 땅바닥에 함부로 내버리고, 심지어 쓰레기통에 집어넣기도 한다. 그래서 글자와 종이가 없는 곳이 없으니, 이야말로 글자를 더럽히고 모독하는 게 아니고 무엇이냐?"

이에 김씨는 더 이상 대꾸할 말이 없어, 마침내 형벌을 받았다. 그리고 나서 꿈에서 깨어나 보니, 엉덩이에 곤장을 맞은 통증이 너무도 여실하게 컸다.

오호라! 신명께서 너무도 간절하게 훈계하면서, 또 인쇄출판을 직업으로 갖고 있는 사람들한테 업장(業障)을 해소할 수 있는 방편법문(方便法門)까지 크게 열어 주셨다. 그러니 우리가 또 무엇을 꺼려하며, 그 가르침을 받들어 지키지 않을 수 있겠는가? 그래서 특별히 이 사실을 책 끝에 함께 싣는다. 바라건대, 인쇄출판에 종사하는 사람들은 이를 거울삼아, 신명(神明)님이 가르치신 대로 글자와 종이를 삼가 애지중지하면 좋겠다.

진해서(陳海曙) 적음

제3. 비상(砒霜)을 해독(解毒)하는 방법

흡현(歙縣) 사람 장자원(蔣紫垣)은 비상(砒霜: 화학기호 As인 독약) 중독을 해독하는 비방(秘方)을 가지고 있었다. 효험은 즉각 나타났는데, 필요한 사람에게 반드시 후한 대가를 요구했다. 요구대로 내놓지 않으면 알려주지 않고, 중독된 사람이 죽는 모습을 앉아서 지켜볼 정도였다. 그런데 하루는 그가 이웃 현에서 사람 병을 치료하다가, 한밤중에 갑자기 졸도해 죽었다. 그날 밤 그가 묵던 집 주인 꿈에, 그가 나타나 이렇게 말하였다.

"나는 재물에 눈이 멀어, 다른 사람 생명을 그만 아홉이나 죽게 하였소. 죽은 사람들이 모두 저승에 가서 나를 제소(提訴)하여, 저승에서 내게 9생(生) 동안 비상을 먹고 죽으라는 판결을 내렸소. 그래서 내가 지금 다음 생으로 륜회(輪廻)하러 가는 판이오. 그런데 내가 귀졸(鬼卒)에게 뢰물(賂物)을 써서, 비상 중독 해독 방법을 인간 세상에 전수할 수 있도록 해달라고 요청했소. 그래서 당신에게 그 방법을 알려주오. 당신이 나를 위해 한 사람을 살려줄 때마다, 나는 한 생(生)에 업보를 감면받을 수 있소. 만약 당신이 이 비방을 세상에 널리 알려 많은 사람을 구제한다면, 당신은 정말 한량없이 크나큰 공덕을 짓고 막대한 과보(果報)를 얻을 것이오."

말을 마치자, 그는 크게 흐느끼며 떠나가면서, "내 이제 후회해도 이미 때는 늦었다."고 탄식하는 것이었다.

그 비방(秘方)이란 특별히 신비한 약이 있는 것이 아니다. 방풍(防風: 미나리과 다년생 초본식물. 여름에 다섯 닢에 흰 꽃이 피는데, 뿌리를 약으로 씀.) 뿌리 한 량(兩: 37.5g)을 가루로 갈아 물에 타서 마신다. 또『이담과신록(異談果信錄)』에는, 찬물에 석청[石青: 람동광(藍銅礦). 공작석(孔雀石)이 물기를 일부 잃어 변성된 함수 탄산동(炭酸銅). 채색원료이며 화학성분은 $Cu_3 (co_3)_2 (OH)_2$]을 타서 마시면 비상에 독기가 귀신처럼 해독된다고 적혀 있다.

제4. 이 책을 인쇄、법보시하거나 보급하고 읽기를 권하며, 모든 착한 사람들을 두루 위한 회향 발원문

일체 사업은 신체건강이 근본이다. 신체가 망가지면 사업도 따라서 기울어진다. 신체건강을 해치는 일이 한둘이 아니고 가지가지이지만, 그 가운데 가장 혹심한 것은 음욕(淫慾: 성욕、색욕)이다. 그래서 군자(君子)는 자기 몸을 보옥(寶玉)처럼 애지중지 지키면서, 사악함을 막고 정성을 간직하며, 이른 새벽부터 밤늦게까지 전전긍긍 자신을 경책(警策)한다. 이와 같이 마음을 절제하고 지킨다면, 성욕에 상념이 일지 않으리니, 하물며 패역무도(悖逆無道)한 불륜(不倫)에 사음까지 저지르겠는가?

세상에 어리석은 놈들은 이러한 도리를 모르고서, 례법을 지키지 않고 제멋대로 욕정을 부린다. 그래서 잠시 동안 쾌락을 누리느라고, 오랜 겁(劫: 세월) 동안 영원히 고통을 받게 된다. 수명이 짧아지고 복록이 깎이는 것은, 오히려 작은 과보에 지나지 않는다. 그래서 옛 현인이 이 책을 삼가 공경스럽게 편집하여, 모든 사람들이 함께 타고난 본성과 복락을 누리도록 기원하였다.

불혜(不慧: 지혜롭지 못하다는 뜻에 자아겸손 호칭)도 느낀 바가 있어, 새로 증보、편집하여 널리 류포(流布)하려고 한다. 옛 귀감들을 높이 치켜세워, 수많은 청년들(에 심신 생명)을 구제하기 위함이다. 마침 덕광(德廣) 거사가 양전(洋錢) 1600(元)을 기꺼이 내어, 이 책을 인쇄해 각계에 법보시하니, 모두 건강하게 장수하는 자리에 올라가길 고대한다.

또한 착한 사람들이여! 인연 따라 이 책을 추가로 인쇄、보시하여, 이 책이 주위에 널리 보급되도록 힘쓰기 바란다. 그리고 이 책을 보는 사람들도 이 마음을 함께 넓게 키워 나가, 이 책이 더욱 널리 류포(流布)되어, 인연 있는 모든 사람들이 다함께 보고 들을 수 있길 바란다. 그래서 모든 사람들이 다함께 건강히 장수를 누리고, 그 자손들이 모두 현명하고 선량해져, 대대로 상서(祥瑞)로운 복락(福樂)을 누리길 바라마지 않는다.

무릇 이 책을 인쇄、보시하는 자금을 내거나 찬탄하여 협조한 모든 분들은, 그 인연 공덕으로 업장과 재앙이 소멸하고, 복록과 수명이 크게 늘어나며, 그 선망(先亡) 조상들에 령가(靈駕: 령혼)들도 죄업을 소멸하고 극락정토(極樂淨土)에 왕생(往生)하시며, 그 자손들도 길한 경사가 그치지 않길 회향 발원한다. 또 세상에 시운(時運)이 날로 태평해지고 융성해지며, 도덕 풍속은 날로 순박(淳朴)하고 아름다워지며, 선현(先賢)들에 훌륭한 모범들을 사람마다 모두 이어받아 실행하길 기원한다. 이렇게 보잘것없는 말 몇 마디를 적어 미천한 성의를 표시하노니, 모두 다 대자대비심(大慈大悲心)을 발하여, 스스로 이롭게 하고 남들도 이롭게 해주길 바란다.

민국 16년(1927) 정묘(丁卯)년 초여름 고신(古莘)
늘 부끄러운 중(常慚愧僧) 석인광(釋印光) 삼가 적음

제5. 발문(跋文)

인생이 누리는 것은, 철학과 지혜에 안목으로 통찰하면, 본디 모두 고통뿐이다. 그 고통이 닥치지 않도록 미리 피하고 예방하기만 해도, 그 자체가 이미 평안한 즐거움이다. 사람 몸과 마음이 항상 평안한 즐거움을 얻을 수 있다면, 저절로 무병장수할 수 있다. 거기다 다시 사회적 지위와 명예、재산까지 얻어, 몇 십 년 별다른 탈 없이 평안히 보낼 수 있다면, 이것이 바로 행복이리라.

그러나 이러한 행복을 얻어 누리는 사람이 세상에 도대체 몇 사람이나 되는지, 한번 자세히 살펴보라. 나아가 이렇게 간단한 몇 가지 일을 얻기가 왜 그렇게도 어려운지, 한번 캐물어 보자. 이는 다름 아니라, 대부분 사람들이 음욕(婬慾)에 (노예가 되어 그) 해악을 당하기 때문이다.

음욕을 좋아하는 사람은 질병이 많고, 쉽게 늙고 쇠약해지며, 장수할 수 없다. 이는 눈에 띄게 뚜렷이 나타나는 고통이다. 그로 말미암아, 나아가 사회적 지위를 잃고 명예도 훼손되며, 재산도 탕진하게 된다. 이는 눈에 안 보이게 무형(無形) 중에 들이닥치는 고통이다. 더 나아가서는, 가정불화를 초래하여 처자식이 흩어지고 (특히 요즘 높은 이혼률과 청소년 가출방황), 사회에서 비웃음과 손가락질을 당하며, 원한이 깊숙이 맺히게 된다. 사람이 이러한 지경까지 이른다면, 인생에 더 이상 무슨 살맛이 나겠는가?

여기다 인과응보(因果應報)까지 꺼내면, 더욱 두려울 수밖에 없다. 불경(佛經)에 보면, 사음을 저지른 사람이 받는 과보가 나와 있다. 아내와 딸이 정숙(貞淑)하지 못하고 자손이 끊기며, 자신은 죽은 뒤 지옥이나 축생에 떨어져, 백천만 겁(劫)이 지나도록 헤어 나올 수 없다고 한다. 그래서 불교 계률(戒律)에는, 출가 제자(스님)들이 지켜야 할 첫 번째 금계(禁戒)로 음욕 금지를 정하고 있다. 유교에 세속 인륜도덕에서도 "모든 죄악 가운데 사음이 으뜸이다.(萬惡淫爲首)"는 격언이 공론(公論)으로 정평이 나 있다. 오직 음욕이 정말 가장 큰 화근(禍根)이기 때문이다. 음욕은 과거 오랜 생애 동안 습관으로 굳어진 것이라, 누구나 배우지 않아도 본능으로 할 줄 안다.

출세간(出世間)에 성인(부처님)이나 세간에 성인(공자)이나, 도(道: 진리)를 훤히 깨우친 성현들은, 일찌감치 성욕에 본질을 꿰뚫어 보셨다. 그래서 더러 완전히 끊기를 주장하시고, 더러 절제하라고 가르치시며, 또는 일정한 범위로 제한하셨다. 음욕을 참는 리익과 음욕을 부리는 해악으로 권선징악 하심은, 사람들이 미혹을 깨고 고통을 벗어나서 평안한 즐거움을 얻으라고 바라시기 때문이다.

이제 세상 조류가 너무도 많이 변해 버렸다. 오직 물질적 향락과 감각적 쾌락만 쫓아, 음욕을 제멋대로 부리는 자유방종으로 흐르고 있다. 본래 음욕은 배우지 않아도 누구나 본능으로 할 줄 알아서, 방지(절제)하기가 몹시 어렵다. 그런데 도리어 아주 크게 주장하고 선동한다. 무슨 노래니 춤이니, 영화니 연극이니, 모두 문화예술이라는 미명으로 온통 음욕을 선동하는 전위부대가 되었다.

그래서 순진한 청춘남녀들을 유혹하여, 미혹과 혼란 속에 제 정신을 잃게 만들고, 온갖 풍기 문란한 못된 짓을 만들어 낸다. 더러 재산을 날리고 몸을 망치며 집안까지 망치고, 심하면 죄를 지어 감옥에 들어가기도 하고 자살까지 한다. 평안한 사회가 온통 들끓는 기름 가마솥이 되어 버렸다. 어느 누군들 가정이 없고 자녀가 없겠는가? 정말 이렇게 계속해 나간다면, 앞으로 벌어질 일을 어떻게 상상이나 할 수 있겠는가?

이번에 대중(臺中: 대만 중부에 중심 도시)에 고장졸(顧藏拙) 거사가 자비심을 드러내어, 이 책을 다시 인쇄해 배포하자고 발원하고 제창하였다. 사람마다 이 책을 보고 크게 깨닫고 뉘우쳐, 누구나 건강하게 장수하고, 죄악에 원인을 말끔히 끊어버려, 어떠한 재앙이나 화(禍)도 생겨나지 않으며, 나아가 장래 림종(臨終) 때 삼악도에 떨어지지 않기를 바라는 미음이다.

그러면 개인도 가정도 틀림없이 화목하고 평안해지며, 사회질서와 풍속도 점차 정상 궤도에 올라, 순박한 미풍량속(美風良俗)을 회복할 것이다. 그러니 이 책은 정말로 세상을 구제하는 새로운 비방(秘方)이라고 할 수 있다. 그러나 만약 이 책을 그저 고리타분하고 상투적인 훈계 정도로 여긴다면, 사람 마음이 새롭게 변할 전기가 안 보일 것이며, 하늘(님) 마음도 재앙을 거두어들이거나 누그러뜨리지 않을 것이다. 그러면 인류에 앞날은 더 이상 말할 게 없다.

계사(癸巳: 1953)년 늦가을 리병남(李炳南) 삼가 적음

재판(再版)에 즈음하여 : 보약과 음덕(陰德)

"밥이 보약이다."는 말이 있다. 서양 의약에 아버지 히포크라테스는 2500여 년 전에 "음식으로 못 고치는 병은 약으로도 못 고친다."는 명언을 남겼다고 한다. 사후 약물치료에 치중하던 양의(洋醫)에서도 요즘은 '대체의학'이나 '예방의학'을 유난히 강조하는가 보다. 그런데 우리 동방 한의학에서는 아주 옛날부터 지금까지 줄곧 그러한 정신을 의약에 기본 전통으로 면면히 계승해 오고 있기에, 그런 얘기가 너무도 당연하여 전혀 새삼스럽지가 않다.

물론 "밥이 보약이다." 특히 한국인한테는! 근데 '밥'이 물질적 '보약'이라면, '밥'과 함께 정신적 '보약'이 되는 게 있다. 바로 '음덕'이다. 히포크라테스가 처방한 명약이나 화타나 편작 같은 신의(神醫)가 처방하는 묘약(妙藥)도 건강할 때 맛있게 먹는 밥보다 더 좋은 보약은 못되며, 더구나 평소 착한 마음과 선량한 행실로 쌓는 '음덕'이란 보약에는 비교가 안 된다.

세상에서 거의 모두가 '음(陰)'보다 '양(陽)'이 훨씬 우수한데, 아마도 오직 하나 '음'이 '양'보다 훨씬 훌륭한 게 있다. 바로 '음덕(陰德)'이다. 남모르게 음으로 행하여 쌓이는 선행 공덕이, 바로 동서고금에 그 어떤 명의가 처방하는 보약보다 훨씬 수승(殊勝)한 '음덕'이란 보약이다. '양덕(陽德)'은 남이 알아주고 칭찬하여 명예나 포상이란 보답을 받기 때문에, 이미 더 이상 '공덕'으로서 가치를 못 지닌다. 유형 인간세계인 '양간(陽間)'에서 전혀 인정이나 보답을 받지 않는, 남이 모르고 오직 천지신명과 본인과 상대방 정도만 아는 ('四知'라고 함) 선행이 무형 신명세계인 '음간(陰間)'에서 높이 알아주고 장차 보답해 줄 '음덕'인 것이다.

그 '음덕(陰德)' 중에 가장 중요하고 비중이 큰 것이 바로 '성욕(淫慾)'과 관련되는 '음덕'이다. 일반 '음덕'은 착한 말이나 주동적 행실로 적극 쌓는 공덕이다. 반면, '성욕'과 관련되는 '음덕'은 대부분 소극적으로 '성욕'을 참고 억제하며, 특히 '사음(邪淫)'을 범하지 않아 갸륵하고 기특하다고, 하늘이 보답으로 특별히 '포상'하는 복록(보너스)이다. 일반 신행공덕은 "너희는 너희가 대접받고자 하는 대로 먼저 남한테 대접해라!(Do as would be done by!)"는 도덕 령역(領域)에 적극적 황금률(positive golden rule)인데, 성욕에 관한 선행공덕은 "자기가 하고 싶지 않은 바는 남한테 베풀지 말라"는 법률(불교 계률(戒律) 포함) 령역(領域)에 소극 황금률(negative golden rule)인 게 일반이다. 같은 '음덕'이면서도 그 차원과 관점이 이처럼 차이나기도 한다.

흔히 생각하기에, 남한테 선행을 적극 베풀어야 세상이 평화롭게 행복하게 잘살게 될 것 같지만, 사실은 누구도 남한테 해만 끼치지 않으면, 세상 질서는 아주 평화롭고 정의롭게 잘 유지될 것이다. 남한테 적극 선행을 베풀고도 남모르게 감추는 게 일반 '음덕'이라면, 자기 욕심, 특히 성욕을 함부로 부리지 않아, 남한테 해를 끼침이 전혀 없는 소극적 선행이이야말로, 진짜 '음덕' 중에 '음덕'인 것이다. 공자께서 말씀하신 바와 같이, 욕심(欲情)을 일으킬 만한 '비례(非禮)'는 보지도 않고 듣지도 않으며 말하지도 않고 행하지도 않는, 이른바 '사물(四勿)'로써 '극기복례(克己復禮)'하는 '인(仁)'이야말로, 진정 '음덕' 중에 최고 '음덕'인 것이다. 불교에 5계도 또한 마찬가지가 아닌가?

그러한 '음덕(陰德)'은 마치 포대기(襁褓)나 보루(堡壘)처럼 우리 생명에 엑기스(精粹, 精髓)인 '정기신(精氣神)'을 음으로 잘 보호(保護)하고 보존(保存)해 주는 보약(褓藥)이고 보약(堡藥)이자 보약(保藥)이며, 또 생명을 잘 보태(補助) 주고 도와(輔弼) 주는 최고에 보약(補藥)이자 보약(輔藥)이다. 또한 아가타약(阿伽陀藥)처럼 질병에 종류나 원인 및 증상에 관계없이, 그리고 환자에 인종、국적、성별、종교、직업、신분지위、년령을 막론하고, 누구한테나 두루 평등하게(普等) 듣는 만병통치하는 보약(普藥)이고, 가장 큰 복덕으로 반드시 보답(報答)해 주는 인과응보에 보약(報藥)이다. 따라서 가치를 헤아릴 수 없이 가장 진귀하고 보배로운 최고제일에 보약(寶藥)이며, 만병을 예방하고 궁극에 보리도(菩提道)를 성취시켜 주기에 구도수행자(求道修行者)한테도 최상제일에 보약(菩藥)이다.

불가록(不可錄)을 처음 번역한 지는 어언 10년이 되어 간다. 근데 내용이 고리타분하고 시판 전망이 안 좋다고 출판을 두 번 거절당한 뒤, 전남대 교수에 부임한 기념으로 문창제군(文昌帝君)에 문운음덕(文運陰德)과 불보살님에 자비(慈悲)에 감사하는 보은에 법공양으로, 전남대출판부에 실비인쇄를 제안했다. 뜻밖에 흔쾌히 동의하기에, 처음 내가 1,500권을 인쇄해 인연 있는 사찰과 학교 주위에 배포했다. 그 인연으로 적지 않은 법공양 주문이 이어지다가, 작년 초 혜명화 보살님이 5천권을 찍어 군대、교도소、사찰 등에 법공양했다. 이번에 박병규 률사(律士)님이 2천권을 법공양하겠다기에, 초판 4년 만에 전면 세심한 교정과 함께 약간 보충을 더했다. 앞으로 시간과 정신 여유가 나면 좀 더 현대감각에 맞게 전면 재편집할 필요를 느끼면서, 여기서 손질을 멈춘다. "체력은 국력"인데, 그 체력과 정신력에 기초(주춧돌)는 '정력(精力)'에 보존、함양임을 잊지 말고, 부디 인연 닿는 대로 널리 권하고 일깨워, 개인、가정、사회、국가 모두 건강하고 활기찬 생명으로 무궁히 빈영하길 간절히 염원한다.

2006년 7월 4일 장마 속 빛고을 운암골에서
옮긴이 寶積 공경합장_()_

안계현安溪縣 동악성황東岳城隍에 재판裁判

청(淸) 나라 도광(道光) 년간에, 안계현(安溪縣) 소재지(城) 포조항(蒲厝巷)에 사는 김(金)씨가 객지에 나가 장사하는 사이, 그 아내가 오운제(吳雲梯)라는 거인(擧人)과 간통하였다. 김씨가 집에 돌아오기 전에 아내는 간부(姦夫)와 함께 지아비를 처치하기로 음흉한 꾀를 짰다. 푸른 대 비단뱀(靑竹絲蛇)을 대통(竹管)에 넣어 숨겨놓았다가, 지아비가 돌아오면 환영하는 피로연을 열어 술을 권하는 기회에 지아비한테 잔뜩 술을 먹이고, 대통을 만취한 지아비 코 구멍에 대고 반대편에서 뱀 꼬리에 불을 붙여, 뱀이 코를 통해 배속에 기어들어가 김씨를 물어죽이게 한다는 음모를 은밀히 꾸몄다.

어느 날 김씨가 집에 돌아오자 아내와 간부는 계획대로 일을 진행하였다. 그런데 뜻밖에도 음흉한 살인 과정을, 우연히도 그 집에 숨어든 좀도둑 리빈(李彬)이 처음부터 끝까지 모두 훔쳐보게 되었다. … 중략(中略) ….

하루는 현령(縣令) 황택중(黃宅中)이 관할 시골에 내려가 사안을 처리하고 현에 돌아오는 길에 상운도(祥雲渡)를 지나는데, 갑자기 한바탕 괴이한 바람이 불더니, 반쯤 타고 남은 종이와 비단 조각이 표표히 날아와 황 현령이 탄 가마 주위를 빙빙 감도는 것이었다. 황 현령은 즉시 이상한 의구심이 들어 곧장 가마에서 내려 아전한테 산위로 올라가 주위를 살펴보라고 분부했다. 아전은 분부대로 가서 살피고 와서, 한 젊은 부인이 새로 만든 무덤 앞에서 종이와 비단(명폐冥幣: 저승 로자路資)을 태우면서 울고 있다고 보고하였다. 황 현령은 곧바로 그 무덤 앞에서 우는 녀인을 불러들여 모습과 기색을 관찰하였는데, 확실히 의심스러운 데가 있었다. 관아에 돌아온 뒤 황 현령은 즉각 관원을 파견하여 사방으로 정황을 수소문하도록 시켰다. 과연 간통으로 인해 지아비를 살해한 사건으로 단정할 만한 혐의가 짙어, 곧 징 무덤을 파고 관 두껑을 열어 시신을 검험(檢驗)하였으나, 겉으로는 아무런 상흔도 찾을 수 없었다.

그러자 김씨 아내는 간부(姦夫)에게 사주를 받고 도리어 무엄하게 현령을 물어뜯어 반격하려고, '황 현령이 과부를 업신여겨 자의로 남에 무덤을 파고 관 뚜껑을 열어 망자(亡者)를 모독했다.'고 상부에 무고(誣告)하였다. 이에 주지사가 즉시 황 현령을 직위해제하자, 황 현령은 며칠만 주면 사건을 파헤칠 테니 조금만 말미를 달라고 요청하였다. 주지사가 좋다고 비준하자, 황 현령은 안계(安溪) 성황묘(城隍廟)에 찾아가 경건히 례배(禮拜)를 올리고 사건을 파헤칠 실마리를 일러주십사고 간구했다. 과연 하룻밤 꿈에 성황신이 나타나 "동쪽으로 나가면 목자(木子)가 사건정황을 알고 있을 것이다."고 일러주었다.

이튿날 황택중(黃宅中)은 관상(觀相)쟁이로 변장하여 동쪽으로 나들이를 가서 저녁에 리빈(李彬) 집에 묵게 되었다. 황(黃) 현령은 리빈과 밤늦게까지 서로 세상사는 이야기로 꽃을 피우다가, 리빈에게 왜 결혼하지 않았느냐고 물었다. 그러자 리빈은 한바탕 길게 탄식하더니만, "요즘 부녀자들은 참으로 간사한 영웅(간웅奸雄)인지라, 감히 아내를 맞이할 엄두도 못 낸다."고 답변하였다. 황이 도대체 무슨 말이냐고 끈기 있게 캐묻자, 마침내 리빈은 김씨가 비단뱀에 독살당한 사건 경과를 사실대로 낱낱이 말해주면서, 아울러 독살에 도구로 쓰인 대통을 꺼내 증거물로 황에게 보여주었다.

이에 황 현령은 확연히 크게 깨닫고 얼굴에 기쁜 빛을 가득 머금으며, 리빈에게 자기가 바로 현령이며 이 사건을 파헤치기 위하여 성황신에 현몽(現夢) 계시를 받잡고 은밀히 래방한 사실을 털어놓았다. 그리고 리빈에게 다음날 곧장 그 대통을 오운제(吳雲梯)가 운영하는 전당포에 갖고 가서 거금 천전(千錢)을 요구하라고 분부하면서, 만약 무슨 일이 생기면 자기가 모두 알아서 책임지고 처리하겠다고 신변보증을 다짐하였다.

이튿날 리빈은 대통을 갖고 전당포에 가서 전당잡히고 돈을 빌리겠다고 요청하자, 점원은 어처구니없다고 거들떠보지도 않았다. 리빈이 계속 전당을 요구하며 시끄럽게 옥신각신하자, 마침내 오운제가 머리를 내밀고 상황을 살펴보더니, 자신이 사건을 저지른 도구인 줄 알아차리고, 곧장 점원에게 리빈이 요구하는 돈을 내어주라고 지시했다. 리빈은 돈을 받아들고는 대통까지 잡아 쥔 채 뛰쳐나와 그대로 현(縣)에 관아로 달려가 현령 황택중에게 갖다 바쳤다. 현령은 이 물증을 보고서 김씨가 간부들에 의해 모살당한 게 틀림없다고 단정한 다음, 다시 사람을 보내 무덤을 파고 관 뚜껑을 열어 시신을 해부하였다. 과연 뱃속에는 뱀이 모습 그대로 나타났다.

현량은 곧바로 안계(安溪) 성황묘(城隍廟) 안에서 음양법정(陰陽法庭)을 열고 이 사건을 공개재판에 부쳤다. 두 범인은 사건이 이미 들통 난 줄 알아차리고, 더 이상 거짓말을 꾸며대거나 발뺌하지 못하고서, 마침내 흉악한 독살 과정을 낱낱이 실토하며 범행을 자백하였다. 이 재판을 지켜본 수많은 대중은 한결같이 범행에 경악을 금치 못하면서, 현령이 보인 신출귀몰한 처시에 탄복해마지 않았다. 황택중은 사건을 법대로 재판하여 상부에 보고하였고, 원래 직위를 회복했을 뿐만 아니라, 특별히 세 등급 특진하는 영광까지 누렸다. 나중에 사람들은 그를 '황청천(黃青天)'이라 불러 칭송하였으며, 황택중은 깊이 감격하여 '이 꿈이 난관을 깨우쳤다.[是夢覺關]'는 네 글자를 친필로 적고서 편액(匾額)을 새겨 성황묘 안에 걸었다.[1)]

2014.4.12.토 낮에 읽고, 2014.5.26.월.13~15:40 초역(初譯)함.

---

1) 安溪東岳城隍寺廟志, 安溪縣, 1994年 간행, 16~19쪽 참조. 朱曉陽、侯猛 編, 法律與人類學: 中國讀本, 北京大學出版社, 2008년 10월 제1판에 실린, 王銘銘, 威懾藝術: 形象、儀式與"法" 논문(181쪽)에서 재인용함.

개정판을 펴내면서

『불가록』 초판을 펴낸 지 어언 12년이 되고, 재판을 손질한 지도 8년이 지났다. 현대감각에 맞게 전면 손질하고 싶은 바람은 오래 되었으나, 이번 개정판은 문구를 좀 간결하게 다듬고, 앞에 '일러두기'에서 밝힌 대로 한자어 두음법칙을 폐기하고 원음 그대로 적으며, 현행 표준어맞춤법상 소유격 조사인 '−의'를 훈민정음 당시에 쓴 '−에'로 바꾸는 실험적 표기를 선보인다. 세계에서 가장 훌륭한 문자인 훈민정음에 사라진 글자들을 복원해, 세종대왕께서 본래 베푸신 자비와 지혜가 온전히 되살아나 민족정기 회복과 국운창성에 힘찬 발판이 마련되길 간절히 기원하는 바이다.

아울러 올해 찾은 흥미로운 '성황신(城隍神) 재판(裁判)' 하나를 옮겨 '추록'으로 덧붙인다. 음욕(성욕)이란 생물학으로는 유전자가 자기복제하는 본능이며, 물리학으로는 전기(電氣)와 자기(磁氣)에 음양(陰陽)이 서로 끌어당기는 이성(異性)흡인 원리니, 참 거스르기 어려운 자연법칙이다. 도교에서도 자연에 순응하면 생명을 낳아 륜회하고, 거센 물살을 거슬러 닦아야 도덕을 이룬다고 '역수(逆修)'를 일깨운다. 수행도 학문처럼 물살을 거슬러 올라가는 배에 비유한 것이다.

헌데 사람한테는 생물적 본능과 물리적 법칙뿐만 아니라, 정치사회적 계산심리까지 뒤엉키니 남녀관계가 아주 복잡해진다. 예로부터 '미인박명(美人薄命)'이란 격언이 전해온다. 젊고 예쁜 녀자한테는 뭇 남자들이 찝쩍거리기 때문이다. 또 예로부터 왕이나 권력자나 재벌이 녀자를 많이 거느림도 녀자들이 그런 능력을 선호하는 탓이기도 하다. 물론 그 안에서도 서로 사랑과 관심을 독차지하려고 시기질투가 불꽃 튄다. '녀자 안 낀 살인 없다'고 하는데, 인류 력사(歷史)상 적지 않은 싸움과 전쟁도 정말이지 직간접으로 녀자(관계) 때문에 일어난 것임을 알 수 있다.

우리가 사는 세계를 흔히 '사바고해(娑婆苦海)'라고 부른다. '사바'는 본디 산스크리트(梵語)에 'sahā'를 음역한 것으로 '沙訶'、'娑呵'、'索訶'로도 표기하며, 참고 감당한다는 '감인(堪忍)'、'능인(能忍)', 참는 곳이라는 '인토(忍土)'를 뜻한단다. 이 세계는 오탁악세로 삼악도와 륙도륜회 속에 온갖 죄악이 들끓는 '불타는 집(火宅)'인데도, 중생들은 벗어날(빠져나올) 생각조차 안 하고 온갖 번뇌와 고통을 용케도 잘 참고 편안히 지낸다는 뜻이란다. 또 불보살님이 무외(無畏)와 자비(慈悲)로 중생을 교화해 제도하면서 스스로 온갖 고뇌를 잘 참고 감당해야 하는 곳이기도 하다.

중생이든 불보살님이든 어쨌든 잘 참고 지내야하는 괴로운 바다인데, 모든 번뇌와 고통은 어리석은 무명(無明)에서 치솟는 탐욕 때문에 생긴단다. 모든 게 꿈이나 아침이슬、물거품、아지랑이、허깨비처럼 덧없이 변하는, 실체 없는 텅 빈 그림자에 지나지 않는데, 우리 중생이 눈에 보이는 현상을 실재하는 걸로 착각해 애욕을 느끼고 집착하는 데서, 온갖 번뇌와 괴로움과 슬픔이 생긴단다. 마음에 드는 것(順境)은 좋아하여 탐욕을 부리고, 마음에 거슬리는 것(逆境)은 싫어하여 분노를 내뿜는데, 또 좋은 것을 애착하여 지 맘대로 안 되면 화(逆情)가 난다. 분노와 화로 모든 흉포한 죄악이 저질러지고, 좋은 것에 으뜸은 남녀 애정과 성욕이니, 음욕은 모든 죄악에 원흉이라고 해도 거의 틀림이 없다.

참을 인(忍)자 셋이면 살인도 면한다는데, 이는 마음에 거슬리는 극한에 분노와 화를 잘 참아야함을 뜻한다. 헌데 맘에 드는 것은 가랑비에 속옷 젖는 줄 모르듯이 부드럽게 녹아들기에, 뿌리치기도 힘들 뿐 아니라 사실 알아차리기도 몹시 어렵다. 그러니 참기는 더더욱 참말 어렵고도 힘들다. 그래서 음욕은 살인보다 백천만 배나 더 참기 어렵다고, 련지(蓮池)대사께서 기막힌 비유로 설법하신 것이다. 담담한 반야지혜(般若智慧: 통찰력)로 현상세계에 환락과 애욕을 철저히 꿰뚫어보고 초연히 해탈해야, 비로소 저절로 참는 온전한 참음이 된다. 불교 6바라밀에서 인욕(忍辱)수행을 강조함도, 바로 중생인(衆生忍)과 법인(法忍)을 고루 갖추는 참된 감인(堪忍) 경지에 이르기 위함이다. 그것이 우리가 사바고해에 공부(수행)하러 온 목적이란다.

그러면 음욕과 사음이 왜 천인공노(天人共怒)하는 죄악일까? 왜냐하면 누구나 미남미녀를 좋아하고 관계 맺고 싶어 하기 때문이다. 속담에 '사촌이 논 사면 배가 아프다.'고 한다. 지가 갖고 싶은데 지 힘과 능력이 못 미쳐 얻지 못하고 남이 차지할 때, 그것도 잘 아는 가까운 사람이 갖게 되면, 중생은 대부분 상대적 박탈감을 느낀다. 혼자 속으로 부러워(羨望)하면 그나마 점잖은 군자숙녀다. 마음에 불평스런 물결이 일기 시작하면, 시기(猜忌)하는 감정이 솟구치고, 심하면 질투(嫉妬)와 비방(誹謗)까지 서슴지 않는다. (하여 불교에선 수희찬탄隨喜讚嘆이 아주 큰 공덕이다.) 게다가 사람들은 입이 가만있으면 심심해서 뭐라도 씹고 싶어 한다. 그러니 자기와 아무 상관없는 남에 일도, 남녀관계라면 호기심과 정의감(?)이 절로 용솟음친다.

례법에 따라 혼인한 정당한 부부인데도, 호걸이나 미녀면 다른 사람이 탐내 빼앗으려고 간통과 살인까지 저지른 일은 력사 현실에서 숱하게 벌어진 다반사다. 하물며 불륜에 외도나 간통이라면 말할 나위가 있겠는가? '못 먹는 감 찔러나 보지.'는 심보가 여지없이 나타난다. '못 먹는 밥에 재나 부리자.'는 게 사바고해 중생사다. 바로 '자기가 하면 로맨스(浪漫)요, 남이 하면 스캔들(醜聞)이다!'

재고가 떨어져 책을 찾는 독자들 성화가 이어진다고 출판부에서 재촉하는데, 그간 안팎으로 힘겹고 어려운 일들이 많아 늙어가는 색신(色身)에 기력이 감당하지 못하여 미루다가, 갑오농민혁명 120주년에 만나기 드문 윤구월이 지나기 전에 가까스로 개정판 손질을 마치게 되어 무척 다행으로 여기며, 시판용 2천부와 함께 실비로 법공양 2천부를 선뜻 발행하는 출판 인연에 감사한다.

일제 때 강제징병에 끌려가 1년5개월 중국서 참전하신 선친(先親: 諱 永文)께서 남기신 급료 미수금 381엔(762,000원) 지급결정 통지가 온 시절인연에 즈음해, 선친과 본가 및 외가 직계조상、친족들과 맺은 혈연에 감사하며 관계에 얽힌 은혜와 원한을 보답하고 해소하길 념원하는 회향발원으로 특별히 2천권을 법보시하고자 한다. 초판부터 지금까지 『불가록』은 인세 없이 싼값으로 펴내는데, 특히 이번부터 자원절약과 환경보존에 동참하는 뜻에서 조금 비싼 재생지로 인쇄하게 되어, 제작 및 류통 비용 증가로 정가를 좀 올리게 되었다. 독자들께서 너그러이 량해하고 널리 류포해 주시길 바란다.

2014.11.17. 甲午年 閏九月 스무닷새. 빛뫼 寶積 공경합장_()_

[후기(後記) : 근래 주객관상 여러 우환(憂患)이 닥치면서 몸과 맘이 몹시 곤궁한 가운데, 작년 여름부터 올 가을까지 책 2권을 펴내고 논문 3편을 쓰면서 과로한데다, 법전원 론술평가와 면접을 잇달아 수행하면서 『불가록』 개정판 교정을 꼬빡 이레간 보아 11월 18일 마지막 손질을 마칠 때 왼눈에 이상한 느낌이 오더니, 숙환(宿患)인 이명(耳鳴)과 공화(空華)에 더해 이제는 '비문증(飛蚊症)'이 나타난다. 그간 눈을 혹사하고 과로한 결과이자, 숙세에 지은 업보(業報)로 알아 반성참회하고 근신자중하면서, 베토벤이 귀 먹은 채 마음귀로 천상에 선률(旋律)을 듣고 신악(神樂)을 작곡한 력사(歷史)를 거울삼아, 앞으로 남은 체력과 시력을 잘 아끼고 함양해 도덕진리를 펼치는 선서(善書)보급에 잘 선용(善用)하고픈 념원(念願)이 간절하다. 寶積 _()_]

法供養特別廻向發願文 법공양 특별 회향 발원문

願以此功德 이 법공양에 인연 공덕으로,

莊嚴佛淨土 불국 정토 장엄하여지고,

上報四重恩 위로 네 가지 크신 은혜 보답하며,

下濟三道苦 아래로 세 악도 중생 고통 구제하소서.

若有見聞者 이 법문을 보고 듣는 이마다

悉發菩提心 한결같이 보리마음 모두 내어,

懺悔諸罪業 온갖 허물과 죄악 참회하옵고,

解消魔障難 모든 악마와 업장 녹아 사라지며,

精進修福慧 복덕과 지혜 부지런히 갈고 닦아,

圓滿成善根 선근 공덕 원만히 이룬 다음,

盡此一報身 금생 인연 다해 이 몸 벗을 때,

同生極樂國 나 함께 극락정토 왕생해서,

親見阿彌陀 아미타부처님 몸소 뵈옵고,

頓悟無生忍 무생법인 단박에 깨달은 뒤,

廣渡諸衆生 여러 중생 널리 제도하여

咸共成佛道 모두 함께 부처님 도 이루어 지이다.

南無阿彌陀佛 나무아미타불

南無觀世音菩薩 나무관세음보살

南無大勢至菩薩 나무대세지보살

南無摩訶般若波羅蜜 나무마하반야바라밀

보적(寶積) **김지수**(金池洙)는 전북 부안 곰소에서 태어나, 서울대 법대(중국문학 부전공)를 졸업했다. 한국고등교육재단 장학생으로 3년간 한학을 연수하고, 서울대 석사과정에서 조교로 근무하며 한국법제사로 학위논문 쓰고, 박사과정 재학 중 國立臺灣大學 法律學研究所에 3년간 유학하며 중국고전을 폭넓게 섭렵하였다. 귀국해 서울대서 학생들 상대로 무료 고전강의를 10회 하고, 대우재단서 老子 원전강의를 2회 실시하며, 서울대 대학원서 법학박사(전통 중국법의 情理法)학위를 받았다. 2001년부터 국립 전남대 법대(법학전문대학원)에 재직하고 있다.

전공논문 수십 편과 공저 몇 권이 있고, 번역서로 「화두 놓고 염불하세(印光大師嘉言錄)」, 「운명을 뛰어 넘는 길(了凡四訓)」, 「절옥귀감 折獄龜鑑」, 「불가록不可錄」, 「의심 끊고 염불하세」, 「부처님의 마지막 가르침 - 遺敎經」, 「중국의 법조윤리 규범집」이 있고,
저서로 「中國의 婚姻法과 繼承法」, 「傳統 中國法의 精神」, 「傳統法과 光州反正」, 「유불선 인생관 - 道 닦고 德 쌓자」, 「채식명상 20년」, 「공자가 들려주는 관계의 미학」, 「선진법사상사」 등이 있다.

지구 삼림자원 절약과 환경보전에 동참하는 뜻에서 '**재생지**'로 출판합니다.

| 개정판 |

불가록(不可錄)

2002년 5월 8일 — 초판 제1쇄 발행
2005년 1월 20일 — 제3쇄 발행
2006년 7월 17일 — 재판 제1쇄 발행
2012년 6월 15일 — 제2쇄 발행
2014년 11월 21일 甲午年 윤구월 그믐 — 개정판 제1쇄 발행
2015년 8월 15일 — 제2쇄 발행

옮긴이 / 보적(寶積) 김지수(金池洙)
펴낸곳 / 전남대학교출판부

등록 | 1981. 5. 21. 제53호
주소 | 500-757 광주광역시 북구 용봉로 77
전화 | (062) 530-0571~2 **마케팅** 530-0573
팩스 | (062) 530-0579
홈페이지 | http://www.cnup.co.kr
이메일 | cnup0571@hanmail.net
값 10,000원

ISBN 978-89-6849-159-7 (03220)

이 도서의 국립중앙도서관 출판예정도서목록(CIP)은 서지정보유통지원시스템 홈페이지(http://seoji.nl.go.kr)와 국가자료공동목록시스템(http://www.nl.go.kr/kolisnet)에서 이용하실 수 있습니다.
(CIP제어번호 : CIP2014033523)